W0283141

Guerre sainte,
jihad, croisade

Du même auteur

L'Idéologie du glaive. Préhistoire de la chevalerie
(préface de Georges Duby)
Droz, 1983

L'Essor de la chevalerie, XIe-XIIe siècles
(préface de Léopold Génicot)
Droz, 1986

La Première Croisade. L'occident chrétien contre l'islam
(aux origines des idéologies occidentales)
Complexe, 1992, 3e éd. 2001

La Chevalerie en France au Moyen Âge
PUF., coll. « Que sais-je ? », 1995

Chevaliers et chevalerie au Moyen Âge
Hachette, 1998

La Chevalerie
Gisserot, 1998

Brève Histoire de la chevalerie
Gavaudun, 1998

Croisade et chevalerie
De Boeck-Wesmael, 1998

Pierre l'Ermite et la première croisade
(Prix de l'Académie française « Histoire et sociologie de l'an 2000 »)
Fayard, 1999

Richard Cœur de Lion, le roi-chevalier
Payot, 1999

La Guerre sainte. La formation de l'idée de croisade
dans l'Occident chrétien
Aubier-Flammarion, 2001

Les Croisades
Gisserot, 2001

Jean Flori

Guerre sainte, jihad, croisade

Violence et religion dans le christianisme et l'islam

Éditions du Seuil

COLLECTION « POINTS HISTOIRE »
FONDÉE PAR MICHEL WINOCK
DIRIGÉE PAR RICHARD FIGUIER

ISBN 2-02-051632-2

© ÉDITIONS DU SEUIL, JUIN 2002

Le Code de la propriété intellectuelle interdit les copies ou reproductions destinées à une utilisation collective. Toute représentation ou reproduction intégrale ou partielle faite par quelque procédé que ce soit, sans le consentement de l'auteur ou de ses ayants cause, est illicite et constitue une contrefaçon sanctionnée par les articles L. 335-2 et suivants du Code de la propriété intellectuelle.

www.seuil.com

Introduction

Le christianisme prêché par Jésus se présente dès son origine comme une religion de paix, réprouvant et condamnant l'usage de la violence et des armes.

À la fin du XIe siècle, pourtant, le pape Urbain II prêche la croisade, expédition de guerre sainte prescrite aux chevaliers chrétiens en rémission de leurs péchés, destinée à reprendre par la force le Saint-Sépulcre de Jérusalem, tombé quatre siècles et demi plus tôt entre les mains des musulmans. C'est dire que l'attitude de l'Église chrétienne face à la guerre a, au cours de ces onze siècles, connu une évolution si profonde, un changement si radical, qu'il vaudrait mieux parler à son propos de révolution doctrinale.

Contrairement au christianisme, l'islam n'a pas connu semblable bouleversement. Cette différence fondamentale résulte avant tout de l'attitude radicalement différente des deux fondateurs de religion devant l'usage de la violence et de la force armée. Dès l'origine, Mahomet (j'adopte ici cette graphie fautive car c'est ainsi que les textes occidentaux, jusqu'à la fin du Moyen Âge, désignent le prophète de l'islam) ne répudie pas l'usage de la violence et accepte la guerre sainte (*jihad*). Ses successeurs amplifient cet aspect et en étendent l'aire d'application : les conquêtes arabes des VIIIe et IXe siècles, réalisées au détriment de l'Empire romain ou des royaumes chrétiens qui lui ont succédé, s'accomplissent au nom de la foi musulmane, ce qui n'exclut nullement, soulignons-le d'emblée, une certaine forme de tolérance envers les « religions du Livre » dans les territoires conquis pour l'islam.

Cette confrontation armée de la chrétienté avec l'islam n'est certes pas la seule cause de l'évolution de l'Église envers la guerre. Le *jihad* n'a pas, à lui seul, fait naître la guerre sainte : cette évolution a commencé bien avant l'apparition de l'islam, au début du IVe siècle, dès l'époque de l'empereur Constantin, lorsque l'Empire romain est devenu chrétien « par la tête » et qu'il fallait le défendre contre les envahisseurs barbares qui en menaçaient depuis longtemps les frontières. La guerre défensive est alors justifiée par les théologiens et les moralistes, sans être pour autant sanctifiée. La sacralisation de la guerre, toutefois, s'amplifie très notablement lors des invasions normandes et surtout musulmanes, en Orient d'abord, puis en Occident, où la résistance des populations chrétiennes (en Espagne particulièrement) se colore parfois de teintes prophétiques et d'espérance en des interventions célestes.

Peu après, l'essor de la papauté et l'implication de l'Église dans la société féodale apportent de nouveaux éléments de sacralité à l'usage de la violence armée lorsque celle-ci est destinée à défendre l'Église, ses personnes et ses biens terrestres. Les saints patrons des monastères donnent parfois l'exemple, et plus encore les saints militaires, qui interviennent dans les combats menés contre les « païens » ou assimilés, Normands, Hongrois et Arabo-Berbères. La *reconquista* espagnole et la lutte pour la papauté grégorienne achèvent de donner à la guerre pour la « bonne cause » ses traits de guerre sainte.

L'idée de croisade en découle, à la fin du XIe siècle, au moment où la perspective d'une nouvelle invasion musulmane semble menacer le monde chrétien, en Orient avec les Turcs, en Espagne avec les Almoravides. La vogue des pèlerinages accroît encore cette crainte et pousse à la reconquête des territoires perdus, jusqu'au tombeau du Christ.

Pendant ce temps, dans l'empire islamique créé par les conquérants d'Allah, se développe une civilisation brillante et fascinante qui, tout en adoptant pleinement le concept de guerre sainte, pratique à l'intérieur de ses frontières et sous ses lois une assez large « tolérance » envers les religions monothéistes. L'impérialisme arabo-musulman, sa domination militaire, politique, culturelle et économique, lui donnent la prééminence et développent chez ses habitants, comme dans tous les cas d'impérialisme, une attitude, voire un complexe, de supériorité. Les défaites militaires subies à l'époque des croisades et le déclin général qui affecte dès cette époque le monde musulman font naître chez ses habitants un sentiment durable d'amertume et de rancœur. Le succès remporté aujourd'hui auprès des masses populaires musulmanes par les mouvements islamistes radicaux à tendances terroristes se nourrit, en partie du moins, de ces rancœurs.

À travers ces faits, pour la plupart connus depuis longtemps mais trop souvent négligés ou mal rapprochés, ce livre cherche à décrire l'évolution des idées, des mentalités et des attitudes des deux religions envers la guerre, la naissance de l'idée de guerre sainte en Occident, son interaction avec l'idée de *jihad* dans l'islam qui lui fait face, jusqu'à l'appel à la croisade, qui est le dramatique aboutissement d'une évolution millénaire. Une évolution qui, au sein du christianisme, a conduit à l'élaboration d'une doctrine de la guerre sainte rejoignant par de nombreux traits le *jihad* islamique. Les deux religions en arrivent à cette date (fin du XIe siècle) à un niveau similaire de sacralisation de la guerre. La croisade marque donc le terme du présent ouvrage. Je laisse aux historiens des époques moderne et contemporaine le soin de décrire comment la chrétienté et l'islam ont, depuis lors, évolué dans des directions très divergentes.

Malgré ces évolutions, le poids du passé médiéval demeure considérable, dans le monde occidental, certes, mais bien plus encore dans le monde musulman. Il en résulte une distorsion et une source d'incompréhension entre les deux mondes. La laïcisation progressive du monde occidental de culture judéo-chrétienne, accélérée depuis plus d'un siècle, a en effet profondément transformé les mentalités, particulièrement en ce qui concerne le concept même de guerre sainte. Non seulement ce concept n'éveille plus aucun écho favorable dans la psychologie commune de l'homme occidental, mais il suscite une réaction de répulsion. Il évoque une époque révolue, celle d'un obscurantisme volontiers qualifié de « médiéval », puisque ce concept s'est forgé à l'époque qui est considérée, en Occident, comme celle des « siècles obscurs ». L'idée de guerre sainte y est donc aujourd'hui tenue pour une incongruité irrecevable, une bizarrerie rétrograde, une abomination anachronique. Il n'en est pas de même dans les pays musulmans, en dehors, du moins, de la très mince couche « occidentalisée » de ses dirigeants ou d'une partie de ses élites intellectuelles formées en Occident. Dans ces pays, en effet, la « révolution culturelle laïque » n'a pas eu lieu. Il y subsiste, par ailleurs, une nostalgie diffuse de la grandeur passée. Or cette grandeur, précisément, se situe à l'époque même de notre « Moyen Âge » occidental, âge d'or du monde musulman. Une époque où, poussé par la foi et l'ardeur de ses guerriers, l'islam se lançait à la conquête du monde au nom du *jihad* et fondait une civilisation brillante et dominante dont les musulmans conservent encore aujourd'hui la fierté et le regret. Il est tentant, pour beaucoup d'entre eux, d'associer les deux phénomènes ou, pour le moins, de ne pas récuser totalement le concept de guerre sainte, qui a contribué à en permettre la réalisation. Un concept d'ailleurs fortement inscrit dans la Tradition musulmane dès ses origines coraniques.

Ce *jihad* guerrier, les musulmans « modernistes » tentent vainement de le spiritualiser et de le « démilitariser ». Force est pourtant de constater aujourd'hui qu'il rencontre, sous sa forme la plus radicale, dans les pays musulmans, un écho de vaste ampleur. La propagande islamiste s'en empare et s'en nourrit, preuve, s'il en fallait, que telle est bien la perception que peut en avoir spontanément la mentalité commune musulmane. S'il est peut-être vrai, comme on l'a récemment souligné, que les terroristes islamistes de notre temps s'inspirent des idéologies révolutionnaires du XXe siècle, il n'en reste pas moins qu'eux-mêmes se réclament d'un *jihad* originel et se veulent les héritiers des grands héros du *jihad* médiéval. Ce n'est pas là un hasard, ni un acte innocent.

Il n'est donc pas inutile, pour mieux comprendre notre temps, de se pencher sur les racines des idéologies de guerre sainte, dont nous récoltons aujourd'hui les fruits vénéneux.

PREMIÈRE PARTIE

Guerre et christianisme de Jésus à Charlemagne

(Ier-VIIIe siècle)

CHAPITRE 1

Le refus de la violence Les chrétiens et la guerre dans l'Empire romain païen

Peu de religions, sous leur forme originelle, ont été aussi réfractaires à la violence et à la guerre que le christianisme. L'attitude du fondateur, Jésus de Nazareth, celle des premiers chrétiens et l'expression doctrinale de l'ancienne Église en témoignent.

Jésus

Bien que fondé sur la révélation antérieure de la Bible hébraïque qui acceptait l'idée de violence sacrée et de guerre sainte lorsqu'elle était tenue pour directement inspirée ou commandée par Dieu pour son peuple (*cf.* les « guerres de l'Éternel »), le message de Jésus était radicalement pacifique, centré sur l'amour de Dieu et du prochain. C'est probablement en cela que la prédication de Jésus est proprement révolutionnaire et qu'elle peut prendre une dimension universelle et internationale, par opposition à la religion hébraïque, qui demeure foncièrement nationale ou ethnique.

Le « sermon sur la montagne » en est la quintessence : reprenant à son compte les préceptes de la loi prescrite par Moïse et les prophètes, Jésus les interprète dans un sens absolu et radical qui, loin d'abolir la loi ancienne, en amplifie au contraire la portée : il situe en effet la faute à sa racine, non plus seulement dans l'acte accompli, mais dans sa « préméditation », même non suivie d'effets. Le christianisme fonde, pour la première fois, une « morale de l'intention », éveillant par là même le rôle de la conscience individuelle.

Ainsi, pour ce qui concerne notre propos, Jésus pose avec force ce « nouveau commandement » : non seulement il ne faut pas tuer, mais il faut aussi proscrire la colère et la haine, qui conduisent à l'affrontement et à la violence (Matthieu 5, 21-25). L'ancienne loi du talion, « œil pour œil et dent pour dent », est ainsi dépassée par la loi d'amour du prochain impliquant la non-violence la plus totale :

> « Vous avez appris qu'il a été dit : Œil pour œil, et dent pour dent. Mais moi, je vous dis de ne pas résister au méchant. Si quelqu'un te frappe sur la joue droite, présente lui aussi l'autre. » (Matthieu 5, 38-39)

Cette attitude de refus total de la violence, exprimée de manière volontairement provocatrice dans sa formulation même, est d'autant plus significative qu'elle s'exprime dans un contexte particulièrement difficile, peu propice à l'irénisme : les Romains ont depuis peu envahi la Palestine, et la terre de Juda et d'Israël subit l'occupation étrangère, qui plus est païenne, réputée « impure », intolérable pour tout croyant patriote. Les « intégristes » du moment, les zélotes, prônent la résistance, refusent tout contact avec l'occupant détesté, fomentent des révoltes et encouragent les actions terroristes. Le petit peuple religieux et volontiers fanatisé prête volontiers l'oreille aux discours incendiaires de ces « résistants » prêchant la libération de la Palestine, et tend à mépriser les autorités religieuses, jugées trop conciliantes envers l'occupant, les taxant volontiers de « collaborationnistes ».

À Rome, la Judée est réputée, à l'époque, « province ingouvernable » à cause de ce climat permanent d'insurrection qui y règne. On compte pendant cette période, au tout début de l'ère chrétienne, de très nombreuses révoltes armées, suscitées par les sentiments nationalistes et religieux inextricablement mêlés dans le cœur des Juifs de l'époque. Elles conduiront, on le sait, à des guerres d'indépendance rudement réprimées, par exemple par l'expédition de Titus en 70, marquée par la prise de Jérusalem et par la destruction du Temple, plus tard par le « suicide collectif » des résistants retranchés dans la forteresse de Massada, enfin par l'expulsion de tous les Juifs de la Palestine et par la destruction de Jérusalem après l'échec de la révolte, en 135 : le nom même de Jérusalem disparaît officiellement, remplacé par *Aelia Capitolina*.

Le message de Jésus, dans ce contexte déjà extrêmement tendu, prend donc valeur exemplaire. Or, Jésus englobe aussi l'ennemi exécré, le Romain, dans l'appellation « mon prochain ». Il élargit même la non-violence à un cas précis particulièrement irritant pour les Juifs de ce temps : la « réquisition de portage » pratiquée par les soldats romains, autorisés à requérir l'aide d'un Juif pour porter ses bagages sur une distance déterminée, environ un mille romain. Or, Jésus n'hésite pas à dire, de manière à nouveau provocatrice : « Si quelqu'un te force à faire un mille, fais en deux avec lui » (Matthieu 5, 41).

Cette attitude de totale non-violence lui vaut bien entendu des adversaires et ne contribue pas à asseoir sa réputation parmi son peuple. Elle n'est en rien populaire, moins encore démagogique, mais résulte d'une nouvelle conception de la notion d'amour de Dieu conduisant à l'amour du prochain au sens très large du terme. À l'ancienne opposition « peuple de Dieu » d'une part, « reste du monde ennemi » d'autre part, Jésus substitue la loi d'amour universel qui abolit les frontières et les antagonismes politiques, sociaux ou raciaux :

> « Vous avez appris qu'il a été dit : Tu aimeras ton prochain, et tu haïras ton ennemi. Mais moi, je vous dis : Aimez vos ennemis, bénissez ceux qui vous maudissent, faites du bien à ceux qui vous haïssent, et priez pour ceux qui vous mal-

> traitent et qui vous persécutent, afin que vous soyez fils de votre Père qui est dans les cieux [...]. » (Matthieu 5, 43-45)

À ceux qui, pour le mettre en difficulté devant les autorités religieuses et le peuple, lui demandent de dire lequel des commandements (du décalogue transmis par Moïse) est le plus important, il fait cette réponse qui en dégage l'esprit et le sens profond : l'amour de Dieu et l'amour du prochain résument toute la Révélation.

> « Tu aimeras le Seigneur, ton Dieu, de tout ton cœur, de toute ton âme, et de toute ta pensée. C'est le premier et le plus grand commandement. Et voici le second, *qui lui est semblable* : Tu aimeras ton prochain comme toi-même. De ces deux commandements dépendent toute la loi et les prophètes. » (Matthieu 22, 37-40)

Il ne s'agit pas seulement de déclarations théoriques, exprimées sous forme de paraboles : dans son enseignement comme dans ses actes, Jésus se conforme toujours à ces principes fondamentaux, excluant tout recours à la violence et bannissant tout sentiment de mépris, de racisme, de clanisme ou de xénophobie.

Ainsi, il s'entoure de personnages rejetés par la société juive bien-pensante : pauvres, publicains, prostituées, collecteurs d'impôts, etc. ; il ose s'entretenir de théologie avec une femme samaritaine, doublement méprisée par les Juifs de ce temps – en tant que femme et en tant que samaritaine –, et louer sa foi ; il donne en exemple le comportement généreux, altruiste et secourable du « bon Samaritain », appartenant à un peuple méprisé ; il guérit une femme cananéenne (palestinienne) et le serviteur d'un officier romain des troupes d'occupation, etc. Toutes ces actions étaient choquantes aux yeux des intégristes de son temps et même de la plupart des « bien-pensants » ordinaires de l'époque. Dans le comportement comme dans les paroles de Jésus, on ne trouve nulle exclusive, nulle barrière ethnique, raciale ou sociale.

Quant à la non-violence de Jésus, liée à son refus radical

de tout engagement politique, elle est tout aussi manifeste : c'est même précisément cette attitude intransigeante sur ce plan qui lui vaut d'être abandonné par la foule qui l'avait pourtant, quelques heures auparavant, accueilli avec enthousiasme à son entrée à Jérusalem, le jour des « Rameaux ». À l'approche de la Pâque, ces gens jettent sous ses pas leurs vêtements ou des rameaux, et l'acclament aux cris de « Hosanna ! Béni soit le règne qui vient, le règne de David notre Père. »

Le sens de cet accueil triomphal est clair : la foule des pèlerins, Juifs pieux et patriotes venus à Jérusalem parfois de fort loin, de la lointaine « diaspora » d'Europe et d'Afrique autant que des régions reculées du pays, attend un Messie-roi qui, suscité par Dieu, se mettrait à la tête des Juifs et recevrait l'appui des légions célestes pour bouter le Romain hors de la terre d'Israël, instaurant ici-bas ce royaume de Dieu, cet État directement théocratique auquel aspiraient tous les croyants d'Israël.

Or Jésus, pour sa part, refuse totalement de mêler foi et politique. Il l'avait montré bien avant son entrée à Jérusalem, lorsque ses paroles et ses miracles avaient rassemblé autour de lui des foules immenses, qui voulaient voir en lui non pas le Sauveur du monde, mais le Messie-roi d'Israël qu'ils attendaient. Sa réaction, alors, les avait déjà déçus : il s'était en effet retiré seul sur la montagne :

> « Ces gens, ayant vu le miracle que Jésus avait fait, disaient : "Celui-ci est vraiment LE prophète qui doit venir dans le monde." Et Jésus, sachant qu'ils allaient venir l'enlever pour le faire roi, se retira de nouveau sur la montagne, lui seul. » (Jean 6, 14-15)

Tous ces gens pieux, ces religieux patriotes, prêts à le suivre en tant que Messie-roi ou chef de guerre envoyé par Dieu, furent à nouveau terriblement déçus lorsque Jésus, suivi par cette énorme foule, après avoir chassé avec autorité – mais sans violence – les marchands du Temple (il suffisait pour cela de renverser leurs tables de changeur de monnaie et de disperser les animaux vendus fort cher pour le sacrifice), ne pousse pas plus loin son avantage et ne tente ni coup de force ni coup d'État : il ne marche pas sur la forteresse Antonia, toute proche, dont la garnison romaine aurait été balayée en très peu de temps par cette foule fanatisée et sûre de l'appui divin. Au contraire, il se retire seul dans un petit village des environs, à Béthanie, pour y passer la nuit. Déception. Incompréhension. Rancœur.

Cette « occasion manquée » désappointe tout le monde et achève de désorienter ses disciples. Elle pousse probablement l'un d'entre eux, Judas, à prendre une initiative qui a sans doute été mal interprétée par les disciples eux-mêmes. Il s'agissait de contraindre le Maître, malgré lui, à prendre position : en faisant arrêter Jésus dans le jardin de Gethsémani, où il priait secrètement, Judas pensait probablement que Jésus serait contraint, cette fois, de se dévoiler, d'agir, de manifester enfin la puissance divine qu'il s'attribuait en tant que messager ou fils de Dieu, « Oint du Seigneur ».

Or, tout au contraire, Jésus se laisse arrêter sans opposer la moindre résistance. Bien mieux, ou plutôt pis encore : à Pierre, qui avait emporté une épée et l'avait tirée pour défendre son maître, coupant l'oreille d'un nommé Malchus, serviteur du souverain sacrificateur, Jésus ordonne de remettre immédiatement l'épée au fourreau, de renoncer à toute violence, en termes fort sévères pour lui comme pour tous ceux qui useraient à l'avenir de violence armée :

> « Remets ton épée à sa place ; car tous ceux qui prendront l'épée périront par l'épée. Penses-tu que je ne puisse pas invoquer mon Père, qui me donnerait à l'instant plus de douze légions d'anges ? » (Matthieu 26, 52-53)

L'amère désillusion de la foule explique son revirement brutal et son rejet haineux de ce Jésus qui l'a tant déçue. Lors de la fête de la Pâque, le gouverneur avait coutume de gracier un condamné ; Pilate lui laissa le choix entre Jésus, « le roi des Juifs », et Barabbas. La foule, on le sait, réclama Barabbas, livrant ainsi Jésus à la mort.

La déconvenue de ses partisans récents devant une attitude aussi incompréhensible à leurs yeux se mesure mieux encore à celle de ses meilleurs disciples, y compris les plus proches, les Apôtres. Ils sont désemparés, déçus et amers. Les textes sont fort clairs à ce sujet : « Alors tous les disciples l'abandonnèrent, et prirent la fuite », signalent les Évangiles (Matthieu 26, 56). Désorientés, ses disciples ne savaient que penser devant ce fait incompréhensible : ce Jésus, dont ils attendaient qu'il prenne bientôt le pouvoir – au point même de se disputer à l'avance, lors du dernier repas (la Cène), les premières places dans le royaume qu'il allait, pensaient-ils, instaurer –, se laissait maintenant arrêter, injurier, condamner dans ces parodies de jugements qui eurent lieu chez le souverain sacrificateur, puis chez Pilate. Pierre, pourtant l'un des plus solides, totalement déstabilisé, jura même ne pas connaître Jésus. Quelques-uns assistèrent de loin, accablés, sans rien y comprendre, à la flagellation de Jésus, puis à sa crucifixion. Jusqu'au dernier moment, sans doute, ils espérèrent qu'il allait descendre de sa croix, par la puissance de Dieu. Ils ne comprirent sans doute pas, à ce moment, les derniers mots de Jésus sur la croix, une prière pour ceux qui le clouaient sur le bois : « Père, pardonne-leur, car ils ne savent ce qu'ils font » (Luc 23, 34).

On ne peut trouver plus radicale illustration, dans les faits, de la doctrine non violente de Jésus, une doctrine enseignée et vécue jusqu'à la mort.

La dimension politique et eschatologique de cette attente de la foule est manifeste à travers les réactions des divers partis en présence. Les Romains condamnent Jésus en tant qu'agitateur rebelle à l'État, parce qu'ils savent bien que les patriotes attendent un Messie guerrier, un « roi des Juifs », comme il y en eut tant. La foule déçue de ses partisans espère d'abord en lui, puis s'en détourne avec dépit, ressentiment et haine lorsqu'elle constate qu'il ne se comporte nullement en guerrier, mais en prophète pacifiste, prêchant l'amour et la non-violence.

Avant même son arrestation, Jésus annonce pourtant à plusieurs reprises que son royaume n'est pas de ce monde, qu'il ne vient pas en roi, mais en humble serviteur de Dieu, qu'il sera arrêté et crucifié. En vain : les disciples eux-mêmes sont à mille lieues de comprendre ainsi sa mission. Pour eux comme pour tous ses adeptes, Jésus va prendre le pouvoir. Tous ses avertissements n'y feront rien, car les disciples ne sont nullement préparés à les entendre, moins encore à les accepter. L'évangéliste Luc le note sans ambages :

> « Mais ils ne comprirent rien à cela ; c'était pour eux un langage caché, des paroles dont ils ne saisissaient pas le sens. » (Luc 18, 34)
>
> « Ils écoutaient ces choses, et Jésus ajouta une parabole, parce qu'il était près de Jérusalem, et qu'on croyait qu'à l'instant le royaume de Dieu allait paraître. » (Luc 19, 11)

Selon les Évangiles, Jésus meurt le vendredi soir et ressuscite le dimanche matin, premier jour de la semaine. Il apparaît d'abord aux femmes venues de bon matin, après le repos légal du sabbat, au tombeau creusé dans le roc, afin d'embaumer son corps. Elles constatent, comme le feront après elles Jean et Pierre, que le tombeau est vide. Elles courent l'annoncer aux disciples abattus. Mais les disciples, accablés, sont encore sous le coup de leur immense déception et ne peuvent croire la nouvelle : « Ils tinrent ces discours pour des rêveries, et ils ne crurent pas ces femmes », disent les textes (Luc 24, 11). Les « pèlerins d'Emmaüs » expriment très clairement cet état d'esprit des disciples : la mort de Jésus représente à ce moment pour eux la fin définitive de leur espérance, celle de la délivrance d'Israël de l'occupation ennemie. Ils le disent crûment :

> « Nous espérions que ce serait lui qui délivrerait Israël ; mais avec tout cela, voici le troisième jour que ces choses se sont passées. » (Luc 24, 21)

Pourtant, quelques jours plus tard, ces mêmes disciples découragés, déçus et prostrés se muent en triomphateurs :

ils annoncent partout l'Évangile (« la bonne nouvelle ») : Jésus est ressuscité, affirment-ils, il a vaincu la mort, il est assis à la droite de Dieu, et il reviendra à la Fin des temps pour juger les vivants et les morts, ouvrant par sa victoire le royaume de Dieu à tous ceux qui auront cru en lui.

Cette métamorphose proprement incompréhensible ne peut s'expliquer que par un phénomène devant lequel le croyant et le non-croyant divergent évidemment. Pour le fidèle, Jésus est ressuscité. Pour l'athée, l'incroyant ou l'agnostique, les chrétiens ont cru, voulu croire ou fait croire qu'il en était ainsi.

L'historien se doit d'avoir une approche plus rationnelle et plus « ouverte ». Il doit prendre garde à ne pas mêler ses propres convictions à l'analyse rigoureuse des faits et à la recherche de leurs interprétations possibles.

Pour l'historien, une chose au moins est sûre : la mutation brusque qui, alors, se produit dans les esprits des disciples et se traduit dans leur attitude. L'attente d'un royaume terrestre établi par la force des armes, avec l'aide surtout des légions célestes, a brusquement fait place, chez eux, à une nouvelle espérance : celle d'un royaume de Dieu qui n'est pas de ce monde, où l'on entrera par la foi et non par la force.

La mutation s'est accomplie très tôt, peu après la mort de Jésus : les Apôtres n'attendent plus, ne peuvent plus attendre un Messie guerrier conquérant, chassant de la Terre sainte l'occupant romain ; ils attendent désormais l'avènement futur, qu'ils espèrent cependant proche, d'un autre royaume de Dieu venant du ciel : il s'ouvrira lors du retour triomphant du Christ, inaugurant le temps du jugement dernier, qui récompensera les fidèles par la vie éternelle dans ce royaume de Dieu, et anéantira à jamais les méchants, qui n'y auront aucune part. La seconde Épître de Pierre exprime cette espérance :

> « Mais nous attendons, selon sa promesse, de nouveaux cieux et une nouvelle terre, où la justice habitera. » (II Pierre 3, 13)

Cette nouvelle espérance renforce encore l'attitude pacifiste des chrétiens, non seulement par imitation du Christ, mais aussi par cohérence idéologique. Leur but est de gagner le royaume céleste en gardant la foi, fût-ce au prix de leur vie terrestre. En revanche, mettre leur vie éternelle en péril pour conserver des avantages ou même leur vie en ce monde leur semble sans intérêt.

Les premiers chrétiens

Les premiers chrétiens, dès lors, se désintéressent en effet des royaumes de ce monde. La religion chrétienne peut ainsi plus aisément prendre une dimension universelle, supra-nationale, comme toutes les religions de salut. Le salut éternel, en effet, n'y est pas acquis par l'appartenance à une race ou à une nation, mais seulement par la foi en Jésus-Christ, sauveur des hommes.

C'est pourquoi les Apôtres, Pierre d'abord, puis Paul et les autres disciples, se tournent délibérément vers les « païens » qu'ils appellent eux aussi à la foi et au salut, au grand scandale des autorités religieuses juives. Bientôt les chrétiens, tous d'origine juive au début de la prédication du christianisme, deviennent majoritairement d'anciens païens convertis. Leur attitude envers l'État se calque sur celle de Jésus. Pour eux, la foi chrétienne est de nature radicalement « autre ». Leur espérance est au ciel, et non sur terre. C'est pourquoi ils sont indifférents aux puissants de ce monde, aux gouvernants, aux idéologies politiques.

Indifférents envers l'État, mais non pas hostiles, ni serviles. L'apôtre Paul trace clairement la voie à suivre : le chrétien est d'abord un citoyen des cieux, un fidèle de Dieu. Pour le moment, il vit sur cette terre, dans l'attente d'une « Fin des temps » qui est pour lui non pas tellement la « fin du monde » comprise comme un anéantissement, un événement à redouter, mais bien plutôt la fin de ce monde de misère, et surtout le début d'un autre temps de bonheur et de félicité sans fin, le début d'un monde nouveau qui s'établirait lors du retour du Christ : la « Nouvelle Jérusalem ».

Par sa conduite sans reproche dans sa vie ici-bas, le chrétien contribue précisément à « hâter » ce moment où le Christ reviendra pour établir définitivement son royaume de paix. Tout en se désintéressant des affaires de ce monde, le chrétien doit donc se comporter de manière exemplaire, digne et juste, en obéissant aux lois de l'État, indispensables à toute société, car elles sont dans l'ensemble établies pour faire régner la paix, l'ordre et la justice, comme le soulignent les Apôtres.

Le chrétien s'efforcera ainsi d'être un bon citoyen, obéissant aux lois de l'Empire et fidèle à l'empereur, fût-il païen, garant de l'ordre, de la paix et de la justice. Le christianisme originel ne prêche pas l'anarchie ni la révolte, mais la soumission aux autorités légales, aux magistrats, dont la fonction de principe est voulue de Dieu, comme l'affirme l'apôtre Paul :

> « Veux-tu ne pas craindre l'autorité ? Fais-le bien, et tu auras son approbation. Le magistrat est serviteur de Dieu pour ton bien [...]. Il est donc nécessaire d'être soumis, non seulement par crainte de la punition, mais encore par motif de conscience. » (Romains 13, 3-5)

Obéir à l'État, soit ! mais dans quelles limites ? Cette obéissance n'est ni aveugle ni inconditionnelle : elle découle de l'obéissance des croyants à Dieu, qui seule est première et absolue. Le chrétien sera donc soumis aux lois de l'État par fidélité à Dieu, et non par fidélité à l'empereur en tant que chef d'État, moins encore en tant que représentant sur terre d'une quelconque autorité divine, comme le croient alors de plus en plus les païens. Il sera soumis à l'État à condition, bien entendu, que ses lois ne soient pas contraires à la loi de Dieu et que l'empereur, par exemple, ne contraigne pas les chrétiens à se rendre infidèles au souverain des cieux.

Dans ce cas, pris entre deux devoirs contraires, le chrétien se doit de choisir la fidélité à Dieu. Le principe en est établi très tôt par les apôtres Pierre et Jean. Arrêtés parce qu'ils prêchent la résurrection du Christ, ils se voient interdire de poursuivre la diffusion de ce message. Leur réponse est immédiate : « Jugez s'il est juste, devant Dieu, de vous obéir plutôt qu'à Dieu [...] » (Actes 4, 19). Arrêtés un peu plus tard pour les mêmes motifs, ils se justifient à nouveau en invoquant la même règle de conduite : « Il faut obéir à Dieu plutôt qu'aux hommes » (Actes 5, 29). Aucune résistance violente, moins encore armée, n'est envisagée. Même devant les persécutions prévues et annoncées, le principe prôné par Jésus est appliqué : « Quand on vous persécutera dans une ville, fuyez dans une autre [...] » (Matthieu 10, 23).

La conduite des chrétiens, désormais, sera déterminée par ces deux principes : obéissance aux lois justes de l'État, mais refus catégorique d'obéissance, par fidélité à leur foi, lorsque ces lois sont contraires à la loi divine et aux enseignements de Jésus.

Or, de nombreuses occasions de conflit se présentent bientôt au cours de cette période. Les deux principaux concernent l'attitude qu'il convient d'adopter envers les « idoles » en général – et celle de l'empereur en particulier – et plus encore peut-être envers la guerre.

L'Église et la guerre dans l'Empire païen

À l'époque de l'Église primitive, le service militaire n'est pas exigé de tous. L'armée romaine est une armée de métier, et seuls deviennent soldats ceux qui le veulent bien et s'y engagent. Mais le soldat fait serment de fidélité à l'Empire et à l'empereur, et il peut être amené à tuer d'autres hommes. Or, l'Église primitive interdit de jurer et de tuer ; elle est donc, pour ces deux raisons, hostile au service militaire. Cette hostilité se renforce lorsque le culte impérial s'amplifie et que le serment à l'empereur, prêté par les recrues, revêt des formes d'idolâtrie.

Certes, tous les théologiens et les historiens le soulignent, ni Jean Baptiste ni Jésus n'ont rejeté les soldats : un centurion (Corneille) s'est même très tôt converti au christianisme avec toute sa famille, avant même la rédaction des premiers écrits chrétiens. Mais si un soldat peut en effet devenir chrétien, en revanche il est généralement interdit à un chrétien ou à un catéchumène de s'engager dans l'armée. La distinction est d'importance. Au IIIe siècle encore, les plus grands penseurs chrétiens en témoignent, avec Origène dans le monde grec, Tertullien dans le monde latin.

En Occident, par exemple, Tertullien (c. 160-230) affirme l'incompatibilité en droit du christianisme et du service dans l'armée romaine ; on ne peut pas servir deux maîtres, Dieu et le Diable ! Le soldat porte l'épée, que Jésus a interdite aux siens (*De corona*, *De idololatria*, *Scorpiace*). La position de Tertullien, dit-on parfois, est excessive et due à sa conversion au montanisme. Elle n'est pourtant pas isolée, et semble plus répandue qu'on ne le dit.

En Orient d'ailleurs, à la même époque, Origène (c. 185-254) réfute point par point un livre du philosophe païen Celse qui exhortait les chrétiens à participer activement, par les armes, à la défense de l'Empire, par civisme et fidélité à l'empereur. Origène rejette radicalement cet appel venant de « ceux qui nous demandent de combattre en soldats pour le bien public et de tuer des hommes ».

Il argumente contre Celse à partir du cas des prêtres païens, dispensés du service armé parce qu'ils prient pour l'empereur et le salut de l'Empire. Or, dit-il, les chrétiens sont comme ces prêtres, à la différence toutefois qu'ils s'adressent au vrai Dieu et non aux idoles. Ils n'en sont que plus efficaces et utiles à l'Empire. Ils manifestent leur civisme en priant Dieu de secourir et de protéger l'Empire. Par leurs prières, et sans porter les armes, ils sont donc bien plus utiles à l'Empire en refusant de le servir en soldats qu'en se mêlant à ceux qui combattent « justement ». En d'autres termes, aux yeux d'Origène, le combat mené par les soldats de l'Empire est juste, mais les chrétiens n'ont pas pour autant à s'en mêler : ils sont plus utiles à la communauté en demeurant fidèles à leurs principes et en priant le vrai Dieu pour le salut de l'Empire. En agissant ainsi, ils triomphent des démons, qui, en définitive, sont les véritables responsables des guerres qu'ils ont eux-mêmes suscitées sur terre en semant la haine et le péché parmi les hommes (voir texte n° 1, p. 271).

Peu de temps après, Hippolyte de Rome couche par écrit les préceptes relatifs à l'attitude que l'Église doit avoir envers les métiers qui sont jugés périlleux pour l'âme ou incompatibles avec la foi chrétienne : les sculpteurs, par exemple, doivent refuser de fabriquer des idoles. On renverra de l'Église les gladiateurs ou ceux qui les entraînent, ainsi que les prostitués, hommes ou femmes. Puis le texte aborde la profession militaire. Le verdict est catégorique : la foi chrétienne et le service guerrier sont totalement incompatibles. Un chrétien doit refuser de tuer, même s'il est déjà soldat ; il ne doit donc pas s'engager dans l'armée.

Les motifs qui conduisent à une telle intransigeance sont, on le voit, manifestement d'ordre moral. Il ne s'agit pas seulement d'éviter l'idolâtrie liée à un culte impérial naissant, comme le soutiennent quelques historiens, mais bien d'éviter l'homicide : le soldat qui devient chrétien après sa conscription devra donc s'engager à ne pas tuer, quitte à désobéir aux ordres de ses supérieurs, avec les conséquences que cela entraîne. Mais celui qui est déjà (ou qui veut devenir) chrétien doit s'abstenir d'entrer dans la profession militaire. Ce n'est pas un métier pour lui (voir texte n° 2, p. 272).

Lorsque la menace des « Barbares » se précise et que le prestige du soldat romain et les rémunérations de l'armée romaine diminuent, réduisant par là même le recrutement, les empereurs païens cherchent à pallier cette désaffection en rendant le métier militaire héréditaire et la conscription obligatoire pour certains, particulièrement dans les campagnes. À partir de 303, sous Dioclétien, les engagements volontaires se raréfient encore, ce qui conduit l'État à recruter, pour ainsi dire de force, des gens parmi lesquels se trouvent évidemment des chrétiens. Une partie d'entre eux se plie alors aux exigences impériales, mais nombreux sont ceux qui, au contraire, refusent au nom de leur foi toute forme de service armé, au péril de leur vie. On compte à cette époque de nombreux martyrs, qui seront vénérés par la suite comme saints dans l'Église.

C'est le cas par exemple de Maximilien, qui en 295, à Carthage, déclara lors de sa conscription : « Je suis chrétien ; il ne m'est pas permis de servir par les armes [*militare*] », puis, à nouveau un peu plus tard, comme on voulait le mettre de force sous la toise : « Je ne puis servir par les armes, je ne puis faire le mal, je suis chrétien. » Son refus lui vaut le martyre.

Quelques années plus tard, à Tanger, le centurion Marcel se déclare chrétien, refuse de prêter serment à l'empereur et de servir les idoles. Il affirme : « Il ne convient pas qu'un chrétien qui est soldat du Christ [*miles Christi*] serve dans les armées du monde. » Il est bientôt exécuté. Les exemples de ce genre abondent et prouvent que le pacifisme originel persiste encore massivement dans l'Église à cette date.

Les persécutions contre les chrétiens, d'ailleurs, s'amplifient à la fin du IIIe siècle et au début du IVe siècle. La religion chrétienne, en effet, est illicite, et désormais les chrétiens sont recherchés et condamnés en tant que tels. Ils sont souvent débusqués par le test du serment « civique » à l'empereur, accompagné du geste rituel de « sacrifice » : quelques grains d'encens déposés sur les autels des idoles ou de l'empereur.

Un conflit ouvert s'engage alors entre l'État romain païen et l'Église, entendons par là, à cette date, l'assemblée des chrétiens, l'ensemble des fidèles. Pourtant, malgré les persécutions et les exécutions, le christianisme se répand jusqu'à devenir parfois majoritaire dans la population, particulièrement en Orient. Ce phénomène va entraîner un revirement total de l'attitude impériale envers la nouvelle religion sous Constantin, au début du IVe siècle. L'attitude des chrétiens envers la guerre en sera profondément modifiée. Jusqu'alors radicalement réfractaire à l'usage de la violence et des armes – donc au service militaire par fidélité aux préceptes évangéliques et parce qu'ils plaçaient leur seule espérance dans l'avènement d'un royaume de Dieu instauré par la seule volonté du Tout-Puissant –, les chrétiens vivant dans un Empire romain favorable à leur foi se sentent désormais tenus de le servir et de le défendre. L'accent nouveau mis sur l'Église terrestre comme accomplissement au moins partiel du « royaume de Dieu » change les perspectives. Le regard des croyants se porte toujours vers les cieux, mais il tend aussi à s'attarder sur les choses de ce monde. L'usage de la violence et des armes, interdit jusqu'alors, va s'en trouver justifié dans certaines conditions.

CHAPITRE 2

La guerre justifiable
Guerre et christianisme dans l'Empire chrétien

Jusqu'au début du IVe siècle, le christianisme demeure « religion illicite ». Il n'a pas de statut légal. Les gouverneurs romains ont tout loisir de tolérer les chrétiens en fermant les yeux sur leur appartenance à cette religion nouvelle, ou au contraire de les poursuivre pour cette seule raison. C'est ce qui arrive en période de crises, comme on vient de le voir.

Pourtant, malgré cette marginalisation et cette situation précaire, les chrétiens se montrent dans leur ensemble des citoyens fidèles à l'État et à l'empereur. Les Pères apologistes ne cessent de proclamer leur civisme. Ils soulignent que l'empereur n'a pas de citoyens plus sûrs et plus fidèles qu'eux, malgré leur refus du service armé, de l'idolâtrie, des mœurs immorales et de la pratique de certains métiers. En dépit des persécutions, le nombre des chrétiens s'accroît considérablement dans tous les milieux, y compris parmi les soldats, ce qui crée, on l'a vu, de nombreuses occasions de conflits, particulièrement à la fin du IIIe siècle et au début du IVe, lorsque les autorités romaines ont de plus en plus besoin de guerriers pour protéger l'Empire et doivent recourir à des enrôlements forcés. De nombreux chrétiens se font alors « objecteurs de conscience », refusant de verser le sang humain autant que de sacrifier aux « idoles ». Les persécutions ne mettent pas fin à l'expansion du christianisme. Bien plus, il semble, comme le relève un apologiste, que le sang des chrétiens se transforme en semence de chrétiens !

Cet essor du christianisme s'amplifie encore avec la « conversion de Constantin ». Celle-ci va modifier radicalement la problématique relative à la guerre, en inaugurant l'ère de l'Empire chrétien, infléchissant la doctrine de l'Église vers une première acceptation de certaines guerres. On est loin, encore, de la guerre sainte : il ne s'agit pour l'heure que du passage, fondamental, du rejet de la guerre à son acceptation dans quelques cas qu'il convient de définir.

Constantin et l'Empire chrétien

À la fin du IIIe siècle, et probablement même avant cette date, la notion d'unité de l'Empire romain subsiste dans les esprits malgré la séparation qui, de plus en plus, s'établit entre les régions orientales et occidentales de l'Empire. Les empereurs qui se partagent le pouvoir dans ces régions témoignent malgré eux de cette rupture. L'empereur Constantin, lui, tente de ramener l'unité dans de nombreux domaines, y compris dans celui de la religion.

À la mort de son père Constance Chlore (306), qui gouvernait la Gaule et la Bretagne, Constantin affronte d'abord, en Occident, son rival Maxence. Celui-ci, fils de Maximien (qui dominait l'Italie, l'Afrique et l'Espagne) rompt avec la politique de violente persécution de son père envers les chrétiens. Ainsi, en 310, il restitue à l'Église les biens confisqués. De son côté, Constantin, en Gaule, a lui-même assez peu persécuté les chrétiens, se contentant de détruire leurs lieux de culte.

Son armée affronte celle de Maxence près de Rome (bataille du pont Milvius, 312) et la défait. L'empereur raconte par la suite avoir reçu, la veille de la bataille, une vision l'enjoignant de faire tracer sur les boucliers de ses soldats un symbole chrétien (probablement les lettres grecques χ et ρ, premières lettres du mot « Christos »), et lui annonçant sa victoire voulue de Dieu : « Par ce signe, tu vaincras. »

Cet épisode devient vite légendaire, s'il ne l'est pas dès l'origine. Il marque pourtant une profonde mutation des mentalités, et mérite pour cela toute notre attention.

La réalité de la « conversion de Constantin » est douteuse : il ne se fait d'ailleurs baptiser que sur son lit de mort, en 337. Mais son attitude favorable aux chrétiens ne fait, en revanche, aucun doute. Très tôt, il s'entoure de conseillers chrétiens et protège l'Église.

Il n'est pas le premier, ni le seul. Dès le 30 avril 311, en Orient, l'empereur Galère prend acte de l'échec de sa propre politique de persécution et y met fin par un édit de tolérance destiné à « obtenir le soutien de tous les dieux ». Son successeur Licinius, qui vient d'éliminer son rival Maximin Daïa, s'accorde avec Constantin pour proclamer, le 13 juin 313, un édit improprement nommé « édit de Milan ». Applicable dans tout l'Empire, il reconnaît aux chrétiens, comme à tous les autres hommes, la liberté de suivre la religion de leur choix. C'est donc un véritable « édit de tolérance ». Le christianisme devient ainsi, pour la première fois, l'une des religions licites reconnues dans l'Empire. Tous les biens confisqués aux chrétiens devront leur être rendus, et leurs édifices cultuels restaurés.

Mais Constantin va plus loin qu'une simple légitimation : il favorise ouvertement les chrétiens, et particulièrement l'église de Rome. Il donne à l'évêque de Rome, Miltiade, son palais du Latran, au moment où il fonde Constantinople et en fait la nouvelle capitale de l'Empire romain. Il intervient dans les querelles intérieures, voire doctrinales, de l'Église. Ainsi, il prend parti contre les donatistes (chrétiens rigoristes nombreux en Afrique du Nord) et il ordonne par une loi de faire du dimanche (nommé dans le texte *Dies Solis*, « le jour du Soleil »), un jour chômé, férié et obligatoire, marginalisant ainsi les judéo-chrétiens qui demeurent attachés au sabbat (samedi) comme jour de repos. Il convoque à Nicée le premier concile « œcuménique », qui excommunie Arius et ses partisans (qui contestent la pleine divinité du Christ). Dans tous ces cas, l'empereur se charge avec vigueur et rudesse de faire appliquer ses décisions : ainsi, il fait déporter tous les évêques ayant soutenu Arius. Politique et religion, jusqu'alors séparées parce que s'exerçant dans des sphères distinctes, interfèrent désormais, au moins dans la personne de l'empereur et des gouvernants chrétiens.

Constantin n'hésite pas à se désigner lui-même comme « l'évêque de l'extérieur, institué par Dieu », responsable de l'Église. Dès lors, la religion et la politique se mêlent encore plus étroitement, avec le risque que cette union du trône impérial et de l'autel n'entraîne quelques dérives doctrinales et morales suscitées par la raison d'État, l'intérêt ou l'ambition.

Désormais, et à la suite de Constantin, les empereurs chrétiens se considèrent eux aussi comme investis de la même mission : promouvoir, puis imposer la religion chrétienne dans l'Empire, combattre, voire persécuter les païens et les chrétiens dissidents, schismatiques ou « hérétiques », c'est-à-dire tous ceux qui n'adoptent pas les décisions de la hiérarchie ecclésiastique dans la « Grande Église romaine », soutenue par l'empereur, définissant désormais l'orthodoxie.

On en voit bientôt les effets : ainsi, en 392, l'empereur Théodose Ier interdit tout culte païen dans l'Empire. Le christianisme romain n'est plus seulement UNE religion reconnue par l'État, il devient LA religion de l'État. Les païens perdent alors peu à peu leurs droits civiques, et Théodose II, en 415, les exclut définitivement de l'administration et de l'armée ; Léon Ier, en 463, leur retire le droit d'ester en justice ; en 529, Justinien leur supprime enfin la liberté de conscience : les païens doivent recevoir le baptême sous peine d'exil et de confiscation de leurs biens.

Ces mesures renouvelées, par leur existence même, prouvent pourtant que le paganisme n'a pas totalement disparu au VIe siècle, même en Orient, plus tôt et plus massivement christianisé. Il subsiste davantage encore en Occident, particulièrement dans les campagnes. Le vocabulaire en témoigne : le terme *paganus*, d'où vient notre mot « païen », désigne à l'origine les gens de la campagne, les « paysans ». De nombreuses missions d'évangélisation tentent de répandre la foi chrétienne de façon plus persuasive : en Gaule, saint Martin de Tours, au IVe siècle, s'illustre dans cette tâche. Or, saint Martin, notons-le dès à présent, est un ancien soldat qui abandonne le métier militaire pour se vouer à la prédication de la foi.

Malgré les tracasseries et les persécutions impériales, les Églises minoritaires, jugées « hérétiques », ne disparaissent pas non plus. On le voit à propos des montanistes ou des ariens, qui subsistent encore sous Justinien. Bien plus : l'arianisme se répand dans le monde « barbare » par l'intermédiaire de prédicateurs qui convertissent plusieurs peuples germaniques à cette forme de christianisme. On y reviendra plus loin à l'occasion des invasions, qui permettront un nouveau virage doctrinal en direction de la guerre sacralisée.

On le voit aussi à propos des querelles théologiques très compliquées qui, au Ve siècle, déchirent les Églises chrétiennes. L'intervention impériale dans ces querelles doctrinales n'aboutit pas non plus à l'unité recherchée : il subsiste, face à la Grande Église, soutenue par l'empereur, de très nombreuses Églises chrétiennes jugées aujourd'hui « hétérodoxes » du seul fait du triomphe de la tendance romaine qui l'a emporté, mais qui se considèrent toutes, pour leur part, comme représentantes de la pure doctrine chrétienne. C'est le cas par exemple des Églises monophysites, très nombreuses en Orient, particulièrement en Égypte et en Syrie, qui refusent la doctrine – admise lors du concile de Chalcédoine en 451 – de la double « nature » du Christ, humaine et divine. Au VIe siècle, Justinien les réprime sévèrement, et la tutelle impériale byzantine sur ces régions, pesante et tracassière, souvent oppressive et discriminatoire, contribue à la formation de particularismes régionaux ou ethniques et à une désaffection à l'égard de l'Empire grec. Ces particularismes religieux et ethniques, renforçant l'incivisme, faciliteront les conquêtes perse et musulmane du siècle suivant.

L'Église et la guerre dans l'Empire chrétien

La mutation brusque transformant l'Empire romain païen en Empire chrétien change de façon radicale les données qui concernent notre sujet, à savoir l'attitude des chrétiens envers la guerre : jusqu'alors méprisés, traqués et persécutés dans la plupart des régions de l'Empire à la fin du IIIe et au début du IVe siècle, les chrétiens voient soudain survenir la délivrance, à leurs yeux miraculeuse. En quelques années, les tracas cessent, leur religion est reconnue, puis favorisée par l'empereur. Celui-ci leur apparaît tout naturellement (et il fait tout pour cela) comme un homme providentiel au sens fort du terme, suscité par Dieu. Dans leur immense majorité, les chrétiens l'accueillent comme tel, et acceptent volontiers la tutelle qu'il exerce bientôt sur les Églises.

D'autant que pour certains, attachés aux prophéties bibliques, la disparition du pouvoir romain persécuteur peut apparaître comme la réalisation de certaines de ces prophéties, l'indice de la prochaine instauration du royaume de Dieu. Dans cette perspective, la conversion impériale leur semble être le prélude à une conversion plus étendue encore, celle de tout l'Empire, puis celle du monde entier. Alors viendrait la fin. Jésus n'avait-il pas prédit que l'Évangile (la bonne nouvelle du royaume) serait prêché à toutes les nations avant que ne survienne ce « Temps de la Fin » ?

Cette mutation de l'Empire a été aussi interprétée par d'autres chrétiens, sur des bases prophétiques voisines, comme annonciatrice de l'avènement prochain, surnaturel, du royaume de Dieu. L'apôtre Paul, s'appuyant sur le prophète Daniel, n'avait-il pas annoncé, en effet, que ce « Temps de la fin » serait marqué par l'apparition de l'Antichrist, que le Christ anéantirait lors de son retour triomphant ? Or, l'Apôtre avait clairement suggéré que cet Antichrist ne paraîtrait pas tant qu'existerait l'Empire romain. La disparition de cet empire sous sa forme païenne semblait donc accomplir la prophétie et annoncer l'imminence du retour glorieux du Christ et de l'instauration de son royaume.

Cette dimension apocalyptique (au sens propre du terme, c'est-à-dire « dévoilement des événements futurs annoncés de manière cryptée », et non au sens « catastrophiste » qu'on lui donne aujourd'hui) ne doit pas être négligée. On sait aujourd'hui qu'une telle attente eschatologique, de coloration apocalyptique, a toujours existé dans les Églises chrétiennes, faisant alterner des périodes d'attente fervente, lorsque des événements forts semblent la corroborer, et des périodes de déception et d'assoupissement, lorsque le cours du temps redevient plus paisible et que l'histoire reprend pour ainsi dire son rythme de croisière. On retrouvera cette attente apocalyptique tout au long du Moyen Âge, malgré les tentatives d'occultation dont elle a souvent été l'objet.

Par ailleurs, et ce point est important, la faveur croissante des empereurs envers la religion chrétienne entraîne des « conversions » massives qui n'ont évidemment pas toutes la ferveur et la sincérité de celles des temps difficiles. Au début du IVe siècle, il fallait avoir une foi bien solide pour être chrétien, au risque d'y perdre ses biens, son métier, son pays ou sa vie. En quelques années, la situation s'inverse, et l'on a maintenant intérêt à devenir membre de l'ancienne « secte » méprisée, aujourd'hui triomphante. Devant cet afflux de nouveaux adeptes, les fidèles les plus enracinés, tout en se réjouissant de la situation nouvelle, déplorent parfois cet affaiblissement de la foi et la mondanisation de l'Église qui en dérive nécessairement.

Par ailleurs, les adeptes des courants minoritaires ne profitent pas, au contraire, des faveurs de l'État et se voient même parfois persécutés à l'égal des païens, leurs anciens contempteurs ; ils n'en ont que plus d'amertume. Nous ne connaissons malheureusement pas très bien leur position doctrinale, dont l'écho déformé nous parvient seulement par le truchement des écrits « orthodoxes » qui les combattent et, probablement, les dénaturent pour mieux les dénigrer. Il existe donc, en dehors de l'Église « catholique » relativement bien connue, des chrétiens dont nous ignorons presque totalement le comportement en général, envers l'État et la guerre en particulier. Il est très probable que ce comportement devait être beaucoup plus rigoriste que celui des chrétiens de l'Église officielle.

Comment ces fidèles « ordinaires » devaient-ils se comporter à l'égard de cet Empire devenu chrétien, particulièrement en ce qui concerne le métier militaire ? Les conditions étaient maintenant radicalement changées. On servait désormais un État protecteur, providentiel. Le serment de fidélité à l'empereur ne posait plus guère de difficulté doctrinale aux fidèles, pour la plupart d'entre eux du moins : il ne pouvait plus être assimilé à un culte idolâtre, dans la mesure où l'Empire chrétien combattait à son tour les idoles. Seuls quelques « intégristes » rechignaient encore devant le serment. Les fonctions officielles, exigeant le serment, devenaient donc accessibles au plus grand nombre, tout comme la carrière publique, y compris militaire.

Restait cependant, pour cette dernière, l'antique commandement de Dieu, renforcé par Jésus, interdisant l'homicide : les soldats y étaient tout naturellement exposés. C'est en grande partie pour cette raison que les chrétiens avaient d'abord exclu tous les métiers conduisant à verser le sang humain : gladiateur, soldat, magistrat investi du pouvoir de l'épée, etc. Ce risque-là n'avait évidemment pas disparu, et l'on peut croire que de nombreux fidèles sincères continuaient à considérer que le métier de soldat n'était absolument pas compatible avec la foi chrétienne, du moins en temps de guerre, où l'occasion de tuer était réelle.

On ignore malheureusement l'ampleur de cette tendance réfractaire dont témoigne le concile d'Arles, tenu en 314, au lendemain même de la métamorphose de l'Empire. Le canon 3 décrète en effet ce qui suit : « Pour ceux qui mettent bas les armes en temps de paix, il a été décidé de les tenir à l'écart de la communion. »

Il s'agit ici, à coup sûr, de l'excommunication de ceux qui refusent le service militaire ou pour le moins l'usage des armes. Les historiens se divisent toutefois quant à l'interprétation de la mention « en temps de paix ». Pour les uns, elle signifierait que l'objection de conscience en temps de guerre demeurait admise : les chrétiens seraient alors autorisés à refuser l'usage des armes pour ne pas avoir à verser le sang, acte formellement interdit par les anciens textes déjà signalés ; ils se verraient en revanche excommuniés par l'Église s'ils rejetaient maintenant le service militaire dans son ensemble, même en temps de paix, lorsque ce risque d'homicide n'existe plus. Pour les autres, il s'agirait d'une condamnation globale de toute attitude de refus du service militaire, même en temps de paix (sous-entendu : à plus forte raison en temps de guerre). On ne peut guère trancher avec certitude entre ces deux interprétations également défendables.

Quelle que soit d'ailleurs son interprétation, on le voit très contestée, le concile d'Arles témoigne d'une part de la persistance d'un courant pacifiste au sein du christianisme, et d'autre part de la position nouvelle de l'Église, devenue maintenant hostile à cette position pacifiste initiale.

En 325, au concile de Nicée, cette tendance se renforce. Le canon 12 montre que de telles défections de soldats avaient été nombreuses dans les premiers temps, mais que le mouvement s'est inversé : il ordonne en effet dix années de pénitence à tous ceux qui ont cru bon de quitter les rangs de l'armée et qui, maintenant, demandent à y être réintégrés.

L'Empire chrétien ne peut évidemment pas encourager un tel refus du service armé. Il a besoin de soldats face aux menaces extérieures des Barbares germaniques et des Perses ; les chrétiens sont devenus trop nombreux dans l'Empire pour que l'on puisse se passer d'eux. De plus, les persécutions contre les païens, on l'a vu, conduisent Théodose II à leur interdire l'accès à l'armée. Les troupes romaines sont donc désormais composées en majorité de chrétiens issus généralement des régions périphériques et des peuples barbares romanisés et christianisés, de tendances diverses.

Pourtant, malgré ces encouragements de l'État et de l'Église impériale, de nombreux chrétiens, surtout dans les Églises « dissidentes », persistent dans leur réticence morale à l'égard de la profession militaire. Il en reste également dans la Grande Église : saint Augustin et d'autres écrivains chrétiens moins fameux devront prendre la plume pour les convaincre que Dieu ne rejette pas cette profession.

L'afflux massif des adhésions plus ou moins sincères au christianisme a aussi deux autres conséquences très importantes : le développement conjoint du cléricalisme et du monachisme.

Le développement du cléricalisme s'explique aisément : pour encadrer, diriger, instruire les fidèles, et surtout leur distribuer les sacrements (car le sacramentalisme se développe parallèlement), les Églises chrétiennes ont besoin d'un personnel spécialisé, le clergé, dirigé par des évêques dans des circonscriptions ecclésiastiques calquées sur celles de l'Empire, les diocèses. Ces structures sont solides : elles vont résister aux invasions barbares, preuve de leur bonne implantation et de leur efficacité. Très vite, d'ailleurs, les évêques remplissent également des fonctions administratives. Ils représentent l'autorité. Leur fonction de dignitaires de haut rang leur confère un rôle politique important, et le clergé acquiert une notoriété et un prestige croissants.

L'Église – c'est-à-dire, ne l'oublions pas, l'assemblée, la communauté, l'ensemble des chrétiens partageant la même foi – en vient à prendre une structure hétérogène : le clergé d'une part, les simples fidèles d'autre part, nommés bientôt « laïcs ». Les uns et les autres n'ont ni les mêmes fonctions ni les mêmes modes de vie. L'Église a tendance à faire glisser sur les seuls clercs les exigences morales et les devoirs qui incombaient jadis à tous les fidèles.

Le vocabulaire témoigne de ce glissement : dans les trois premiers siècles, l'expression *milites Christi* (« soldats du Christ », au sens d'un service purement moral) désignait tous les chrétiens, en particulier les martyrs, ceux qui rejetaient le service du monde et de l'empereur pour obéir à Dieu. Désormais, *milites Christi* en vient à désigner seulement le clergé et les moines, ceux qui servent Dieu par profession, on pourrait dire par « métier », par opposition aux fidèles laïques, qui, eux, « servent le monde », ou « le siècle ». Un glissement sémantique plus significatif encore interviendra au XIe siècle, lorsque la même expression en viendra à désigner des guerriers, les croisés, au terme de l'évolution décrite dans ce livre. À l'époque considérée dans le présent chapitre (Ve siècle), ces mots désignent encore un service purement pacifique, un combat moral.

La distinction a toutefois déjà des conséquences notables sur le plan qui nous intéresse, celui des rapports des chrétiens avec la guerre. Ainsi, le clergé seul continue à se voir interdire de verser le sang. Les clercs doivent garder les mains pures, pour s'acquitter des tâches sacramentelles. Comme les prêtres de l'ancien paganisme auxquels Origène faisait allusion, ils sont dispensés du service militaire, et leur fonction, comme aussi celle des moines, est de prier pour le salut de l'Empire chrétien et le succès de ses armées. Les laïcs, eux, mènent une vie jugée moins sainte, par nature entachée de péchés. Ils peuvent toutefois en être purifiés par la confession, assortie de pénitences.

Les pénitentiels, à partir du VIIe siècle, fixent bientôt l'ampleur de ces « réparations ». L'effusion de sang y est sévèrement punie, même au combat en temps de guerre licite. Ainsi, l'homicide commis par un soldat dans une guerre publique, sur le champ de bataille, demeure un péché et donne lieu à une pénitence longue pouvant atteindre plusieurs années. Cette peine est peu à peu ramenée à une durée beaucoup plus courte, mais elle subsiste néanmoins, encore, au Xe siècle, témoignant ainsi du péché qui s'attache au fait de tuer un homme, fût-il un ennemi de la Patrie.

Le développement du monachisme peut aussi être considéré comme une réaction devant l'entrée massive de nouveaux adeptes peu « convertis » et devant la mondanisation de l'Église qui en résulte. La faveur nouvelle du christianisme, puis son instauration comme unique religion de l'État s'accompagnent d'un inévitable relâchement moral et spirituel. Le refus du monde, la fuite dans la solitude des « déserts » (régions arides, forêts, marécages, etc.), apparaît alors aux âmes les plus exigeantes, éprises de perfection, comme le seul moyen efficace d'assurer la pureté de son âme, et donc son salut. Le désert devient en quelque sorte une substitution au martyre des anciens temps. Le culte des anciens martyrs, qui prend d'ailleurs une réelle ampleur à la même époque, répond lui aussi à cette spiritualité quelque peu nostalgique des anciens temps héroïques.

Les ermites et les moines, par le dépouillement de leur vie, acquièrent alors dans l'Église un prestige considérable. Bien que laïcs, ils renoncent au monde, à la violence, ne portent pas d'armes et font vœu de pauvreté et de chasteté. Dans l'esprit du peuple, puis dans l'Église officielle lorsque le monachisme se régularise, le prestige des moines rejoint et dépasse souvent celui du clergé séculier. C'est désormais dans la solitude du désert ou du cloître que certains recherchent « la paix sans laquelle nul ne verra le Seigneur ». Les moines, ces « soldats de Dieu », y mènent par la prière contre les forces occultes un combat rude et périlleux, mais purement pacifique. Leur « saint combat » spirituel contre les « forces du mal » n'a aucun trait guerrier, moins encore ceux d'une guerre sainte. Il en est même l'antithèse, la négation totale et parfaite.

Saint Augustin et l'idée de guerre juste

La « conversion » de l'Empire au christianisme n'a pas fait disparaître les périls extérieurs. Depuis longtemps déjà, la pression des peuples barbares s'exerçait sur les frontières, particulièrement celle des Germains, eux-mêmes poussés par des nomades venus des steppes de l'Asie, les Huns. Ces peuples germaniques portent des noms divers : Goths, Vandales, Francs, Alamans, Burgondes, Hérules, Suèves, etc. La plupart d'entre eux tentaient déjà, depuis le IIe siècle, de s'installer à l'intérieur des frontières romaines, souvent pacifiquement, en tant que « travailleurs immigrés », accomplissant des besognes dédaignées par les Romains. Ils étaient très nombreux, particulièrement, dans l'armée : à la fin de l'Empire, la plupart des soldats, et même des généraux, sont des Barbares romanisés et christianisés, de tendances diverses.

Au début du Ve siècle, la pression des Huns s'accroît et pousse les tribus germaniques vers les frontières de l'Empire. Cette fois, il ne s'agit plus d'immigrations individuelles, mais de véritables migrations de peuples, d'invasions. Ainsi, en août 410, les Wisigoths d'Alaric font une razzia sur Rome, la pillent pendant trois jours et s'en retournent. Cet événement est sans grande portée militaire ou politique : depuis Constantin, la ville impériale n'est plus Rome, mais Constantinople. Il a pourtant un retentissement immense, et annonce les invasions futures, massives, des décennies suivantes. Les esprits en sont choqués, frappés de stupeur. Rome paraissait éternelle, invulnérable. Sa chute semble annoncer de terribles bouleversements, la fin du monde peut-être. Saint Jérôme, retiré à Bethléem depuis plusieurs années pour y traduire la Bible en latin, témoigne de ce traumatisme : pour lui, la civilisation s'effondre sous les coups des Barbares, et c'est à cause des péchés des chrétiens (voir textes nº 3, p. 273 *sq.*).

Saint Augustin, le plus célèbre des Pères de l'Église, tente pour sa part de rassurer les croyants : la fin de l'Empire, que l'on imagine désormais possible, serait certes un bouleversement considérable, mais ce ne serait pas la fin du monde, ni la fin de l'Église. Saint Augustin est par ailleurs un adversaire résolu de l'attente eschatologique traditionnelle, qu'il condamne dans ses écrits. Plus que sur l'avènement final du Christ, il met l'accent sur celui de l'Église, qui lui semble réaliser les prophéties. L'Empire romain est seulement pour lui le cadre qui a permis l'épanouissement de l'Église, mais il ne doit pas être confondu avec elle. Son ouvrage principal, *La Cité de Dieu*, développe ce thème.

Il ne faut pas pour autant abandonner tout espoir de repousser les Barbares : Augustin envisage la chute de l'Empire romain, mais il ne s'y résigne pas. Certes, l'Église n'est pas liée à l'Empire, et ne disparaîtra pas avec lui, mais il représente cependant la culture, la civilisation, l'ordre, la paix : il faut donc le défendre. Augustin réfute ceux qui disent que le christianisme contribue à la ruine de l'Empire ; aux chrétiens qui, parfois, ont encore des doutes sur la dignité et la licéité du métier militaire, il écrit que Dieu ne rejette pas les soldats : on peut plaire à Dieu sous l'habit militaire.

La religion chrétienne, d'ailleurs, n'est pas hostile à l'État et n'interdit pas toutes les guerres (*cf.* la Lettre 138). S'appuyant sur l'Ancien Testament et sur les « guerres de l'Éternel » qui y sont relatées, Augustin rappelle que Dieu lui-même y recourt parfois. Il existe donc des guerres justifiées.

Sans en développer la théorie, saint Augustin pose ainsi les fondements d'une éthique chrétienne nouvelle, dont la définition canonique, la « guerre juste », ne sera formulée que beaucoup plus tard, aux XIIe et XIIIe siècles. On peut toutefois résumer sommairement les éléments qui, selon Augustin, font qu'une guerre peut, à son époque, être considérée comme juste.

1. Ses buts doivent être purs et conformes à la justice : empêcher un ennemi de nuire, de tuer, de piller (par assimilation à une sorte de légitime défense), mais aussi rétablir un état de justice qui a été rompu par l'ennemi, récupérer des terres ou des biens spoliés, empêcher ou châtier des actions mauvaises (par assimilation à une action judiciaire punitive contre les auteurs de délits : la loi, dit-il, châtie à juste titre les malfaiteurs).

2. Elle doit être faite avec amour, sans sentiment de haine, sans mobiles d'intérêts personnels, soif de vengeance ou goût du pillage, par exemple.

3. Elle doit être publique et non privée, c'est-à-dire déclarée par l'autorité légitime, en l'occurrence l'État romain, l'empereur.

Pour sa démonstration, Augustin recourt au sens commun : puisque tout le monde admet que, dans l'Empire, les magistrats et agents de la justice font légitimement usage de la force (y compris de la peine de mort) pour châtier les malfaiteurs coupables de violation des lois justes de l'État, il est normal aussi d'admettre que les soldats, qui accomplissent la même fonction à l'extérieur, soient eux aussi tenus pour des agents de la justice.

Les guerres ainsi entreprises doivent donc être, elles aussi, considérées comme légitimes. Tout le monde admet, dit-il, que le bourreau qui tue sur ordre du magistrat n'est pas coupable d'homicide. De même, le soldat qui combat et tue sur ordre de l'empereur ne doit pas en porter la culpabilité. Ceux qui ordonnent et mènent ces sortes de guerres sont à ses yeux des « serviteurs de la justice » et non des trublions à exclure.

La notion de guerre juste, toutefois, n'est pour lui qu'une concession accordée à l'État agissant pour le bien commun. La guerre que mène le « gouvernement civil » est juste parce que l'autorité qu'il représente vient de Dieu, et qu'il remplit ainsi sa fonction d'ordre et de justice sur cette terre. Mais l'empereur n'a pas l'autorité en lui-même ; elle lui est seulement déléguée par Dieu. Seul l'ordre direct et indiscutable de Dieu sacraliserait pleinement une guerre, comme dans le cas des « guerres de l'Éternel » des temps bibliques. La guerre ordonnée directement par Dieu, en effet, ne peut être que sainte. Celle que proclament les autorités légales peut seulement atteindre un certain degré de légitimité : elle est juste si elle sert la justice. La guerre sainte, ainsi, précède la guerre juste, chronologiquement et logiquement. Elle résulte de la sainteté de Dieu, qui seul peut en donner l'ordre directement, car Lui seul discerne parfaitement le Bien et le Mal.

Mais à l'époque d'Augustin, malgré la menace barbare, cet ordre direct de Dieu fait défaut sur terre : la théocratie d'Israël n'existe plus, les prophètes ont disparu, la Révélation est close : c'est le temps de l'Église, qui doit prendre position et agir en se guidant sur les principes révélés. Par ailleurs, dans l'Église, la centralisation monarchique n'a pas encore conféré au pape une autorité suffisante pour sacraliser la guerre. Même si elle est juste, elle demeure liée au mal, cause d'homicide, donc de péché. La preuve : les moines et les prêtres, pour conserver leur pureté rituelle, doivent conserver des mains pures de tout sang humain.

Le concept de guerre sainte, admis dans le cadre de la théocratie, par exemple celle de l'Israël biblique, n'est donc pas recevable ni même concevable à l'époque de saint Augustin. Mais on pressent déjà, à travers ses écrits, que la sacralisation de la guerre se fera par le truchement de l'idéologie de protection de l'Église, en particulier des ecclésiastiques. Isidore de Séville le dira un siècle plus tard : lorsque l'Église est menacée, et que les clercs ne peuvent ni verser le sang ni se défendre, l'œuvre des défenseurs revêt un aspect moral et saint, car se sont les laïcs et leur action guerrière qui permettent aux prêtres d'exercer leur ministère.

Pourtant, à l'époque même où Augustin s'efforce de briser, pour les laïcs, l'ancien « tabou du sang » résultant du pacifisme originel, conforme à la conception primitive du christianisme, la spiritualité populaire exalte les martyrs.

Des martyrs pacifiques et pacifistes, héros de la perception ancienne de la foi chrétienne. Car ces saints ont obtenu précisément leur couronne en périssant par l'épée, sans se défendre, en refusant les armes et le service militaire, parfois même en rejetant avec éclat le service de l'État et la profession de soldat pour mieux servir Dieu : c'est le cas, entre autres, de saint Martin de Tours, célébré par Sulpice Sévère, au tournant du Vᵉ siècle.

Malgré ces réticences, l'immense prestige de saint Augustin allait cependant contribuer à faire disparaître, dans les mentalités, les suspicions durables des chrétiens envers la guerre et la fonction militaire. Les invasions barbares, puis celles des Arabes, en Orient comme en Occident, vont renforcer encore cette tendance et contribuer à l'élaboration future du concept de guerre sainte chrétienne. Une notion qui puise ses racines dans l'Ancien Testament, mais qui avait été fermement rejetée par Jésus et le christianisme primitif. Un concept qui va s'épanouir au XIᵉ siècle, à l'époque de la croisade. Nous sommes ici au tout début d'un lent processus qui, de Constantin à Urbain II, va se prolonger pendant près de huit siècles, transformant et altérant très profondément la religion chrétienne. Une sorte de métamorphose.

Chapitre 3

L'adoption des valeurs guerrières
Le christianisme des Barbares

Malgré les efforts des armées romaines fidèles à l'Empire – bien que fortement barbarisées et dirigées par des généraux eux aussi d'origine barbare –, les peuples germaniques pénètrent massivement dans un Empire désorganisé, à l'économie amoindrie et au moral défaillant.

La formation des royaumes barbares ajoute la rupture politique aux fossés linguistique, culturel, économique et religieux qui s'étaient déjà creusés depuis longtemps entre un Orient grec peuplé, urbain et cultivé, et un Occident latin rural, bien moins riche et beaucoup moins peuplé ; moins raffiné aussi. C'est désormais l'Occident « barbare » qui retiendra notre attention, car c'est dans cette zone, sous influence religieuse de Rome, que se formera le concept de guerre sainte encore longtemps rejeté par l'Église orientale (orthodoxe). Les nouvelles réalités politiques et culturelles y contribuent. En effet, la victoire des Barbares sur l'Empire crée un monde nouveau, introduit dans les mœurs occidentales des valeurs et des attitudes elles aussi nouvelles, qui valorisent le guerrier et ses vertus, posant les fondements de ce que l'on pourrait appeler la mentalité médiévale. L'alliance de la papauté avec la monarchie franque va également contribuer à la valorisation idéologique de certaines guerres, lorsqu'elles seront menées pour l'Église.

Fin de l'Empire en Occident

Les conséquences des invasions barbares en Occident sont considérables. L'unité politique, déjà précaire, est définitivement brisée. Certes, la tradition intellectuelle pousse les lettrés (désormais presque tous ecclésiastiques) à affecter de croire que les rois barbares règnent chacun sur une partie de l'Empire romain, comme jadis les empereurs de la tétrarchie se partageaient les zones géographiques à gouverner. La réalité, pourtant, est bien différente : tout en se prétendant les continuateurs des empereurs, s'entourant d'aristocrates romains ralliés, les chefs barbares règnent en rois indépendants sur les terres conquises, peuplées majoritairement de Gallo-Romains. Les Barbares sont partout minoritaires, mais ils imposent leur autorité, leur législation, leurs mœurs. Une nouvelle société, ainsi, se forme, héritant à la fois de l'Empire romain et des nouveaux dirigeants barbares.

Or, ces rois germaniques sont avant tout des chefs de tribus belliqueuses dont tous les mâles sont par nature des « soldats », ou plutôt des guerriers. La notion abstraite d'État leur est étrangère, comme celle de service public ou d'administration. Prime chez eux le compagnonnage guerrier, le dévouement personnel au chef, le culte du courage, de l'héroïsme au combat, valeur quasi religieuse, mystique. La profession militaire, loin d'être méprisée ou tenue en suspicion, est au contraire chez eux perçue comme naturelle, digne et hautement honorable. Il en résulte une militarisation accrue des esprits et de la société, en particulier des élites dirigeantes d'origine germanique ou des familles aristocratiques autochtones ralliées. Ainsi, particulièrement en Gaule, se forme la nouvelle aristocratie : elle est gallo-romano-germanique.

Les guerriers, sinon la guerre en elle-même, s'en trouvent évidemment valorisés. Les Barbares introduisent leurs conceptions monarchiques et belliqueuses, fondées sur la valeur guerrière du chef, la force du compagnonnage, la prédominance de la cavalerie (surtout chez les Goths), la qualité de l'armement (épées en acier), etc. Dans tous les royaumes qui s'installent en Europe, la société est désormais dirigée par une aristocratie militaire et terrienne qui préfigure et annonce la noblesse médiévale. Elle domine un petit peuple de paysans soumis et « protégés ». La condition de ces masses populaires s'en trouve, pour sa part, assez peu modifiée : elles ont seulement changé de maîtres.

Clovis, champion de l'Église

L'Église romaine aurait pu connaître une crise mortelle avec les invasions barbares. Au contraire, elle sort renforcée de cette épreuve. Ce paradoxe nécessite explication.

Les populations conquises, en Italie, en Gaule, en Espagne, sont majoritairement chrétiennes, « catholiques », dans les villes du moins. La déroute romaine et la fuite des administrateurs ont souvent, face aux Barbares, laissé l'évêque comme seul représentant de l'ordre ancien, seul capable d'assurer une certaine continuité. Le prestige des évêques s'accroît d'autant : ils jouent un rôle protecteur, administratif, pacificateur, et assurent le lien entre l'ancienne société romaine et la nouvelle société romano-germanique.

Le péril majeur, pour l'Église romaine, ne vient pas du paganisme. Hormis les Francs, les Barbares sont déjà presque tous christianisés bien avant leur arrivée au pouvoir dans l'Empire. Ils sont chrétiens, mais de tendance arienne : ils n'acceptent pas la doctrine de la « divinité » du Christ. Or, on peut espérer convertir les païens, plus difficilement les « hérétiques » ariens, qui dominent de vastes régions. C'est particulièrement le cas des Wisigoths, qui gouvernent une zone incluant l'Espagne, le Sud de la Gaule, bientôt la Provence et l'Auvergne (476), ou de l'Ostrogoth

Théodoric qui, mandaté par l'empereur de Constantinople pour reconquérir l'Italie, s'y installe en fait comme roi. Ariens aussi sont les Vandales en Afrique, et les Burgondes, qui dominent une région allant du Jura suisse (avec Genève) au Lyonnais et au Viennois. Les rois burgondes et ostrogoths sont tolérants, mais les Vandales et les Wisigoths tentent d'imposer leur religion, il est vrai par des pressions plutôt que par la force. Les populations gallo-romaines ou ibériques sont certes majoritairement catholiques dans les villes, mais païennes encore dans les campagnes, et rien ne permet alors de penser que l'arianisme ne va pas finir par s'imposer, avec l'appui des gouvernants.

Le clergé catholique, encouragé par le pape, s'efforce donc de rallier à sa cause les rares rois barbares encore païens, donc « convertissables », Clovis en particulier. Dès 481, ce chef franc du Rhin inférieur ambitionne de conquérir la Gaule. Il en occupe le Nord, du Rhin à la Seine, mais se heurte bientôt aux Burgondes et aux Wisigoths. Converti au « catholicisme » par Clotilde, fille d'un roi burgonde arien tolérant, il entreprend, soutenu par le clergé romain, une conquête présentée par la propagande catholique de l'époque comme une « guerre de religion » destinée à porter secours aux populations catholiques persécutées par les ariens. Une guerre bien évidemment admise et valorisée par le clergé. Avec son soutien et sa bénédiction, Clovis bat les Wisigoths près de Poitiers, à Vouillé (507).

Vainqueur, Clovis étend ses conquêtes à presque toute la Gaule et devient le champion officiel de l'Église, qui le présente comme un « nouveau Constantin », renforçant ainsi les liens entre politique et religion. Une formidable propagande, orchestrée par le clergé catholique et amplifiée plus tard par l'historien Grégoire de Tours, glorifie ce roi élu de Dieu, baptisé par l'évêque Remi de Reims entre 488 et 507 (voir texte nº 4, p. 276). L'acceptation idéologique de la guerre se double ici d'une alliance politique entre le pape et les Francs. L'alliance du trône et de l'autel, en France, trouve là ses plus anciennes racines. Des racines puissantes et durables : l'idéologie des milieux catholiques intégristes s'y réfère encore aujourd'hui, au début du troisième millénaire.

La « barbarisation » de l'Église

Dans les nouveaux royaumes d'Occident, la civilisation romaine survit, mais elle se barbarise et se cléricalise. La culture classique, nourrie de paganisme, est désormais écartée, à cause de cette imprégnation païenne, au profit d'une culture nouvelle qui tente d'évacuer le fond du savoir littéraire antique pour en conserver seulement la forme, dispensée dans les écoles religieuses et surtout monastiques. Elle n'y parvient qu'avec peine, au prix de nombreuses compromissions et non sans déclin.

La société est désormais dominée par deux aristocraties, l'une militaire, l'autre religieuse. Dans la Gaule franque, les grandes familles gallo-romaines s'approprient vite les sièges épiscopaux, scellant ainsi l'alliance des aristocraties laïque et ecclésiastique. Dès 511, les rois francs s'assurent le contrôle des désignations épiscopales, ce qui renforce encore cette fusion. À un niveau moindre, les aristocrates, grands propriétaires terriens, fondent des établissements ecclésiastiques et des monastères dont ils se considèrent comme les « patrons », et y nomment prêtres et desservants. C'est là un trait fondamental de l'époque médiévale, dont on verra plus tard les conséquences souvent funestes : l'interpénétration de l'Église et du monde féodal. L'alliance (voire la fusion) du religieux et du politique, qui est, dans toutes les sociétés, l'une des conditions nécessaires à l'apparition et au développement de la notion de guerre sainte, s'enracine là.

Cette aristocratie foncière est, dans l'ensemble, nouvelle : elle s'est formée par le service du roi, dans le domaine administratif (officiers palatins, comtes) aussi bien que religieux (évêques, abbés et prieurs). Ces nouveaux aristocrates reprennent et amplifient l'habitude des anciens propriétaires terriens du Bas-Empire de s'entourer de milices privées. Celles-ci sont composées d'hommes libres et de dépendants dont ils font leurs gardes du corps : clients, satellites ou vassaux.

C'est là l'origine de la vassalité médiévale : un contrat, scellé par un serment de fidélité, lie à un « puissant » (on dira plus tard un « seigneur »), par un système de dépendance « honorable », des hommes libres (ses vassaux), chargés de défendre par les armes le « patron » qui les a recrutés et qui, généralement, leur fournit jusqu'à leurs armes. En échange de ce service armé, ces vassaux guerriers reçoivent des moyens d'existence conformes à leur rang. Grâce à ces troupes, l'aristocratie, au service du roi, maintient à la fois l'ordre et sa propre suprématie. Ces puissants jouent par la même occasion un rôle important dans la christianisation des habitants des campagnes qu'ils dominent. Une christianisation qui véhicule aussi leurs propres valeurs.

C'est dire que les guerriers sont désormais beaucoup mieux considérés qu'auparavant. Par voie de conséquence, le message chrétien s'infléchit, s'éloigne définitivement du pacifisme originel. Sans adopter totalement les mœurs des peuples germaniques, l'Église accepte, accueille et adopte certaines formes de leur spiritualité. On retiendra seulement ici celles qui contribuent à une nouvelle attitude envers la guerre.

La première est sans doute la perception mentale du Christ, son image dans la spiritualité des hommes de ce temps. L'idée d'un Messie souffrant, vaincu et humilié jusqu'à la mort répugne à la mentalité barbare : on le perçoit plutôt (et on le représente ainsi dans l'art) comme un Christ vainqueur, en majesté, triomphant des forces du mal. Le culte des saints, qui prend une ampleur nouvelle, s'infléchit aussi : aux anciens martyrs, humbles victimes du glaive des puissances politiques anciennes, s'ajoutent désormais de nouveaux saints issus des rangs mêmes de l'aristocratie ecclésiastique récente, dépositaires et gestionnaires du pouvoir : ce sont pour la plupart des évêques, comme saint Éloi, saint Ouen, etc. La sainteté passe dans les rangs des puissants. Elle s'aristocratise. Mais elle ne se militarise pas encore.

Le sacramentalisme, à connotations quasi magiques, prend par ailleurs une place toujours plus grande dans l'Église : prières, formules, incantations, rites liturgiques, bénédictions, culte des reliques, etc. Dans le même temps, pour capter, récupérer à son profit l'ancienne spiritualité païenne, celtique d'une part, germanique de l'autre, l'Église s'approprie, « baptise » en quelque sorte les cultes païens qui demeurent très en faveur, ancrés dans les coutumes locales (pierres sacrées, sources, autels, etc.). Un grand nombre de cryptes d'églises sont ainsi édifiées sur d'anciens sanctuaires païens. Il y a pour ainsi dire glissement sans rupture d'un culte à l'autre, changement dans la continuité. Le culte chrétien absorbe et rend légitime, dans ce nouveau cadre, les rites païens anciens ; il leur ôte, en les adoptant, leur caractère subversif. Une telle adoption n'est évidemment pas sans risque pour l'orthodoxie de la foi et la pureté des pratiques.

L'ordalie, le jugement de Dieu ou le duel judiciaire précédé du serment, reflète la même mentalité, imprégnée de valeurs guerrières : la victoire, croit-on, vient seulement du Dieu-roi, qui rend justice au bon droit. Il ne saurait tolérer qu'il sorte vaincu d'une telle épreuve. Le combat des champions se voit ainsi sacralisé ; il prend des traits sacrés, quasi liturgique. Dieu est, en quelque sorte, tenu d'intervenir par le truchement des armes, même s'il ne s'agit encore souvent que d'un bouclier et d'un bâton.

De la même manière, par les formules de bénédiction, l'Église tente de christianiser la spiritualité germanique liée aux armes, au risque de militariser et de matérialiser la spiritualité chrétienne : le serment sur l'épée, par exemple, très vivant chez les anciens Germains, est « adopté » et adapté sous la forme d'un serment sur la croix figurée par la poignée de l'épée. À l'époque mérovingienne, on jure indifféremment sur l'Évangile ou sur les armes consacrées. Plus tard, les reliques insérées dans le pommeau de l'épée rempliront le même rôle. La proclamation de l'équivalence rituelle entre les armes et l'Évangile est exemplaire de la méthode d'acculturation romano-chrétienne face au paganisme germanique. Là encore, une telle acculturation ne peut s'exercer sans risquer une certaine corruption de la spiritualité. L'Église a couru ce risque. Il est difficile d'affirmer qu'elle a eu raison de le faire, comme on le lit très souvent. Il convient, pour le moins, d'être conscient du risque encouru et des glissements inévitables qui en ont résulté dans la formation de la « mentalité chrétienne » et dans la doctrine de l'Église.

Cette christianisation superficielle a ainsi mêlé des coutumes germaniques païennes aux rites chrétiens, infléchissant leurs sens respectifs, qui se sont interpénétrés. Le christianisme « barbare » est devenu assez différent de celui des origines. Il prend peu à peu des teintes plus guerrières, plus « magiques », qui font franchir une nouvelle étape dans la marche vers la guerre sacralisée. Le christianisme primitif prêchait avant tout un combat intérieur contre les pensées mauvaises, en chaque être. Cette conception ne disparaît pas, mais s'infléchit dans un sens plus clanique, collectif et guerrier. Clercs et laïcs mènent un combat contre les forces du mal, chacun avec ses armes : les prêtres et les moines doivent s'abstenir des armes terrestres, mais par la prière ils combattent les démons, ennemis invisibles mais omniprésents des croyants. Les gouvernants et leurs guerriers, par l'épée, sont appelés en retour à combattre leurs adversaires visibles. L'Église attend du pouvoir séculier la répression des hérétiques, la protection des fidèles et surtout des clercs et la lutte contre les ennemis extérieurs de la chrétienté, les païens. L'idée de « guerre missionnaire » commence à poindre, encouragée par le pape. L'axe politique qui se développe entre la papauté et la royauté franque permet une sacralisation accrue de la guerre menée dans l'intérêt de ces deux entités alliées et complices.

L'axe papauté-pippinides

L'alliance nouée entre les rois francs – depuis Clovis – et l'Église romaine prend une nouvelle dimension, plus étroite et politique encore, à la fin de la dynastie mérovingienne, marquée par une profonde crise monarchique. Les obscures luttes dynastiques, émaillées d'assassinats, conduisent au trône des rois très jeunes, inexpérimentés (les « rois fainéants » des anciens livres d'histoire des écoles de la IIIe République), qui n'ont plus les moyens de gouverner.

La réalité du pouvoir passe alors aux maires du palais, représentants de l'aristocratie, dont la puissance est devenue prépondérante. Ils « conseillent » les rois, placent leurs gens, distribuent les « bienfaits » (bénéfices) en puisant dans le trésor royal, s'assurant ainsi les fidélités au détriment du pouvoir du roi mérovingien, de plus en plus faible. Plus encore, les maires du palais sont chefs des armées. À cet affaiblissement du pouvoir royal s'ajoute un fort mouvement d'émancipation régionale, encouragé par les aristocraties locales : en Aquitaine, en Neustrie, en Austrasie, en Bourgogne, par exemple, ces ferments indépendantistes sont à l'œuvre.

Désormais, le roi mérovingien règne, mais ne gouverne plus. Le pouvoir réel passe à Pépin de Herstal, maire du palais, qui remporte des victoires militaires établissant sa réputation de valeureux guerrier. Il rassemble souvent au « champ de mars » (ainsi nommé parce que le rassemblement a lieu à cette époque) ses propres fidèles et vassaux, mais aussi l'ensemble des hommes libres en armes, pour mener campagne contre les Alamans et les Saxons. Il s'enrichit du butin des vaincus. Au contraire, le roi franc, privé du prestige militaire, dilapide ses domaines par des concessions de terres destinées à rameuter, voire à « acheter » les fidélités des aristocrates laïques, ou à s'assurer le soutien des ecclésiastiques.

En vain : les fidélités sont le plus souvent détournées au profit du maire du palais, dont le prestige s'accroît encore avec Charles Martel, son fils, qui triomphe d'abord des Saxons, entre Rhin et Weser, et soutient dans cette région les efforts d'évangélisation du futur saint Boniface. Puis il « pacifie » la Neustrie et, pour accroître encore son emprise sur les aristocraties laïques et ecclésiastiques, il sécularise un grand nombre de terres d'Église, qu'il considère comme bien public de l'État. l'Église en conserve la nue-propriété, mais Charles concède l'usufruit de ces terres ainsi sécularisées à ses fidèles, à titre de « bienfait » (ou bénéfice) viager ou temporaire, pour rémunérer leur service militaire, les faire vivre et leur permettre d'améliorer la qualité de leur armement.

Ainsi se forme une armée puissante, bien équipée, composée de fantassins mais aussi de vassaux montés, lourdement armés, cuirassés, que l'on peut considérer comme les lointains ancêtres de la chevalerie. Le maire du palais, grâce à elle, commence à reprendre en main le royaume et rétablit son autorité sur les régions dissidentes, particulièrement en Aquitaine.

Charles Martel arrête les Arabes

L'invasion musulmane donne à Charles Martel l'occasion d'intervenir en Aquitaine, d'accroître sa réputation et de valoriser idéologiquement son combat.

Depuis 711, les armées de l'islam avaient franchi le détroit qui porte depuis lors le nom de leur général berbère, Tariq (Gibraltar : *djabal al-Tariq*, « montagne de Tariq »).

En quelques années, les troupes arabo-berbères triomphent, en Espagne, d'une monarchie wisigothique rongée par les conflits internes, politiques et religieux ; elles prennent possession de toute la péninsule à l'exception des montagnes des Asturies et du piémont des Pyrénées occidentales et centrales, où s'organise la résistance.

Elles se répandent aussi au-delà des Pyrénées, en Septimanie et en Languedoc (Narbonne, Carcassonne, Nîmes), puis en Provence, remontent les vallées du Rhône et de la Saône jusqu'à Autun, assiègent Toulouse en 721. Le duc Eudes d'Aquitaine, pourtant, délivre la ville et écrase les musulmans. Le pape, à Rome, célèbre cette victoire. Le conflit islam-chrétienté commence à prendre de la place dans les mentalités et dans les préoccupations des ecclésiastiques en Occident. Il va amplifier, dans le monde chrétien comme dans le monde musulman, le mouvement de sacralisation de la guerre menée contre les « infidèles ».

Pas encore assez toutefois, à cette date, pour que les aspects politiques ne l'emportent pas sur la solidarité religieuse : pour se prémunir contre un retour des Sarrasins, Eudes s'allie à un chef berbère révolté contre le gouverneur de l'Espagne. Charles Martel crie alors à la trahison, dénonce cette alliance avec les « infidèles », et attaque Eudes au sud de la Loire. Pour désamorcer ce péril, Eudes accepte de mener, avec Charles, une campagne contre les musulmans d'Abd al-Rahman qui, d'Espagne, prépare un raid de représailles et de razzia. Le chef musulman écrase Eudes devant Bordeaux, puis marche vers Tours : en 732 il se heurte en chemin, à Moussais, près de Poitiers, aux Francs de Charles Martel. Les musulmans sont vaincus, et doivent refluer. Abd al-Rahman est tué dans le combat.

Le retentissement de cette victoire de Charles Martel à la bataille dite « de Poitiers » est immense, hors de proportion avec sa portée militaire réelle. Surtout à notre époque contemporaine, puisque c'est là l'une des dates les mieux connues de tous les écoliers, depuis plus d'un siècle. Pourtant, il ne s'agit pas seulement d'une célébration idéologique née dans les esprits des historiens ou des politiques de notre temps. Les contemporains de l'événement ont parfois été, eux aussi, conscients de la portée idéologique de cette victoire. Au point même qu'un chrétien de Cordoue, dans l'Espagne récemment conquise par les musulmans, célèbre cette victoire en un long poème ; il y glorifie les « Européens » (c'est d'ailleurs ici la première apparition de ce mot), vainqueurs des musulmans.

Aux yeux de beaucoup, Charles Martel apparaît bien en effet comme le champion de la chrétienté, un concept encore flou à cette époque, mais que l'affrontement avec l'islam contribue à faire naître. La guerre qu'il mène contre ces envahisseurs, ennemis du pays et qui plus est « infidèles », prend tout naturellement des colorations morales positives. L'intervention de la papauté en sa faveur renforce bientôt ces traits de sacralité, tout en scellant l'alliance durable du Saint-Siège et des Francs, au prix d'un coup d'État profitable aux deux parties.

Nouvelle papauté et nouvelle monarchie

Charles Martel

Charles Martel, à cette date, est déjà presque un roi : il en a le pouvoir, sans le titre. C'est à lui (et non au roi) que s'adresse le pape Grégoire III, en 739, lorsque les Lombards, jusqu'ici ariens mais récemment « convertis », menacent par leurs conquêtes de transformer le pape en simple évêque lombard. Cette demande d'aide militaire de la part d'un pape, chef religieux, contribue bien entendu à la valorisation idéologique des guerriers qui s'y engageraient, en particulier de Charles Martel lui-même. Dans la lettre que le pape lui envoie, la défense du patrimoine de saint Pierre est décrite comme une action pieuse. Le prince des Apôtres (saint Pierre, le patron protecteur de l'Église de Rome) pourrait, certes, la réaliser seul, mais Il veut faire participer les chrétiens à cette œuvre de piété. Fermer les oreilles à cet appel du pape serait courir le risque de se voir fermer en retour par saint Pierre la porte du royaume des cieux (voir texte nº 5, p. 277).

L'appel du pape traduit une double et importante innovation, qui engage l'avenir d'une chrétienté à la fois occidentale et papale. L'Italie, théoriquement, relève de l'empereur romain, que l'on nommera désormais byzantin. C'est à lui, normalement, que les papes devraient faire appel. Mais les querelles du monophysisme ont éloigné Rome des Églises orientales, et le pape préfère se tourner vers la nouvelle puissance militaire de l'Occident (les Francs), plus lointaine mais plus malléable. Par ailleurs, s'il existait en Orient des sièges épiscopaux qui pouvaient rivaliser avec Rome (Constantinople, voire Éphèse ou Antioche), en revanche, en Occident, Rome était sans concurrence : aucun siège épiscopal ne pouvait s'y prévaloir d'une telle ancienneté et d'un tel prestige. S'affranchir de la tutelle impériale pouvait donc être avantageux pour la papauté, car cette rupture ouvrait pour elle une nouvelle voie, celle d'une autorité politico-spirituelle accrue sur l'ensemble de la chrétienté occidentale.

Grégoire appelle donc au secours Charles Martel, maire du palais des rois mérovingiens. Il lui envoie, en gage de déférence (pour le moins), les clefs du sépulcre de saint Pierre. Mais Charles n'intervient pas contre les Lombards, dont il vient d'obtenir l'aide militaire pour mater la Provence. Ce n'est là, pourtant, que partie remise. Un axe nouveau se dessine, l'alliance de la papauté et des pippinides. Il va dominer l'arrière-plan politique de l'Occident pendant de nombreuses années et modifier le cours de l'histoire.

Pépin le Bref

Le prestige de Charles Martel rejaillit sur son fils Pépin le Bref, qui évince rapidement ses deux frères, Griffon et

Carloman. Pépin ose, lui, réclamer la couronne. Pour faire taire un courant légitimiste fidèle aux rois mérovingiens considérés comme sacrés (leur longue chevelure en est le signe), Pépin envoie à Rome une ambassade chargée de demander l'avis du pape sur « ces rois qui, en Francie, n'exercent pas le pouvoir » et lui demander s'il est vraiment bon qu'il en soit ainsi. Convient-il même de les appeler rois ? Fin politique, Zacharie comprend à demi-mot. Sachant bien qu'il a besoin de la protection des armées franques, il répond fort habilement par cette phrase lourde d'allusion : « Sans aucun doute, il convient d'appeler roi celui qui a le pouvoir d'un roi, plutôt que celui qui ne l'a pas. » Conforté par cette réponse pontificale, Pépin fait tondre le jeune roi Childéric III et le fait enfermer dans le monastère de Saint-Bertin. Il réunit à Soissons l'assemblée des Francs, qui, par élection, le nomme roi.

Ce changement de dynastie n'est rien autre qu'un coup d'État. Le pape l'a favorisé. Pour sacraliser ce choix, les évêques de Gaule, parmi lesquels saint Boniface, confèrent en effet à Pépin l'onction par le saint chrême, en un rite inspiré de l'ordination des évêques. Le sacre des rois, déjà pratiqué chez les Anglo-Saxons et chez les Wisigoths, contribue un peu plus à faire du roi chrétien l'élu de Dieu. L'Église d'Occident, ainsi, cautionne le coup d'État pipinnide. Par là même, elle s'engage dans une alliance politique dont les conséquences à long terme sont considérables.

Mieux encore : la papauté s'insère, à son tour, dans l'ordre politique. Le nouveau pape Étienne II, menacé par le roi lombard Aistolf, passe en effet les Alpes et va chercher l'appui de Pépin qui vient à sa rencontre, à Ponthion (Marne), en 754. Là, Pépin mène par la bride, à la manière d'un écuyer, le cheval du pape, en signe de déférence. Étienne fait part au nouveau roi de son besoin pressant de protection contre les Lombards. Il demande aussi que lui soit « restitué » le patrimoine de saint Pierre, dans lequel il englobe non seulement Rome, mais aussi tout l'exarchat de Ravenne.

Cette demande s'exprimera quelques années plus tard par la fabrication du plus célèbre faux de l'histoire, la « fausse donation de Constantin » (voir texte n° 6, p. 279). Ce document prétend que le premier empereur chrétien, au moment de partir pour sa ville (Constantinople), aurait légué à saint Pierre (c'est-à-dire au pape) son palais du Latran (ce qui est exact), mais aussi le duché de Rome, l'Italie et toutes les provinces occidentales (ce qui est évidemment faux). Le caractère « apocryphe » de ce document a été démontré depuis bien longtemps de manière irréfutable.

Contrairement à ce que l'on a longtemps cru, il est peu probable que ce document, sous cette forme, ait été produit par la curie romaine pour convaincre Pépin de « restituer » au pape l'exarchat de Ravenne (pour commencer). Mais il est certain en revanche que, dès 754, la papauté tente de persuader le roi du bien-fondé de ses revendications territoriales, et d'obtenir de la puissance militaire des Francs la « restitution » (entendons ici la remise) à saint Pierre de territoires qui ne lui ont jamais appartenu et qui, de toute manière, relevaient de l'Empire byzantin. Pour la première fois, la papauté se pose ainsi en puissance temporelle d'une part, en successeur de l'empereur d'autre part. C'est là une orientation politique nouvelle et durable, dont les effets se feront sentir par la suite avec une très grande ampleur.

Pépin répond, mais très partiellement, aux demandes pontificales ; il prépare une expédition militaire contre les Lombards. De son côté Étienne II renforce lui-même l'autorité de la nouvelle dynastie en sacrant à nouveau Pépin et ses fils. C'est donc la lignée entière qui, cette fois, se voit légitimée, sacrée, « au nom de la Providence divine et des Apôtres Pierre et Paul ». Pour sa part, et en retour, Pépin et son armée descendent victorieusement par deux fois en Italie, en 754 et 756 : Aistolf est déposé, enfermé, et les cités abandonnées par le roi lombard sont remises au pape. Elles forment ainsi le « patrimoine de saint Pierre », embryon de l'État pontifical.

L'alliance de la papauté avec les carolingiens est ainsi scellée. La nouvelle dynastie se voit solennellement reconnue et sacralisée par le pontife romain qui use ici de sa fonction spirituelle dans le domaine politique. Le pape, de son côté, se trouve conforté à Rome par le pouvoir politico-militaire du roi franc. La concession du patrimoine de saint Pierre fournit à la papauté une nouvelle dimension politique. C'est là une nouveauté qu'il convient de souligner : elle va conditionner l'avenir de tout le Moyen Âge, et contribuer grandement à la formation du concept de guerre sainte, qui ne peut naître que dans un milieu unissant étroitement le politique et le religieux.

Désormais, le roi et ses guerriers francs se trouvent valorisés par deux nouveaux facteurs de sacralisation qui vont souvent se combiner et se renforcer l'un l'autre : la lutte pour la papauté d'une part (et en particulier pour la préservation de ses biens fonciers), sur laquelle nous reviendrons dans notre troisième partie ; le combat destiné à protéger la chrétienté contre les envahisseurs d'autre part, en particulier contre les musulmans, qui font alors dans l'histoire une entrée tonitruante.

C'est donc vers l'islam, nouveau venu sur la scène internationale, qu'il convient maintenant de se tourner.

DEUXIÈME PARTIE

Guerre et islam de Mahomet à la croisade (VIIe-XIe siècle)

CHAPITRE 4

L'islam et la guerre à l'époque de Mahomet

Lorsque Charles Martel bat les Arabes à Poitiers, le prophète de l'islam, Mohammed (Mahomet), est mort depuis exactement cent ans (632). Son message, consigné dans le Coran (dont Mahomet dit avoir reçu la révélation de l'archange Gabriel), prétend rétablir et prolonger les révélations divines antérieures qui auraient été corrompues par les juifs et les chrétiens, et apporter ainsi le sceau de la Révélation prophétique. La jeune communauté ne tarde pas à se répandre, et son expansion religieuse, politique et militaire est fulgurante. En 711, les cavaliers d'Allah atteignent l'Indus à l'est, l'océan Atlantique à l'ouest, établissant leur suprématie sur un empire qui très tôt se fractionne en royautés rivales mais qui, toutes, confessent l'islam comme religion révélée. Par-delà les nombreux facteurs de division, la religion constitue un ciment très fort. Comme du côté chrétien, toutefois, ce ciment ne suffit pas toujours à assurer la cohésion de l'ensemble.

La religion prêchée par le Prophète s'oppose radicalement au polythéisme et reproche aux chrétiens d'avoir dérivé dans ce sens par la doctrine de la Trinité, en « associant » à Dieu d'autres personnes : le Fils et le Saint-Esprit. Né en Arabie, peuplée d'Arabes païens mais aussi de Juifs, de chrétiens et peut-être surtout de très nombreuses tribus arabes gagnées au judaïsme et au christianisme, l'islam se rapproche par bien des aspects de ces deux religions antérieures qu'il prétend corriger. Il s'en distingue toutefois par de nombreux autres points.

Il n'est pas question de donner ici une analyse même sommaire de l'islam. On en retiendra seulement ce qui concerne ou conditionne l'attitude des musulmans envers la guerre et la formation du concept de *jihad*, défini doctrinalement et juridiquement plus tard, mais dont les fondements sont clairement posés par la révélation coranique et par le comportement de Mahomet, radicalement différent de celui de Jésus.

Mahomet et la révélation coranique

Vers 612, âgé d'une quarantaine d'années, Mahomet reçoit sa révélation dans une grotte du mont Hira où il s'est retiré pour méditer. Inquiet et dubitatif, il s'en ouvre bientôt à sa femme Khadija, qui lui fait confiance et l'encourage à prêcher autour de lui ce message divin. Il annonce la nécessité d'une fidélité et d'une soumission totale à Dieu à l'approche de la Fin des temps, jugée imminente.

Suscitée ou cautionnée par de nouvelles révélations, sa condamnation violente des idoles (dont vivent, surtout à La Mecque, lieu du pèlerinage païen à la Ka'aba, les tribus qorayshites) contribue à le faire rejeter par la population locale. En 622, il doit s'exiler avec quelques partisans à Yathrib, qui deviendra Médine, la « Ville du Prophète », où se trouvait une importante population juive dont il escomptait l'appui. C'est l'hégire (*hijra* : émigration), an I de l'ère musulmane.

Regroupant autour de lui les croyants, Mahomet entreprend la lutte armée contre ses adversaires, organise des razzias, des coups de main contre les tribus arabes polythéistes ou juives réfractaires à son message. Veuf de Khadija, le Prophète avait peu après épousé une veuve, Saouda. À Médine, il célèbre aussi ses noces avec sa « fiancée », qui devient son épouse préférée, Aïsha, alors âgée de neuf ans. À Médine, les deux épouses du Prophète sont logées dans deux cabanes jouxtant la première « mosquée ».

La polygamie est ainsi clairement cautionnée par le Prophète (et par les révélations coraniques qui approuvent ou dictent sa conduite). Mahomet prit par la suite plusieurs autres épouses et de nombreuses concubines légales, limitant à quatre les épouses des croyants ordinaires. Cette pratique polygamique, déjà admise avant lui chez les Arabes et adoptée par les musulmans, valut vite à l'islam, de la part du clergé chrétien prônant la chasteté, une réputation de religion libidineuse, particulièrement lorsque le Prophète, justifié par une révélation coranique (Coran XXXIII, 37), épousa Zaynab (femme de son disciple et fils adoptif Zayd), dont il était tombé amoureux et que Zayd répudia pour lui laisser le champ libre. Les écrits polémiques contre l'islam argueront plus tard de cet épisode pour justifier leur accusation concernant la « lubricité » du Prophète. En revanche, il convient de le souligner, ce comportement ne choquait en rien les Arabes, qui admiraient au contraire la puissance sexuelle du Prophète.

Une autre accusation de la polémique chrétienne, celle-ci concernant la guerre, repose elle aussi sur le comportement personnel de Mahomet. Très vite, en effet, le climat conflictuel rencontré à La Mecque, qui avait causé son exil, débouche sur de véritables combats auxquels Mahomet prend parfois part, ou qui sont cautionnés explicitement par des révélations coraniques. Ces faits sont révélateurs de l'attitude du Prophète de l'islam envers l'usage de la guerre, attitude qui a évidemment pour les croyants une valeur exemplaire. Quelques faits précis suffiront à l'établir.

Ainsi, au printemps 624, Mahomet et ses 300 musulmans interceptent une grande caravane de Qorayshites près de Médine (Badr, ou Bedr), revenant de Damas. Ils affrontent 1 000 Qorayshites, venus en renfort. Mahomet promet la victoire à ses fidèles à l'aide des anges, le paradis à ceux qui mourraient, et s'attribue, selon une révélation coranique, un cinquième du butin. Ce cinquième est réparti en trois parts, l'une pour le Prophète lui-même, la deuxième pour sa famille et la troisième pour les pauvres et les orphelins (Coran VIII, 42). L'usage de la violence armée est donc très tôt admis, valorisé et codifié jusque dans la répartition des profits matériels qui en résultent.

Peu après, Mahomet, déçu de leurs réticences à se rallier, rompt avec les juifs, dont il attaque plusieurs tribus. Plus tard, il se sépare aussi des chrétiens. Les uns et les autres sont cependant tolérés et protégés en tant que fidèles d'une religion croyant en un seul Dieu et au jour du jugement.

Après quelques revers et des défections internes, Mahomet et ses fidèles remportent près de Médine, en mars 627, une écrasante victoire et massacrent la tribu juive des Banou Qoraidza, qui avait fait défection. Les combats nombreux entre musulmans et Arabes de La Mecque, demeurés polythéistes, restent cependant encore très indécis à cette date.

Pourtant, en 629, Mahomet reçoit à Médine le chef mecquois Abou Sofyân, dont il vient d'épouser la fille, convertie à l'islam. Y eut-il accord entre lui et son nouveau gendre ? En tout cas, les musulmans préparent une armée de 10 000 hommes et marchent sur La Mecque, le 1er janvier 630. La panique s'empare alors de la ville, qui renonce à combattre : Abou Sofyân fait soumission et se convertit à son tour à l'islam. Mahomet promet la vie sauve aux habitants de La Mecque s'ils s'enferment dans leurs maisons, sans résister. Il entre en vainqueur dans la ville déserte, touche la pierre noire, accomplit les sept tournées rituelles du culte antérieur, se fait remettre les clefs de la Ka'aba et en abat les idoles.

L'ancien sanctuaire païen, la Ka'aba, la pierre noire et ses rites de pèlerinage (les sept « tournées ») sont ainsi adoptés, « purifiés », exonérés de toute coloration idolâtre et incorporés aux rites nouveaux. Ils demeurent, mais leur signification est transmuée. Ils fusionnent ainsi avec les coutumes sacrées de l'islam, dont ils constituent le cœur. Cette solution d'adoption, de changement dans la continuité, ne peut que satisfaire les marchands de La Mecque qui vivent de ces pratiques ancestrales. L'unité se fait, sans effusion de sang. Le Prophète tient parole : il n'y a, lors de la prise de la ville, aucun massacre. Le polythéisme est toutefois interdit un an plus tard (Coran IX, 3-5).

Après avoir, sur le mont Arafa, exhorté les Arabes à demeurer unis dans l'islam après sa mort, Mahomet rentre à Médine. Il y meurt peu de temps après, le 8 juin 632, après avoir solidement établi l'islam en Arabie.

Les doctrines fondamentales de la foi musulmane, issues du Coran, sont sommairement résumées par les « cinq piliers de l'islam » :

1. La profession de foi : « Il n'y a pas d'autre divinité que Dieu, et Mohammed est le Messager de Dieu. »
2. Les cinq prières rituelles quotidiennes, précédées d'ablutions.
3. Le jeûne diurne du mois de ramadan.
4. Le paiement de la dîme, aumône légale.
5. Le pèlerinage à La Mecque (Ka'aba) et à Médine (tombeau du Prophète).

Le *jihad*, notons-le, ne fait pas partie de ces cinq piliers. On en rencontre cependant les prémices dès l'époque du Prophète, et sa dimension guerrière, incontestable mais pas unique, joue dès l'origine un rôle essentiel dans la vie de la communauté et dans la doctrine musulmane.

Mahomet et le *jihad*

Le mot *jihad*, généralement traduit par « guerre sainte », exprime une notion beaucoup plus large que ce seul aspect belliqueux : on peut le traduire par « effort accompli dans la voie de Dieu ». Il revêt un sens général et peut s'appliquer à toute entreprise louable ayant pour but le triomphe de la vraie religion sur l'impiété, et peut ainsi s'appliquer à l'effort de purification morale individuelle du croyant. Il y a plusieurs sortes de *jihad* qui n'ont rien à voir avec la guerre. Le Coran parle par exemple du *jihad* du cœur, du *jihad* de la langue (Coran III, 110, 114 ; Coran IX, 7), etc. On ne peut donc pas identifier strictement *jihad* et guerre sainte. *Jihad* a un sens plus large, mais le terme, en revanche, recouvre également la notion de combat guerrier, exprimée par le « *jihad* de l'épée ».

Ce fait doit conduire à se garder de toute conclusion trop hâtive ou trop générale concernant le sens du *jihad* : certains intellectuels musulmans, pour se démarquer des mouvements intégristes et islamistes actuels, mettent fortement l'accent sur le sens moral et spirituel du mot *jihad* et en viennent à nier, ou pour le moins à minimiser considérablement, sa dimension guerrière. À l'inverse, les fondamentalistes soulignent cette dimension et lui accordent la première place dans l'ordre des mérites. Les uns et les autres, pourtant, se fondent sur le Coran et y puisent leurs arguments.

Dans le Coran, la racine *jhd* apparaît dans 35 versets : 22 fois dans un sens général et 3 fois pour désigner un acte purement spirituel ; les 10 autres cas, en revanche, s'appliquent manifestement à une action guerrière. C'est dire que cette dimension est bien présente dès l'origine, même si la codification et la définition juridique du *jihad* n'interviennent que plus tard, à l'époque des conquêtes hors d'Arabie. Le *jihad* fut finalement codifié, à partir du IXe siècle, à une époque où cette doctrine permettait précisément de justifier les conquêtes arabes et l'impérialisme musulman en les attribuant à des motivations purement religieuses : l'obéissance aux prescriptions divines exprimées par le Prophète, destinées à étendre le plus loin possible le territoire de l'islam et à aider ainsi ses habitants à se libérer de l'impiété.

Ces diverses interprétations font l'objet de controverses parmi les musulmans actuels, tout comme l'interprétation des divers versets coraniques relatifs à la guerre, qui sont parfois contradictoires : certains semblent prôner une attitude conciliante et pacifique envers les voisins juifs et chrétiens, d'autres incitent au contraire à les combattre, tout comme les païens ou les « hypocrites ». Nous reviendrons dans le prochain chapitre sur ce problème d'interprétation et de formation de la doctrine du *jihad*. Contentons-nous pour l'heure d'analyser la conduite même du Prophète face à l'usage de la violence armée.

Elle est sans équivoque : à la différence du christianisme primitif, l'islam n'a en effet, dès l'origine, aucune réticence envers l'action guerrière. Elle n'est condamnée ni par la révélation coranique ni par le comportement réel de son fondateur. Non seulement Mahomet (contrairement à Jésus) n'a pas rejeté l'usage de la violence armée, mais il l'a lui-même pratiquée comme chef de troupes, l'a prêchée en plusieurs circonstances et n'a pas même hésité à faire assassiner quelques-uns de ses adversaires, en particulier des poètes arabes qui l'avaient ridiculisé dans leurs chansons.

Ces comportements diamétralement opposés des deux fondateurs de religion, Jésus d'une part, Mahomet d'autre part, expliquent pourquoi le *jihad* (dans sa forme guerrière) a pu très tôt, et sans difficulté, inspirer l'action politico-militaire des musulmans, alors que son équivalent chrétien, la notion de guerre sainte, a rencontré de nombreux obstacles, évoqués dans les chapitres antérieurs, et ne s'est développée que très tardivement, particulièrement aux Xe et XIe siècles, comme nous le verrons plus loin. Il en résulte, pour ce qui concerne notre sujet, un processus d'élaboration doctrinal très différent dans les deux religions : un développement continu et sans heurts ni complexe, marqué par une évolution minime et cohérente, au sein de l'islam ; une élaboration difficile et tortueuse faite de mutations brusques et conduisant à une véritable révolution doctrinale, cahoteuse, émaillée d'incohérences et de contradictions, au sein du christianisme.

L'attitude de Mahomet envers la guerre n'a rien de surprenant. Le Prophète, sur ce point, ne s'inscrit pas en révolutionnaire. Dans la société où il est né, la guerre privée était une coutume admise et honorable. Les razzias sur les caravanes, qu'il organise contre ses ennemis mecquois, sont donc perçues comme normales et honorables. Restait le problème moral lié à la mort d'êtres humains au cours d'opérations guerrières. Cette question, on l'a vu, avait occupé une grande place dans la conscience des premiers chrétiens. Elle ne semble pas, en revanche, avoir tracassé les esprits au sein de la première communauté musulmane.

Le premier homme tué lors d'une opération de ce genre le fut en janvier 624 : cela souleva pourtant l'émotion, non pas tellement parce qu'il y avait là mort d'homme, mais pour des raisons juridiques et rituelles : cette mort intervenait en effet pendant un mois sacré du paganisme (*rajab*) pendant lequel il était depuis longtemps interdit de verser le sang. Une révélation coranique vint opportunément apprendre que combattre pendant le mois sacré était certes grave, mais que plus grave encore étaient les péchés commis par les Mecquois et le risque de retomber dans l'idolâtrie, ce qui justifiait l'action guerrière :

> « La guerre dans ce mois est un péché grave ; mais se détourner de la voie de Dieu, ne point croire en lui et à l'oratoire sacré, chasser de son enceinte ceux qui l'habitent, est plus grave encore. La tentation de l'idolâtrie est pire que le carnage. » (Coran II, 214)

Cette interprétation est confirmée par l'attitude du Prophète et des siens. Après la victoire de Badr, Omar, le chef des armées musulmanes, voulait massacrer tous les prisonniers. Mahomet décida de tuer « seulement » ceux pour lesquels personne ne paierait de rançon. Il fit aussi exécuter sur-le-champ deux hommes qui s'étaient moqués de lui et de ses révélations. Ce châtiment « terrestre » ne lui semblait pas excessif, démesuré, ni même suffisant, puisqu'il affirma qu'après leur mort eux et leurs enfants iraient également brûler en enfer.

Quelque temps après, le Prophète demanda un volontaire pour aller chez l'ennemi tuer un juif nommé Ka'ab, fils d'Aschraf, dont il avait essuyé beaucoup d'injures et qui avait composé des satires contre lui. Il autorisa le volontaire, pour pouvoir s'introduire auprès de cet ennemi, à se faire passer pour un adversaire de Mahomet et à dire du mal de lui et de sa fonction prophétique, s'attirant ainsi les sympathies du poète adverse. Le stratagème réussit : après avoir tué Ka'ab (et sa femme !), cet homme revint trouver le Prophète qui priait. Mahomet se montra très heureux de son succès, rendit grâce à Dieu et le remercia. Cet épisode n'est pas isolé : il en fut de même, en des circonstances diverses, en plusieurs autres occasions.

De ces exemples, que l'on pourrait aisément multiplier, il ressort clairement que, pour le Prophète de l'islam, l'usage de la violence, du meurtre et de la guerre n'est en rien illicite, au moins dans certains cas, contre les infidèles hostiles et les ennemis de la religion révélée.

C'est particulièrement le cas des combats menés contre les « païens », les polythéistes. Plusieurs révélations coraniques incitent sans ambages à ces combats contre les « infidèles », terme et notion qui peuvent prendre une acception assez large et s'appliquer aux hérétiques ou aux chrétiens et aux juifs qui refusent de se convertir ou de se soumettre à la domination de l'islam, comme le montre ce verset :

> « Combattez ceux qui ne croient ni en Dieu ni au jour dernier, qui n'interdisent pas ce que Dieu et son Messager ont interdit, et ceux des gens du Livre qui ne se donnent pas comme religion la religion de la vérité, jusqu'à ce qu'ils versent la capitation sur le revenu des mains, et qu'ils se fassent petits. » (Coran IX, 29)

Une autre révélation coranique (Coran IV, 88-94) établit la supériorité du croyant qui combat sur celui qui ne combat pas. Est ici visé le parti des mécréants, des « hypocrites », personnages qui se disent croyants mais qui persistent à vivre au milieu de leurs tribus arabes demeurées polythéistes, et dont l'attitude est ambiguë. S'ils représentent un danger pour la communauté, il faut les tuer :

> « S'ils ne restent pas neutres à votre égard, et ne vous offrent pas la paix et ne baissent pas les mains, alors, saisissez-les et tuez-les où que vous les trouviez. » (Coran IV, 91)

Le risque est grand, en pareil cas, de tuer des croyants véritables, mal distingués des précédents. La révélation prévoit cette éventualité et y pourvoit : si ces gens ont été tués par erreur, il faudra alors payer le prix du sang et affranchir un esclave croyant. En revanche, si un homme a tué volontairement un croyant pour s'emparer de ses biens, Dieu le châtiera éternellement dans l'enfer, ou plus exactement dans la géhenne.

Cette acceptation doctrinale de l'usage de la guerre est illustrée dès les premiers temps par la doctrine du martyre. Certes, la révélation coranique n'exhorte pas explicitement au martyre, mais dès les premiers affrontements armés, et par la suite, subsiste l'idée que le musulman combattant pour la cause de la communauté des fidèles dans le *jihad* obtiendra les récompenses célestes, et que ceux qui y trouvent la mort sont des martyrs de la foi (voir texte nº 7, p. 280).

Lors de l'attaque de la caravane à Badr, relatée plus haut, Mahomet ajoute une dimension religieuse aux combats : selon la Tradition, il ne prit pas personnellement part, cette fois-ci, à l'engagement, mais pria longuement pour son succès ; puis, réconforté, il alla encourager les combattants, leur prédit la victoire grâce à l'aide des anges et promit le paradis à ceux qui viendraient à mourir en héros-martyrs dans ces combats. Cette notion de martyre des guerriers morts dans le *jihad* contre les infidèles puise donc ses racines dans un fait relaté dans la plus ancienne et la plus authentique tradition.

En bref, contrairement à Jésus, Mahomet n'établit aucune distinction entre action religieuse et action politique ou militaire. Il est à la fois prophète, chef de guerre et chef d'État, ou pour le moins de communauté organisée par un ensemble de lois, de coutumes et de traditions, et régie par un « gouvernement » dont il est la tête. Cette fusion totale des domaines politique et religieux écarte toute objection morale à l'acte de tuer pour la cause de Dieu. C'est l'une des raisons pour lesquelles le Prophète ne manifeste aucune réticence devant l'usage de la violence contre ses adversaires, assimilés aux ennemis de la foi. Il participe à plusieurs combats, les armes à la main, et dirige la plupart des batailles livrées contre les tribus juives, chrétiennes ou païennes hostiles. Il ne rejette pas non plus la pratique de l'assassinat politique. L'usage des armes pour le triomphe de l'islam lui paraît pleinement légitime, tout comme le butin à titre de prise de guerre. Souvent, après la victoire, sur ordre du Prophète, ses guerriers tuent les hommes, prennent femmes et enfants comme esclaves et se partagent les biens des vaincus ; une révélation coranique vient même établir les règles du partage du butin.

C'est dire que la guerre ne pose aucun problème de conscience au Prophète ; il n'hésite d'ailleurs pas à promettre des récompenses spirituelles à ceux qui s'engagent dans le *jihad*, la lutte armée contre les infidèles. On le voit, les idées de guerre sainte et de paradis promis à ceux qui mourraient les armes à la main sont manifestement présentes dès les origines de l'islam.

Mahomet et la guerre de conquête

Les premières conquêtes musulmanes furent l'expression même de ce *jihad*, qui, soulignons-le, n'est pas une guerre missionnaire : le but n'est pas de convertir, mais de conquérir. La révélation coranique interdit d'ailleurs la conversion forcée : « Point de contrainte en religion. Car le bon chemin se distingue de l'errance » (Coran II, 257). Juifs et chrétiens sont donc autorisés, au sein de la communauté, à conserver sous certaines conditions leur foi, à titre de « protégés » (*dhimmi*). En revanche, le prosélytisme est interdit et l'apostasie, l'abandon de la religion musulmane, sévèrement réprimée. La « tolérance » est donc réelle, mais limitée.

L'origine de cette attitude de relative « tolérance », sur laquelle nous reviendrons, remonte peut-être à un épisode très ancien de la conquête de l'Arabie, sous Mahomet, à propos de la ville de Najrân, au Yémen, dont la population chrétienne, très nombreuse, avait auparavant subi des persécutions de la part du roi juif Yussuf. Une dispute « théologique » s'engagea entre les chrétiens et les musulmans à propos de la manière dont il fallait considérer la personne de Jésus. Cette « dispute », notons-le, témoignait cette fois d'une réelle tolérance religieuse. Mahomet proposa de trancher le débat par une ordalie. Les chrétiens préférèrent conclure un traité leur permettant de conserver leur religion à certaines conditions : le paiement d'un tribut annuel et une fourniture d'armes, de chameaux et de chevaux pour les opérations militaires. Moyennant ce traité de soumission, ils étaient protégés de toute atteinte contre leur personne, leur religion et leurs biens. Cette pratique devint générale par la suite. Les juifs bénéficièrent d'un traitement identique. Seuls les païens, polythéistes, devaient choisir entre la conversion et la mort.

Cette attitude « tolérante » de l'islam envers les « religions du Livre » doit être soulignée ; elle n'a pas été toujours bien perçue ni bien comprise par les chrétiens du Moyen Âge, et peut-être encore par beaucoup de nos contemporains. Pour limitée qu'elle soit, elle n'en est pas moins remarquable. Juifs et chrétiens se montrèrent beaucoup moins « tolérants » envers l'islam. Nous tenterons d'en fournir une explication dans notre dernier chapitre.

En revanche, les chrétiens de l'époque, dans leur polémique contre l'islam, soulignèrent très tôt, particulièrement en Orient, le caractère guerrier de l'islam. Ils l'opposaient au pacifisme chrétien théorique, en s'appuyant bien plus sur la doctrine primitive des deux religions et sur les attitudes diamétralement opposées de leurs deux fondateurs que sur le comportement effectif des chrétiens et des musulmans dans la vie réelle, dans la société du temps, où la guerre était devenue une réalité « incontournable » pour les uns comme pour les autres, par suite de leur proximité géographique et de leurs volontés respectives d'expansion.

Du vivant de Mahomet, l'expansion musulmane commence à peine. Elle est pourtant inscrite dès cette époque dans la logique de la doctrine musulmane et répond aux conditions qui président à la naissance de la nouvelle entité politico-religieuse qu'il fonde. Les circonstances, d'ailleurs, y sont favorables, comme le révèle un rapide survol des conditions historiques du temps.

Lorsque Mahomet crée en Arabie la première communauté musulmane, toute la région se trouve en effet dans un profond état de crise. Entre 609 et 628, l'Empire byzantin chrétien y affronte l'Empire perse. À Constantinople, en 610, Héraclius évince l'empereur Phocas et s'empare du pouvoir : à la guerre extérieure s'ajoute la guerre civile. Les Perses en profitent, s'emparent de la Syrie, où les populations chrétiennes, lassées de l'oppression fiscale et de l'intolérance de l'Église byzantines, les accueillent souvent en libérateurs.

Il en est également ainsi en Palestine, où la population juive fait bon accueil aux Perses. Ceux-ci autorisent les juifs, jusqu'ici bannis de Jérusalem, à y demeurer à nouveau, et leur remettent le gouvernement de la ville. Les juifs envisagent même de reconstruire le Temple, détruit depuis Titus. La domination politique juive est parfois rude envers les autres populations des lieux : il s'ensuit une persécution des chrétiens par les juifs. Une révolte chrétienne anti-perse et anti-juive y est matée dans le sang en 614 : la ville de Jérusalem est prise d'assaut, pillée, les églises incendiées, la population chrétienne massacrée ; on compte des dizaines de milliers de victimes. Les Perses déportent la population chrétienne de Jérusalem et emportent la Vraie Croix, portant ainsi un coup sévère au prestige de l'Empire et de la chrétienté byzantine. En 628, pourtant, Héraclius l'emporte sur le roi des rois Chosroês II, qui est assassiné ; en 630, la Vraie Croix est de retour à Jérusalem, les déportés chrétiens libérés et rétablis.

Mais la population, majoritairement chrétienne, est exténuée, décimée par ces guerres, démoralisée. Lorsque les premières armées musulmanes pénètrent en Palestine, elles y rencontrent peu de résistance, et parfois des appuis auprès des juifs et des importantes minorités chrétiennes, excédées par les tracasseries impériales. Dès 635, devant l'avance des troupes arabes, Héraclius se replie, emmenant la Vraie Croix à Constantinople. L'expansion musulmane commence. Un siècle plus tard, elle atteint ses limites extrêmes, jusqu'au cœur de la France actuelle en Occident, jusqu'à Samarcande et à l'Indus en Orient.

La guerre de conquête arabo-musulmane avait sans aucun doute des composantes religieuses. Pouvait-elle ne pas susciter ou amplifier, dans le monde chrétien que ses victoires soumettaient région après région à la loi d'Allah, des réactions du même ordre ? Le *jihad* a-t-il contribué à faire naître la guerre sainte au sein du monde chrétien, malgré les fortes réticences doctrinales nées de l'Évangile et de l'attitude non violente et pacifiste de Jésus ?

Conclusion

En 638, Jérusalem tombe entre les mains des Arabes islamisés. Les chrétiens, très majoritaires dans les territoires conquis, n'ont pas tous perçu aussitôt qu'ils avaient affaire à une nouvelle religion. Certains ont d'abord vu en l'islam une des nombreuses « sectes » chrétiennes, et en Mahomet un nouvel « hérétique » chrétien, comme l'Orient en avait déjà connu beaucoup. La victoire des musulmans pouvait paraître un jugement de Dieu favorable à la doctrine prêchée par Mahomet.

D'autres, en revanche, interprétèrent ces victoires comme un châtiment divin sur son peuple chrétien, à cause de ses péchés, comme jadis le Dieu de la Bible avait puni son peuple par la déportation à Babylone. L'islam était à leurs yeux un fléau de Dieu, et ils attribuèrent les succès des Arabes à leur alliance avec les forces démoniaques, liées à l'Antichrist, diabolisant ainsi l'islam, cherchant à attribuer à la nouvelle puissance arabo-islamique une place dans l'histoire dirigée par Dieu et prophétiquement annoncée. Sur l'esplanade du Temple, lieu saint du judaïsme et du christianisme, la construction d'une mosquée improprement appelée « mosquée d'Omar » (la « coupole du Rocher », achevée en 691) pouvait être interprétée dans ce sens et présager l'imminence de la Fin des temps : une réalisation de la prophétie annonçant « l'abomination de la désolation établie en lieu saint ».

En Orient d'abord, puis plus tard en Occident, les invasions arabes ont ainsi été parfois perçues par les chrétiens comme voulues ou permises par Dieu. Un rappel à l'ordre, une punition, mais seulement temporaire, accomplie par le moyen d'une puissance nouvelle suscitée par un faux prophète, liée aux forces du mal, annonciatrice de l'apparition prochaine de l'Antichrist, prélude au combat final des derniers temps.

Cette perception a elle aussi contribué, nous allons le voir, à la sacralisation des combats menés par les chrétiens contre ces envahisseurs musulmans, à la formation du concept de guerre sainte qui, dans la chrétienté, va devenir l'équivalent du *jihad* musulman des origines, dont la doctrine se forge et se fixe en moins de deux siècles.

CHAPITRE 5

La doctrine du *jihad* dans le Coran et la tradition musulmane

La doctrine musulmane du *jihad* s'est élaborée définitivement ou presque au cours du IXe siècle. Elle se fonde pourtant sur des éléments très anciens, d'abord sur la révélation coranique, puis sur d'autres traits issus de la Tradition orale.

Évolution historique du *jihad*

Les commentateurs distinguent généralement dans la formation de la notion de *jihad* plusieurs phases successives :

– La première correspond à l'époque où Mahomet, avant l'hégire, espère convertir par la parole les juifs et les chrétiens d'Arabie. Elle se traduit par la révélation des « versets tolérants » du Coran. À Médine, en revanche, la lutte armée contre les tribus juives, chrétiennes et païennes suscite la révélation de versets « bellicistes ». Les uns et les autres peuvent donner lieu à des interprétations généralisantes.

– Au cours de la deuxième période (VIIIe-IXe siècles), marquée par la conquête militaire, la Tradition et les *hadith* servent de caution et de justification à l'expansion arabe. L'accent est mis sur l'interprétation belliciste : on pense alors que l'islam, ayant vocation universelle, est appelé à s'étendre à tout l'univers. C'est le *jihad* offensif, conquérant.

– La troisième période (IXe-Xe siècles) correspond à la fin de l'expansion et à l'instauration d'un équilibre politique et stratégique entre l'empire musulman et les régions voisines. D'où l'idée d'un *jihad* qui, cessant d'être offensif, peut aussi devenir défensif, pour le bien de la communauté : les périodes de repli conduisent même à mettre l'accent sur un *jihad* intérieur, une lutte contre les hérétiques et les rebelles. On continue, toutefois, à rêver de la période glorieuse de l'expansion armée, considérée comme seulement interrompue.

– La quatrième période (Xe et surtout XIe siècle), marquée par la montée des périls internes, élabore une double réaction : celle de la notion de *jihad* au sens de lutte contre tout ce qui nuit à la communauté, et celle d'une intériorisation de ce *jihad* vers le sens plus spirituel de combat moral. Il en résulte une tendance à interpréter allégoriquement les versets bellicistes. Cette tendance est reprise à notre époque par les intellectuels musulmans modérés, gênés par le renouveau du *jihad* islamique dans ses manifestations les plus violentes, et désireux de s'en distinguer.

La notion de *jihad* dans le Coran

La théorie des « versets abrogeants »

Les textes révélés concernant le *jihad* ne donnent pas tous de cette notion la même image. Certains versets semblent « pacifistes », d'autres sont nettement plus « belliqueux ». La plupart des exégètes musulmans admettent que les sourates du Coran ont été révélées dans des circonstances précises qui, seules, permettent de déterminer le sens exact de la révélation. Mais la situation a évolué au fil du temps, et la communauté aussi. Deux révélations peuvent donc, formellement, se contredire parce que les circonstances et les situations en sont différentes.

S'il y a contradiction, pense-t-on généralement, il faut alors considérer les révélations les plus anciennes comme spécifiques à une situation précise. Les plus récentes, en revanche, sont normatives et « abrogent » les versets antérieurs par le fait même que la situation qui motivait ceux-ci n'est plus réalisée ; celle qui prévaut désormais a donné lieu à de nouvelles révélations plus adaptées.

Selon cette théorie, les révélations ont été données au Prophète en fonction des besoins historiques de sa mission. Au début, alors que le Prophète est isolé et qu'il y a peu de musulmans, Dieu lui conseille d'éviter les affrontements. C'est la raison d'être des « versets pacifiques ». Après 622, lorsque la communauté s'est établie à Médine, Dieu incite les musulmans à pratiquer des guerres défensives. Puis, au fur et à mesure que la communauté s'accroît en nombre et en force, les révélations élargissent et généralisent ces incitations à la guerre, et réduisent au contraire les restrictions à l'action violente. Enfin, lorsque la cause musulmane l'emporte en Arabie sur celle de ses adversaires, la révélation pose le principe que la guerre contre les non-musulmans peut être menée pratiquement tout le temps et partout, sans nécessiter de prétexte. Les révélations qui vont dans ce sens sont considérées comme « abrogeant » les précédentes, qui se réfèrent à un état dépassé de la communauté. Cette théorie de l'abrogation (*naskh*) a le double avantage de résoudre les contradictions et de replacer les révélations dans leur contexte.

Largement répandue, cette thèse ne recueille pas, toutefois, un accord unanime. En effet les exégètes ne s'accordent pas sur les dates des révélations. Or ces dates sont une nécessité fondamentale pour connaître le contexte des révélations et en déduire, par voie de conséquence, leur ampleur et leur degré de pérennité. Il en résulte que l'on ne peut pas déterminer avec certitude quels versets sont « abrogeants » et quels autres sont « abrogés », à moins d'admettre la solution théorique adoptée par les islamistes, théorie qui postule d'emblée que la guerre contre les non-musulmans doit être sans restriction. Dans ce cas, le *jihad* guerrier généralisé, fondé sur les versets les plus « bellicistes » du Coran, est posé comme norme d'interprétation, ce qui permet de décréter l'abrogation de tous les autres versets moins belliqueux. C'est évidemment là une pétition de principe, puisque la théorie, qui est censée être l'émanation du Coran, en vient à servir de critère d'interprétation de ce même Coran.

Versets « pacifistes » et versets « belliqueux »

On peut répartir les versets coraniques relatifs à l'attitude à tenir envers les incroyants sous quatre rubriques principales : les versets « pacifistes », ceux qui réfutent les réticences devant la lutte armée, ceux qui révèlent une résistance de certains croyants devant l'ordre donné par Dieu de combattre, ceux enfin qui prescrivent clairement l'usage de la force armée pour la cause de Dieu (*jihad* guerrier).

1. Les versets « pacifistes »

Ils sont au nombre de huit. Quatre d'entre eux ont été révélés à La Mecque, avant l'hégire, alors que les musulmans étaient minoritaires, en position difficile parmi leurs propres tribus demeurées idolâtres. Ils conseillent aux musulmans d'éviter la fréquentation des idolâtres, de présenter leur foi avec prudence et sagesse, et de se montrer patients (Coran VI, 106 ; XV, 94 ; XVI, 127 ; L, 39).

Les quatre autres ont été promulgués à Médine alors que le Prophète était allié à plusieurs tribus juives et espérait leur conversion. Ils appellent envers eux à la patience, à la tolérance et au pardon : c'est Dieu qui, s'ils sont infidèles, les châtiera lui-même lors du jugement (Coran II, 109-131 ; V, 13 ; XXIX, 46-55 ; XLII, 15). Cette attitude empreinte de prudence et de réserve s'explique tout naturellement par la situation d'infériorité et de précarité de la communauté à ses débuts.

2. Les versets contre les réticents à la guerre

Ces versets sont avant tout destinés à vaincre les objections de certains croyants envers les ordres de guerre donnés par le Prophète ou à apaiser leurs scrupules souvent issus de traditions pré-islamiques relatives à certains « tabous ».

C'est le cas, par exemple, de Coran II, 186-187, prescrivant aux musulmans de combattre même dans l'enceinte sacrée s'ils y sont attaqués. Ou encore de Coran II, 190, relatif aux combats pendant les « mois sacrés ». Certains commentateurs y voient seulement une référence au « mois sacré » (*Dhû al-Qa'da*) de l'an 628. D'autres disent que le verset annonce que combattre pendant le mois sacré est permis, mais seulement à titre défensif, si les musulmans sont attaqués.

Un autre verset (Coran IX, 36) fait plus nettement référence aux quatre « mois sacrés » pré-islamiques. Il prescrit de ne pas hésiter à combattre les infidèles pendant ces périodes. Il s'agit là probablement d'une tentative d'islamisation de ces mois sacrés, de leur « désacralisation ». L'intérêt de la communauté doit l'emporter sur la sacralité supposée de ces mois. Combattre pendant ces périodes est « mal », reconnaît le texte, mais le tort fait aux musulmans dépasse ce mal et justifie pleinement l'abrogation de l'ancienne loi pré-islamique interdisant toute effusion de sang pendant ces mois-là.

Le contexte en est connu : lors d'un raid sur Nakhla, un Mecquois fut tué par un musulman. Pour déconsidérer Mahomet qui avait ordonné l'opération, on l'accusa de violation des mois sacrés. Ce verset survint à point pour justifier la conduite du Prophète. Il prouve l'importance qu'avait encore aux yeux des musulmans l'institution pré-islamique des mois sacrés. Il prouve aussi que, par décision divine communiquée au Prophète, ces lois sont désormais abrogées au profit de nouvelles lois islamiques. La raison en est donnée : la tentation de l'idolâtrie (*fitna*) est plus grave que le fait de tuer, fût-ce pendant les mois sacrés. L'idéologie de l'islam doit l'emporter.

Sans être clairement « bellicistes » (sauf peut-être le dernier), ces versets n'en sont pas moins destinés à convaincre les musulmans de la pleine licéité des combats ordonnés par le Prophète.

3. Les versets « anti-pacifistes »

De nombreux autres versets témoignent à la fois des réticences de certains musulmans à combattre par les armes, pour diverses raisons, et de la réprobation de leur comportement exprimée par le Prophète, selon la révélation reçue de Dieu. Ainsi Coran II, 215 promet la miséricorde divine à ceux qui ont quitté leur pays pour combattre dans la voie de Dieu. Coran III, 159-163 stigmatise les « croyants » qui, arguant de leur incompétence de guerrier, ont cru pouvoir se dispenser de prendre part à la bataille d'Uhud : ils sont, répond le Coran, plus près de l'infidélité que de la foi ! Quant à ceux qui, restés chez eux, déplorent que tant de croyants soient morts au combat, Dieu répond qu'ils ne sont pas « morts », mais vivent au contraire près de Dieu, dont ils reçoivent désormais la vie. C'est évidemment là une amorce de la doctrine du martyre. Cette doctrine puise aussi ses racines dans un autre verset (Coran IV, 69-99), qui stigmatise les croyants trop enclins à ne combattre que pour l'espoir du butin : pour légitime qu'il soit, le butin n'est pas le seul bien à attendre de tels combats contre les infidèles ; Dieu récompensera en effet ceux qui combattent pour sa cause, car ils seront admis à un rang plus élevé que ceux qui renâclent au combat.

La sourate IX, 42-49 traduit également les récriminations de certains croyants devant les expéditions militaires ordonnées par le Prophète. Les récalcitrants sont vertement condamnés : ils doutent, tombent dans la tentation et sont voués à la géhenne. D'autres versets (par exemple Coran XXXIII, 13-25) vont dans le même sens : ils rappellent l'intervention divine qui donna la victoire aux musulmans (ces versets sont liés à la bataille de Médine) alors que beaucoup craignaient la défaite et cherchaient à éviter le combat. Les croyants furent sauvés par les milices célestes invisibles, preuve de la sainteté de leur cause. Dieu récompensera les fidèles qui ont combattu et punira les tièdes.

Ces versets témoignent donc d'un manque d'unanimité dans la communauté originelle : certains croyants, s'appuyant sans doute sur les révélations antérieures et sur le comportement pacifique prôné d'abord par le Prophète à La Mecque, renâclent devant l'obligation morale qui leur est faite de participer à des batailles et cherchent à s'y soustraire, soit avec la permission du Prophète (au nom de leur incapacité physique ou professionnelle), soit en restant chez eux, soit même parfois en contestant l'ordre donné par Mahomet. Il faut toutefois souligner que la révélation coranique, en confirmant l'option guerrière choisie par le Prophète, établit du même coup les fondements de la doctrine belliqueuse du *jihad* qui l'emportera par la suite et sera définie doctrinalement.

4. Les versets « bellicistes »

Cette interprétation est d'autant plus fondée que de nombreux autres versets sont encore plus nettement belliqueux. Ce sont ces versets que la théorie évolutive considère comme « abrogeant » ceux qui semblent pacifistes. En dehors même de cette théorie, leur nombre et leur force semblent suffisants pour établir la réalité d'une doctrine du *jihad* guerrier fondée sur le Coran.

Les plus connus sont extraits de la sourate II ; on peut les traduire ainsi :

> « Combattez dans le Chemin d'Allah ceux qui vous combattent, [mais] ne soyez pas transgresseurs ! Allah n'aime pas les transgresseurs.
> Tuez-les partout où vous les atteindrez ! Expulsez-les d'où ils vous ont expulsés ! La persécution [des Croyants, *fitna*] est pire que le meurtre. [Toutefois], ne les combattez

> point près de la Mosquée Sacrée avant qu'ils vous y aient combattus ! S'ils vous [y] combattent, tuez-les ! Telle est la "récompense" des Infidèles. » (Coran, II, 186-187)

Ces versets établissent à coup sûr la licéité de la guerre défensive. Mais les versets suivants permettent une extension de cette doctrine du *jihad*. Ils ordonnent en effet de combattre les « impies » jusqu'à ce que le culte du Dieu unique soit partout établi. Il reste toutefois à déterminer dans quelle aire géographique ce combat doit être mené. Il ne semble pas que Mahomet ait songé à ce moment à un territoire autre que l'Arabie, dont il voulait extirper les « impies », terme désignant probablement à cette date ses ennemis polythéistes :

> « Combattez dans la voie de Dieu contre ceux qui vous feront la guerre. Mais ne commettez point d'injustice en les attaquant les premiers, car Dieu n'aime point les injustes. Tuez-les partout où vous les trouverez, et chassez-les d'où ils vous auront chassé. La tentation de l'idolâtrie est pire que le carnage à la guerre » (Coran II, 186-187, trad. Kasimirski. R. Blachère traduit ainsi : « Combattez-les jusqu'à ce qu'il n'y ait plus de persécution [*fitna*] et que le Culte soit [rendu] à Allah ; s'ils s'arrêtent, plus d'abus de droit sauf contre les injustes », Coran II, 189).

On retrouve la même problématique dans plusieurs autres sourates. C'est le cas dans le texte suivant :

> « Dis à ceux qui sont infidèles que s'ils cessent, il leur sera pardonné ce qui est passé. Si [au contraire] ils recommencent [ils seront châtiés] : le sort traditionnel [*Sunna*] des Anciens est révolu.
> Et combattez-les jusqu'à ce qu'il ne subsiste plus de tentation [d'abjurer, *fitna*] et que le Culte en entier soit [rendu] à Allah ! » (Coran VIII, 39-40)

Là encore, il ne s'agit probablement que de guerre défensive, comme le montre aussi la sourate qui suit :

> « Ne combattrez-vous pas des gens ayant violé leurs serments et ayant médité d'expulser l'Apôtre, après qu'ils vous

> ont attaqués les premiers ? Les redoutez-vous alors qu'Allah est plus digne que vous Le redoutiez, si vous êtes [vraiment] croyants ?
> Combattez-les ! Par vos mains, Allah les tourmentera et les couvrira d'opprobre, alors qu'Il vous secourra [victorieusement] contre eux, qu'Il guérira le ressentiment des Croyants et chassera la colère de leurs cœurs. » (Coran IX, 14)

Une fois de plus, ce texte fait référence au combat mené à Médine par la communauté dirigée par le Prophète contre ceux qui ont rejeté son message, rompu les alliances, et qui tentent d'éradiquer l'islam naissant. Mais la formulation de l'incitation au combat peut donner lieu à une interprétation plus générale, à savoir une guerre « permanente » menée contre ceux qui ne reçoivent pas le message du Prophète, les païens, polythéistes, idolâtres et même les « gens du Livre », jusqu'à ce qu'ils se soumettent à la loi de l'islam (sans pour autant se convertir) et paient tribut. Le texte poursuit en effet :

> « Faites la guerre à ceux qui ne croient point en Dieu ni au dernier jour, qui ne regardent point comme défendu ce que Dieu et son Apôtre ont défendu, et à ceux d'entre les hommes des Écritures qui ne professent pas la vraie religion. Faites-leur la guerre jusqu'à ce qu'ils paient le tribut de leurs propres mains et qu'ils soient soumis » (Coran IX, 29 trad. Kasimirski ; R. Blachère traduit ainsi : « Combattez ceux qui ne croient point en Allah ni au Dernier Jour, [qui] ne déclarent pas illicite ce qu'Allah et Son Apôtre ont déclaré illicite, [qui] ne pratiquent point la religion de Vérité, parmi ceux ayant reçu l'Écriture ! [Combattez-les] jusqu'à ce qu'ils paient la *jizya*, directement [?] et alors qu'ils sont humiliés »).

Dans le Coran, Dieu incite clairement le Prophète à proclamer et à mener cette guerre contre les infidèles du voisinage (Coran IX, 74). Il s'agit en l'occurrence des Mecquois, mais rien n'interdit d'élargir le concept au niveau des principes. C'est ce que font les fondamentalistes actuels, par exemple à propos de ce verset, donné à La Mecque et visant les tribus arabes infidèles :

> « Quand donc vous rencontrerez ceux qui sont infidèles, frappez au col jusqu'à ce que vous les réduisiez à merci ! [Alors,] serrez les liens !
> Ensuite, ou bien libération, ou bien rançon après que la guerre aura déposé son faix. Cela [est l'ordre d'Allah]. Si Allah voulait, Il se déferait d'eux ; mais [Il se sert de vous] pour vous éprouver les uns par les autres. Ceux qui auront combattu dans le Chemin d'Allah, Allah ne frappera pas de nullité leurs actions [louables] » (Coran XLVII, 4-5, trad. R. Blachère).

La traduction de Kasimirski est plus claire encore :

> « Quand vous rencontrerez les infidèles, tuez-les jusqu'à en faire un grand carnage, et serrez les entraves des captifs que vous aurez faits.
> Ensuite, vous les mettrez en liberté, ou les rendrez moyennant une rançon, lorsque la guerre aura cessé. Si Dieu voulait, il triompherait d'eux lui-même ; mais il vous fait combattre pour vous éprouver les uns par les autres. Ceux qui auront succombé dans le chemin de Dieu, Dieu ne fera point périr leurs œuvres. »

La guerre livrée dans la voie de Dieu (le *jihad*) est donc tenue pour une œuvre pieuse et méritoire, une œuvre à laquelle Dieu veut associer les croyants pour leur bien, en accroissant leurs mérites.

Nous sommes bien ici dans la lignée de l'Ancien Testament et des « guerres de l'Éternel », mais aux antipodes du message chrétien des origines. La doctrine du Coran tout comme la conduite du prophète d'Allah sont, sur le point de la violence et de la guerre, radicalement contraires à la doctrine des Évangiles et à l'attitude de Jésus.

La notion de guerre sainte pouvait donc aisément s'épanouir dans l'islam historique. Elle pouvait aussi être mise en sommeil sur la base des versets pacifistes, ou en atténuant la portée des versets belliqueux eu égard aux circonstances qui présidèrent à leur révélation. Tout dépendait de l'interprétation qui serait faite des versets coraniques et des épisodes majeurs de la vie exemplaire du Prophète rapportée par la Tradition.

Le *jihad* dans la *Sunna*

Après la mort du Prophète, le Coran reste la norme du comportement et la source de la loi. Mais il ne répond pas toujours directement à toutes les questions circonstanciées qui se posent aux croyants. On cherche donc dans les paroles et les actes du Prophète des modèles faisant en quelque sorte « jurisprudence ». Ces « dits du Prophète » (*hadith*), transmis par voie orale pendant plus d'un siècle, ont été alors rassemblés et mis par écrit : ces actes et paroles de Mahomet forment la « *Sunna* du Prophète », et font désormais autorité. Avec le temps, la stature légendaire du Prophète s'est en effet accrue auprès des fidèles : certains en viennent alors à considérer qu'il a été infaillible dans ses actes comme dans ses paroles.

La collation, la réception et la mise par écrit de ces traditions orales un siècle après la mort du Prophète posaient toutefois de nombreux problèmes : il fallait trier, séparer les rapports authentiques des relations « apocryphes », fables, légendes ou falsifications suscitées par la ferveur croissante et l'autorité de ces récits rapportant les paroles de Mahomet. Il fallait donc établir un système rigoureux d'identification des traditions et de contrôle de leur transmission. Le critère était le suivant : pour être retenu, le *hadith* devait provenir directement d'un compagnon du Prophète, et être transmis par une chaîne ininterrompue de témoins. Le corpus était demeuré oral jusqu'au IXe siècle. Sa mise par écrit, en divers lieux du monde islamique, a rassemblé des dizaines de milliers de récits, réunis en de nombreuses collections.

Après épuration, six collections ont été retenues. Deux d'entre elles font particulièrement autorité : ce sont celle d'al-Bukhâri (mort en 869) et celle d'al-Hajjâj (mort en

873). Les musulmans leur accordent une très grande confiance. C'est là, évidemment, un acte de foi car il est impossible d'être sûr que de fausses traditions ne se sont pas mêlées aux récits authentiques, ni que les récits authentiques n'aient pas été assortis d'adjonctions enjolivantes ou légendaires.

La question de la guerre est évidemment abordée dans ces récits. Ils sont d'ailleurs rassemblés à une époque où la doctrine du *jihad* s'est imposée, selon la tendance belliqueuse qui, alors, l'a emporté. On le voit à travers le chapitre nommé « Le Livre du *jihad* ». Le livre s'ouvre par une question d'un fidèle demandant au Prophète quel est le plus grand bien. Celui-ci répond qu'il a trois aspects : le premier consiste à faire la prière aux temps prescrits ; le deuxième à observer la piété filiale ; le troisième à accomplir le *jihad*. D'autres récits mettent plus encore l'accent sur sa valeur aux yeux de Dieu. Ainsi, à une question d'un fidèle demandant à Mahomet de lui citer un acte supérieur au *jihad*, celui-ci répond qu'il ne peut en trouver aucun. Ailleurs, il affirme que le *jihad* vaut mieux que le monde entier et tout ce qu'il renferme. L'ensemble du livre exalte le combat dans la voie de Dieu et les mérites qui y sont attachés. Soulignons à nouveau que le terme *jihad* y est pris dans son sens le plus général, mais que sa dimension guerrière y est clairement incluse.

Les récits relatifs aux modalités et règles du combat et à l'état d'esprit et aux mérites des combattants le montrent sans équivoque. On le voit à travers les textes condamnant ceux qui refusent de combattre (Dieu les frappera de calamités soudaines), ou qui combattent pour des mobiles trop matériels (« celui qui combat dans la voie de Dieu seulement pour des récompenses matérielles ne recevra aucune récompense »), et plus encore à travers les récompenses dans l'Au-delà promises à ceux qui combattent et meurent pour la cause d'Allah.

Ainsi, les combattants du *jihad* sont assurés d'être admis au paradis, même s'ils ne sont pas directement tués sur le champ de bataille. Leur action guerrière est tenue pour méritoire en soi. Celui qui meurt au combat, pour sa part, entre directement au paradis. Mieux même : devenu martyr, son intercession est puissante et efficace ; elle peut faire entrer au paradis soixante-dix membres de sa famille qui, sans elle, seraient voués à l'enfer. Un *hadith* affirme ainsi la dignité suréminente du martyre au combat : le Prophète aurait dit en effet que nul croyant, s'il venait à mourir et à être admis au paradis auprès de Dieu, ne voudrait revenir sur terre pour revivre, même si on lui promettait de posséder le monde entier. Personne… sauf le martyr du *jihad*, car après avoir vu la grandeur, la valeur méritoire du martyre et ses privilèges, il souhaiterait revenir dans le monde pour y combattre et être tué à nouveau.

Ces traits soulignant les mérites du *jihad* et les récompenses célestes qu'il procure à ceux qui combattent traduisent les caractères spécifiques d'une guerre sainte. Elle n'est pas seulement juste, mais sainte, parce que menée pour la cause de Dieu, sur son ordre, et assortie des privilèges et des récompenses infinies que Dieu seul peut accorder. On peut donc gagner son paradis les armes à la main. On ne trouve plus guère, dans ces récits collectés au IXe siècle, de trace d'une doctrine relativement pacifiste. La thèse du *jihad* guerrier l'a définitivement emporté.

Le *jihad* dans la *Sîra* : la vie du Prophète

La *Sîra* est la mise en forme chronologique des récits du genre *hadith* permettant de retracer la vie du Prophète. Rédigée un siècle après la mort de Mahomet, à une époque où son prestige a atteint son sommet, elle présente plus encore que la *Sunna* des caractères de relative incertitude. Il peut sembler inévitable à tout esprit critique moderne que de nombreux traits légendaires se soient ajoutés aux éléments réellement historiques.

Mais ces « enjolivements », s'ils existent, n'altèrent en rien nos conclusions concernant le *jihad*. En effet, ils vont évidemment dans le sens d'une vénération, d'une amélioration de l'image du Prophète. Ils sont en eux-mêmes hautement significatifs de la manière dont on voulait percevoir le Prophète en soulignant les aspects jugés « positifs » de son attitude personnelle. Pour ce qui concerne le *jihad*, la *Sîra* nous fournit donc avant tout un reflet de la doctrine officielle musulmane du *jihad* à l'époque de sa rédaction, c'est-à-dire au IXe siècle. Il est significatif à cet égard que l'image du *jihad* qui en ressort est plus guerrière encore que dans les documents analysés précédemment. Preuve évidente que cette dimension guerrière, soulignée chez le Prophète, était perçue à l'époque comme particulièrement digne de louange.

Plus encore que dans la révélation coranique, c'est dans la *Sîra* que l'on discerne le plus nettement une évolution du Prophète et de la communauté vers une attitude plus guerrière, de la période « pacifiste » de La Mecque jusqu'à la période d'autodéfense de Médine, devenant conquérante et expansionniste après la prise de La Mecque.

Mahomet à La Mecque

Selon les récits des origines rassemblés dans la *Sîra*, la nouvelle religion ne semble pas susciter de réaction avant que Mahomet ne prenne l'initiative de dénoncer les pratiques idolâtres. Dès lors, la petite communauté soulève l'hostilité. Elle est attaquée en pleine prière et, pour la première fois, un musulman répand le sang d'un trait de flèche. L'auteur s'en vante personnellement dans un poème.

Mahomet lui-même insulte les idolâtres, mais s'abstient de toute violence physique. Face aux injures reçues en retour, il reste silencieux. La communauté entière, minoritaire et sans défenseurs, fait le gros dos et évite toute occasion d'engagement violent, alors même que ses membres sont injuriés, frappés et persécutés. Beaucoup s'enfuient alors en Abyssinie, où le négus accepte de les protéger après les avoir interrogés sur leur foi. La *Sîra* relate cet épisode dans lequel les musulmans exposent que Dieu leur a envoyé un prophète pour les détourner des idoles, du mensonge et du sang versé qui caractérisaient leurs anciennes croyances.

L'attitude de ces premiers musulmans ne résulte pourtant pas d'un pacifisme de principe. Elle tient seulement au fait qu'il n'y a parmi eux aucun véritable homme de guerre. On le voit bien lorsque Omar, puis Hamza deviennent musulmans : la *Sîra* célèbre leurs vertus guerrières et la protection qu'ils apportent ainsi à la jeune communauté des croyants : ils ne sont plus molestés physiquement, mais continuent à être tenus à l'écart et méprisés.

Cette protection « physique » s'amoindrit à la mort de Khadija et d'Abû Tâlib, l'oncle de Mahomet. Toutefois, quelques groupes de Yathrib (la future Médine) se rallient à la communauté et s'engagent à défendre par les armes Mahomet contre ses ennemis. Les habitants de Médine sont donc les premiers à se montrer déterminés à faire la guerre.

Dieu révèle alors à Mahomet qu'il est autorisé à combattre ceux qui les oppriment. Cette révélation est consignée dans le Coran : « Il [Dieu] a promis à ceux qui ont reçu des outrages de combattre leurs ennemis ; Dieu est capable de les protéger » (Coran XXII, 40). Dès lors, c'est Mahomet lui-même, et non plus les Qorayshites, qui prend l'initiative des batailles. Après l'hégire, à Médine, il organise sa communauté pour lutter contre eux par les armes.

Mahomet à Médine

La *Sîra* raconte que dès son arrivée à Médine, treize ans après sa première révélation, Mahomet se prépare à la guerre, selon l'ordre de Dieu qui préconise le *jihad* contre les Mecquois. Lors d'un premier affrontement, un Mecquois est tué. C'est à cette occasion que se pose la problématique concernant les mois sacrés (*rajab*). Cet homicide jette en effet le trouble dans la communauté. Les opposants en accusent Mahomet, lequel nie d'abord avoir lui-même donné l'ordre de combattre pendant cette période. Cette crise interne est surmontée, on l'a vu, par une révélation coranique qui justifie Mahomet.

Lors du second affrontement, à la bataille de Badr, Mahomet aurait lui-même incité ses adeptes à la guerre en promettant le paradis à ceux qui mourraient au combat. La *Sîra* rapporte à ce propos plusieurs anecdotes relatives à la doctrine du martyre des combattants dans la voie d'Allah. Ils expriment pour le moins la conception « officielle » du *jihad* à l'époque de sa rédaction.

C'est sans doute peu après l'arrivée de Mahomet à Médine, après la bataille de Badr, que se situe l'accord dit « de Médine ». Il s'agissait avant tout d'établir un compromis, une médiation permettant de régler les relations entre les musulmans réfugiés à Médine et les autres tribus des environs, juives, chrétiennes ou idolâtres, et surtout d'éviter les querelles internes, les alliances de ces tribus avec les adversaires mecquois de Mahomet. Selon l'accord, ces tribus conservent une certaine « autonomie » et des responsabilités propres, mais s'engagent à ne pas faire la guerre sans autorisation de Mahomet (article 36) ; en revanche, le « combat dans la voie de Dieu » exige la pleine solidarité de tous les croyants (art. 19) ; les juifs doivent également y contribuer par leurs ressources (art. 24) ; juifs et musulmans se doivent mutuelle assistance contre l'ennemi (art. 37).

Conclusion

Les accords de Médine peuvent être considérés comme la première « charte » de l'*Umma*. Ils semblent traduire l'acte de naissance de la communauté musulmane sous la direction politico-militaro-religieuse de Mahomet.

Dans cette communauté, la guerre joue un rôle important, puisqu'il lui faut d'abord se défendre contre de nombreux ennemis. Cette guerre prend des accents religieux et même sacrés dans la mesure où elle est menée contre des infidèles, sous la conduite du Prophète et avec la caution divine, parfois même l'ordre direct, d'Allah. Ces aspects de guerre sainte, déjà présents au moins en germe dans le Coran et plus encore dans la *Sunna*, sont définitivement établis dans la doctrine musulmane et dans les mentalités à l'époque de la rédaction de la vie du Prophète, au cours du IXe siècle. Le *jihad*, désormais codifié, fait par la suite l'objet d'exposés doctrinaux et de traités qui en diffusent l'idée et en discutent les modalités.

La notion de *jihad* guerrier était cependant admise bien avant sa fixation doctrinale, au moins dans la mentalité commune des musulmans dès l'époque du Prophète. L'ordre de combattre les incroyants « polythéistes » de La Mecque était particulièrement clair : « Lorsque les mois sacrés ont pris fin, tuez les polythéistes où que vous les trouviez » (Coran IX, 5, voir aussi II, 187-190). Seule la repentance (à distinguer de la conversion), l'acceptation de la prière musulmane et le paiement de la taxe islamique pouvaient leur épargner une attaque. Les idolâtres de La Mecque n'étaient pas les seuls visés par la guerre à l'époque de Mahomet : les tribus juives ou chrétiennes l'étaient aussi, si elles ne se conformaient pas aux demandes d'alliance ou de soumission de Mahomet.

Toutefois, notons-le, la guerre sainte ne devait pas être faite systématiquement contre tous ceux qui n'acceptaient pas l'islam. Certes, la communauté des croyants devait être soutenue et protégée militairement par tous les musulmans, par solidarité, et une attaque sur une partie de cette communauté était considérée comme une agression de l'ensemble de celle-ci. Mais, dès les origines, Mahomet a mené une politique d'alliances très complexe avec des tribus non musulmanes, politique qui a beaucoup limité les cas de guerre sainte.

Quelle était alors l'ampleur de l'obligation personnelle du *jihad* dans sa forme guerrière ? La doctrine de Mahomet exigeait théoriquement la mobilisation de toute la population capable de porter les armes. Mais, dans la réalité pratique, on en vint vite à reconnaître que le succès de la guerre offensive dépendait essentiellement de la cavalerie ; or, cette cavalerie était coûteuse. Le financement d'un cavalier armé devint alors un moyen acceptable d'exécuter l'obligation morale de la guerre sainte. Nous sommes là aux origines de la délégation du *jihad* à des professionnels de la guerre, qui sera pratiquée plus tard.

L'installation de Mahomet à La Mecque, après sa victoire, n'a pas mis fin à la guerre dans son programme. Au contraire, l'une de ses premières décisions fut d'affronter les tribus opposées à l'islam dans le Hedjaz, et il les vainquit, à la bataille de Hunayn. En 631, Mahomet voulut conduire lui-même sa dernière grande expédition militaire au nord du Hedjaz. L'origine de cette campagne semble avoir été une révélation divine. Elle se traduisit par une déclaration de guerre aux chrétiens et aux juifs, décrits comme « ne croyant ni en Dieu ni au dernier jour », et assimilés aux « hypocrites ».

Il s'agissait là, à l'évidence, d'un *jihad* au sens de guerre sainte. En effet, des croyants qui allaient combattre au cours de cette grande expédition, Mahomet affirma qu'Allah les ferait entrer au paradis dès leur mort. Il disait aussi (ce qui est pour le moins surprenant) que la Torah et les Évangiles contenaient aussi ces promesses de martyre aux croyants. Si l'on peut penser, en effet, qu'une telle doctrine du martyre existait peut-être (mais on peut en douter) dans les écrits sacrés du judaïsme, il est clair qu'elle ne peut en aucun cas se réclamer de l'Évangile, qui n'en contient nulle trace, bien au contraire, comme on l'a vu précédemment. À moins d'admettre, bien entendu, comme le professent (parfois) les musulmans, que les Évangiles ont été modifiés, amputés ou pervertis tout comme l'ensemble des écrits sacrés de la Bible. Il s'agit évidemment là d'une affirmation qui relève de la confession de foi seule, et non de la raison critique, qui ne cautionne nullement cette thèse. L'historien ne peut en aucun cas en tenir compte dans sa propre argumentation.

À plusieurs reprises, bien avant ses dernières déclarations de tendance particulièrement belliqueuses (sermon d'adieu prononcé par Mahomet à l'occasion du pèlerinage à la Ka'aba, considéré comme l'achèvement de son message), Mahomet a affirmé que Dieu ferait prévaloir l'islam sur toutes les autres religions. Cette affirmation ouvrait évidemment la voie à un programme de conquête, bien qu'il se référât très probablement à une domination religieuse plutôt que séculière, pour autant que les deux aspects puissent être dissociés dans sa pensée. Le fait est que les musulmans ont entrepris très tôt la tâche d'islamiser le monde entier par la force des armes (entendons par là, rappelons-le, de le soumettre à la loi de l'islam, et non d'en convertir les habitants par la force). La conquête religieuse était bien au cœur du message, mais la domination politique en était la condition nécessaire, secondaire mais toutefois essentielle pour assurer le triomphe de l'islam. La guerre sainte joua donc très tôt après la mort du Prophète un double rôle politique et religieux, selon la nature même du *jihad*, qui, comme toute guerre sainte, résulte de l'étroite union de ces deux domaines.

CHAPITRE 6

Jihad et conquêtes musulmanes

La communauté musulmane n'avait certes pas la guerre pour valeur première ni comme objectif, mais le comportement guerrier de Mahomet, d'abord purement défensif, puis tourné vers l'expansion par les armes, cautionné par les révélations coraniques justifiant l'usage des armes pour le bien de la communauté, entraînait nécessairement une valorisation morale de la guerre. Elle se traduit par une interprétation de plus en plus « guerrière » des versets coraniques et de l'attitude passée du Prophète. Il est significatif que les premières tentatives destinées à rassembler les éléments biographiques sur Mahomet après sa mort furent nommées *al-maghazi* (« les campagnes du Prophète »). Les annalistes postérieurs lui attribuent d'ailleurs vingt-sept raids majeurs.

Il n'est pas certain, toutefois, que le Prophète ait eu l'intention de mener ces campagnes hors d'Arabie, même si, peu avant sa mort, il se préparait sans doute à conduire une campagne au nord du Hedjaz. Ses successeurs, en revanche, ont très vite élargi le domaine de leur action militaro-religieuse, élargissant du même coup les interprétations possibles du *jihad*.

Formation d'un empire arabe

La mort soudaine de Mahomet fut un choc terrible pour la communauté des croyants (*Umma*). Rien n'avait été prévu pour sa succession. La communauté était fondée sur l'union étroite d'une idéologie religieuse et d'un État encore embryonnaire. Qu'allait-il en advenir à la mort de son chef, à la fois prophète et chef d'État ? Les tendances anarchiques de la société arabe, les rivalités claniques, risquaient fort de se réveiller.

Elles se manifestèrent en effet, dès sa mort : cette même nuit (8-9 juin 632), tandis que le corps du Prophète gisait dans la cabane où il s'était retiré pour se reposer, les chefs de son entourage discutèrent âprement pour tenter de sauvegarder l'unité. Il fallait, pour lui succéder à la tête de la communauté-État, un compagnon des premières luttes, un continuateur de la pensée du Prophète, mais qui ne fût pas trop marqué, inféodé par son appartenance à sa propre tribu.

Abou Bekr, beau-père de Mahomet, fut choisi comme « remplaçant » (*khalifa*, d'où le français « calife »). Mais d'autres membres de la famille du prophète – et parmi eux Ali, son gendre, Abbas, son oncle, Abou Sofyân, un autre de ses beaux-pères – entendaient recueillir la succession au profit de leur clan. Ils ne reconnurent pas Abou Bekr et, pour éviter qu'il apparaisse comme le successeur désigné du Prophète, ils anticipèrent sur d'éventuelles funérailles « officielles » qui auraient pu être menées par lui : ils ensevelirent donc aussitôt Mahomet dans le sol même de la cabane où il était mort.

La dissension menace alors plus que jamais. Abou Bekr en triomphe : il commence par mater les tribus arabes révoltées, puis entreprend l'expansion militaire de l'État musulman.

Plusieurs raisons inclinaient à prendre cette décision. L'Arabie était surpeuplée, aride, peu apte à l'agriculture et dirigée par une aristocratie guerrière qui, méprisant le travail de la terre, vivait surtout de commerce et valorisait la razzia. La solution consistait à étendre les conquêtes vers les régions fertiles et riches des alentours, Égypte et Croissant fertile, pour en tirer doublement profit : dans l'immédiat sous forme de butin de guerre, plus durablement par l'annexion ou la soumission.

La conquête armée pouvait apporter également un remède aux tensions internes, un exutoire à l'effervescence belliqueuse des tribus arabes et à leur appétit de butin ; elle pouvait aussi constituer un facteur de cohésion idéologique, un moyen d'affermir la « paix arabe » à l'intérieur de l'État naissant, d'unir dans un même élan politico-religieux les croyants des clans rivaux. Tous ces facteurs poussaient à la conquête guerrière, en dehors même de toute définition d'un devoir de *jihad* encore mal défini à cette date.

Les opérations militaires hors de l'Arabie prennent très vite une grande ampleur, particulièrement sous Omar, successeur d'Abou Bekr en 634 : l'Empire byzantin, on l'a vu, est alors affaibli par une longue guerre contre les Perses, et miné par les divisions internes des populations chrétiennes majoritaires, mais de confessions diverses, souvent brimées par Byzance. En quelques années, parfois avec la complicité ou pour le moins la passivité de ces masses opprimées, le plus souvent dans l'indifférence de celles-ci, les armées arabo-musulmanes conquièrent au nord la Palestine, la Syrie, la Perse, l'Arménie (637-650) ; à l'est, l'Égypte (640), puis la Libye (642), l'Ifriqiya (Tunisie, 670), puis le Maghreb extrême (Maroc). Là, Oqba, au terme d'une chevauchée lointaine, pousse son cheval dans les flots de l'Atlantique. Le geste est symbolique, et il est perçu comme tel : l'islam est parvenu jusqu'aux extrêmes limites occidentales du monde habité (681).

Au Maghreb, ce n'est encore qu'une chevauchée isolée, mais peu après, malgré la résistance d'une coalition rassemblant des tribus montagnardes berbères majoritairement païennes (dirigées par une « prophétesse », la Kahina) et des forces chrétiennes byzantines, une nouvelle expédition arabe s'empare de Kairouan (698), et vient à bout de la résistance du Maghreb en brisant l'alliance des citadins et des montagnards, des sédentaires et des nomades.

Le gouverneur de l'Ifriqiya, Moussa, parachève la soumission par la conversion des Berbères : il se fait remettre en otages les fils des chefs vaincus, les fait éduquer dans l'islam et enrôle dans ses armées les nouveaux convertis ou ralliés. La conversion des chefs entraîne vite celle des masses.

Quelques années plus tard, ces troupes berbères islamisées (sous la conduite de Tariq) font la preuve de leur fidélité et de leur valeur militaire aux côtés des Arabes lors de la conquête de l'Espagne, qui tombe à son tour (Tolède, 711). Outre-Pyrénées, Narbonne est prise en 718, et des incursions arabes se dirigent vers Toulouse, puis vers Tours d'une part, vers Lyon d'autre part.

En 732, la bataille de Poitiers marque le point extrême des avancées arabes en Occident, tandis qu'en Espagne, dès 720, la résistance chrétienne s'organise dans les Asturies. Elle reste encore embryonnaire, et partout les musulmans triomphent. L'empire arabe est parachevé par la conquête des îles : Chypre, Crète (827), Sicile, Sardaigne (827), Baléares, Corse (850). La conquête militaire des guerriers d'Allah conduit à la formation d'un véritable empire arabo-musulman, dont l'islam est le principal ciment.

Un empire disloqué

On peut dès lors parler d'Empire arabe comme on parlait d'Empire romain : partout, dans les terres conquises, s'impose la loi nouvelle, la langue des vainqueurs, celle du Coran (déformée par la suite en dialectes locaux), une culture commune, nourrie d'emprunts aux civilisations vaincues, comme jadis Rome s'était enrichie de la culture grecque. Les Arabes ne sont pourtant qu'une minorité dominante, occupant les postes clés. L'islam demeure le plus fort dénominateur commun, le meilleur lien entre des populations autochtones majoritaires diverses dont les particularismes ne s'effacent pas totalement.

Empire arabo-musulman, certes, mais non pas unité politique : car très vite les rivalités évoquées plus haut se font jour, masquées d'abord par l'enthousiasme et la ferveur des premières conquêtes. En 644, Othman est élu calife ; il soutient son cousin Moawia, fils d'Abou Sofyân, gouverneur de Damas, qui veut introduire le principe dynastique ; il est assassiné en 656.

Les conflits internes s'exaspèrent alors : Ali (époux de Fatima, fille de Mahomet) est proclamé calife à Médine et l'emporte, à la « bataille du Chameau », sur les partisans d'Aïsha, veuve du Prophète (656). Il se heurte au parti de Moawia, qui veut venger la mort de son oncle. Une bataille rangée (Siffin, 657) oppose deux armées musulmanes. Pour faire cesser ces combats entre croyants, certains guerriers (les kharidjites, rigoristes opposés à la suprématie politique de la famille du Prophète) attachent des corans à la pointe de leurs lances. Cet appel symbolique à l'unité musulmane impressionne les guerriers musulmans. Les deux camps s'en remettent à l'arbitrage et Ali est évincé. Moawia est proclamé calife à Jérusalem en 658, fondant ainsi la dynastie omeyyade. Mais les chiites, partisans d'Ali (évincé, puis assassiné par un kharidjite, en 661), lui attribuent un pouvoir spirituel transmissible, après sa mort, à ses descendants. En 680, à la bataille de Kerbela, le fils d'Ali, Hussein, est tué à son tour. Les chiites et les kharidjites sont sévèrement réprimés. La dynastie omeyyade triomphe, et l'unité est restaurée, par la force des armes, avec Damas pour capitale.

Cette unité ne dure pas un siècle. En 750, Aboul-Abbas (un descendant d'Abbas, oncle de Mahomet), s'empare du pouvoir au nom d'un islam rigoriste et égalitaire, et fait assassiner tous les Omeyyades. Il fonde la dynastie des Abbassides (750-1248) et transfère sa capitale à Bagdad. Le pouvoir des ulémas (docteurs de la loi) est renforcé ; le nouveau régime sunnite se veut religieux, plus musulman qu'arabe, prône le retour à l'orthodoxie et à la Tradition (*Sunna*).

Cependant, un Omeyyade a échappé au massacre : Abd'al Rahman. Réfugié en Espagne musulmane (*al-Andalus*), il fonde l'émirat omeyyade de Cordoue. L'unité politique est également rompue au Maghreb, qui devient bientôt un enjeu entre les Omeyyades de Cordoue et un autre pouvoir politico-religieux, celui des Fatimides, d'obédience chiite, qui s'établit d'abord en Tunisie (909), puis dans le reste du Maghreb, et prend le contrôle de l'Égypte (969). Il en résulte de graves conflits avec le pouvoir abbasside. Cette rivalité entre l'Égypte fatimide et le Proche-Orient sunnite perdure encore à l'arrivée des croisés, en 1098. Ils vont profiter de ces dissensions, accrues encore par l'irruption au Proche-Orient des Turcs seljuqides, nouvellement convertis à l'islam sunnite.

Ce tour d'horizon sommaire montre combien l'unité du monde arabo-musulman est précaire, tant sur le plan religieux que politique, les deux domaines étant d'ailleurs intimement liés. L'empire de l'islam n'est pas plus monolithique que ne l'est la chrétienté à la même époque. La religion n'en est pas moins le principal ciment de la communauté musulmane comme de la chrétienté qui lui fait face. C'est elle qui, pour l'essentiel, crée l'idéologie de guerre sainte dans les deux entités.

Cette idéologie, nous l'avons vu, est encore absente dans la chrétienté à l'époque envisagée ici. En revanche, elle naît et s'épanouit très tôt dans le monde musulman, fondée sur quelques versets coraniques d'interprétation controversée et sur la Tradition rapportant des « dits » du Prophète (*hadith*) recueillis, classés et codifiés à l'époque abbasside. Quelle en est la nature, et quel rôle a joué la doctrine du *jihad* dans le monde musulman et dans ses conquêtes ?

Évolution de la doctrine et de la pratique du *jihad*

Mahomet, on l'a vu, n'a eu aucune réticence à user de la violence armée. C'est même par cette activité guerrière qu'il parvient à asseoir son autorité à Médine, puis dans toute l'Arabie. Les expéditions du Prophète et des siens contre les Mecquois sont dans le droit-fil des pratiques habituelles de l'Arabie de ce temps. Mais la présence du Prophète dans ces opérations, menées pour la cause de l'islam naissant, les sacralise de manière évidente.

Il n'en résulte pas pour autant qu'il ait prêché le *jihad* (dans son acception de guerre sainte « extérieure »), pour étendre et moins encore imposer l'islam au-delà de l'Arabie et du peuple arabe. Toutefois, l'attitude du Prophète envers ses ennemis lorsqu'il était à Médine et l'existence de plusieurs versets coraniques « bellicistes » cautionnant aussitôt ces expéditions guerrières engagées pour le triomphe de la petite communauté des croyants sur leurs ennemis mecquois pouvaient aisément y conduire. L'assimilation de ces coups de main à des « combats dans la voie d'Allah » servit en effet de fondement à l'élaboration de la notion de *jihad* dans un sens guerrier plus large, universel, lorsque s'affirma l'idée de l'universalisme de l'islam, qui n'était peut-être pas claire dans l'esprit des fondateurs. Cet universalisme prend une dimension plus franche avec les premières conquêtes : l'expansion est elle-même assimilée au « combat dans la voie de Dieu ». L'idée de l'extension de la puissance arabe se mue en doctrine de la souveraineté universelle de la religion prêchée par le Prophète.

Comme il arrive souvent, les faits historiques ont ici, dans une certaine mesure, précédé la théorie, tout en s'inspirant de ses prémices. La théorie du *jihad* s'élabore après coup, entre le IXe et le XIe siècle, à une époque où, paradoxalement, les conquêtes sont achevées, stagnent et parfois même refluent, et où l'esprit de « guerre sainte » s'affaiblit (voir textes n° 29, 30 et 31, p. 321 *sq.*).

La définition doctrinale du *jihad* par les juristes repose alors, pour l'essentiel, sur la notion de communauté des fidèles (*Umma*), que les musulmans considèrent, selon la volonté de Dieu, comme l'entité la plus parfaite au monde. Dieu lui assigne une fonction, une mission : établir ses droits sur la terre, y instaurer la suprématie de la vraie religion, l'islam. Il faut donc combattre les infidèles dominant les régions voisines, dans les « terres de l'impiété ».

Ainsi se développe la thèse d'un *jihad* offensif permanent, dont les gouvernants politiques sont responsables et qu'ils doivent conduire : les docteurs de la foi font prévaloir la nécessité de mener la guerre contre les infidèles, non plus à cause de la menace qu'ils feraient peser sur la communauté et sur l'ordre musulman, mais à cause même de leur infidélité. L'islam étant la vraie religion, et l'*Umma* la meilleure communauté, il en résulte en principe à leurs yeux que l'islam a par nature, en tant que religion et ensemble d'institutions, vocation à s'étendre à l'univers entier, au besoin par la force des armes, en un combat qui durera jusqu'à la Fin des temps.

Les traités de paix conclus avec l'ennemi doivent donc, dans cette perspective, être considérés comme des parenthèses, des trêves qui seront rejetées, acceptées ou proposées selon qu'elles sont ou non utiles et favorables à la communauté. Le « domaine de l'islam » (*Dâr al-Islam*) doit être étendu au monde tout entier, et le « territoire d'impiété » se confond alors avec le « domaine de la guerre » (*Dâr al-Harb*) : il doit être transformé en terre d'islam par le *jihad*. Ces distinctions d'ordre territorial étaient, notons-le, inconnues du Coran, qui parlait seulement de fidèles d'une part, d'infidèles d'autre part.

Cette conception conquérante et totalitaire d'un islam destiné à régner partout dans le monde est évidemment théorique : elle se révèle vite irréalisable, chimérique, et l'on crée alors une troisième désignation territoriale légale : le « domaine de la trêve » (*Dâr al-sulh*), formé des régions qui achètent la paix par le tribut. Les juristes sauvent ainsi les apparences en affirmant que ce tribut est une reconnaissance de l'autorité et de la suprématie de l'islam. Ces conceptions doctrinales du *jihad* élargissent ainsi *a posteriori*, à propos des entités territoriales, les catégories admises dès l'origine par l'islam à propos des personnes, réparties en trois groupes : les fidèles (les musulmans), les infidèles (païens et assimilés qui s'opposent à l'islam), enfin ceux qui, sans êtres musulmans, se soumettent à ses lois et sont à ce titre admis à vivre en paix en tant que « protégés » (*dhimmi*).

Ces conceptions juridiques radicales du *jihad* font naître également, par réaction, des interprétations spiritualisantes. S'appuyant sur un *hadith* tardif et contesté du Prophète qui aurait déclaré, au retour d'une expédition victorieuse : « nous revenons du *jihad* mineur, nous allons vers le *jihad* majeur », certains moralistes prônent un *jihad* intérieur, lutte morale, spirituelle et mystique, transférant le combat guerrier dans la voie d'Allah ayant pour but le triomphe de l'*Umma* en une purification intérieure de l'individu et aussi de la communauté par le perfectionnement moral, la rigueur doctrinale, la lutte contre les déviations et contre les hérésies.

La doctrine du martyre des tués au combat n'en est pas moins, à cette époque, abondamment développée dans les traités de *jihad* : on y précise que la dépouille du martyr n'a pas besoin d'être lavée, qu'il est admis dans le paradis sans avoir besoin de passer par le châtiment-épreuve de la tombe, car tous ses péchés sont pardonnés (hormis les dettes) ; qu'il partage même avec le prophète le privilège de pouvoir intercéder auprès de Dieu pour les personnes qui lui sont chères, etc. Cette seule dimension illustre bien la signification fondamentale de guerre sainte que comporte le *jihad* à cette date.

Il y a donc bien plus que des nuances entre la doctrine du *jihad*, codifiée par les juristes du IXe au XIe siècle, et la notion primitive de *jihad* telle que la comprirent les musulmans des premiers temps de la conquête, indubitablement suscitée, pourtant, par des motivations religieuses. Si la doctrine purement coranique du *jihad* n'est pas fondamentalement guerrière, il est toutefois clair que, dès les origines, la guerre fut un élément constitutif de la première communauté ; les musulmans conquérants avaient plus encore, au fond d'eux-mêmes, bien qu'elle ne soit pas encore nettement définie doctrinalement, la notion d'un *jihad* guerrier, offensif, destiné à assurer le triomphe de l'islam et de la communauté des fidèles, et par là même sacralisé et capable de procurer les joies du paradis et le statut de martyr à ceux qui y perdraient la vie. Ces traits de guerre sainte se sont encore amplifiés du IXe au XIe siècle.

Jihad et tolérance

Les conquêtes musulmanes ne sont pas pour autant des guerres missionnaires : elles n'ont pas pour but la conversion de tous les infidèles, mais leur soumission à la loi des vainqueurs.

On peut même dire que très tôt, devant l'ampleur des succès remportés, les conversions furent peu encouragées, voire découragées. Théoriquement du moins, elles conféraient au nouveau converti le statut de citoyen à part entière, au sein de la communauté, à l'égal des conquérants : il devenait comme eux, dispensé de l'impôt et admis aux mêmes privilèges légaux, sinon aux mêmes fonctions. La prédominance arabe y perdait. L'égalité gommait les différences. Elle fut parfois si peu respectée que les revendications à l'égalité des croyants, issues des populations autochtones islamisées, furent précisément l'une des causes de la révolution abbasside.

La conquête, au demeurant, ne fut pas partout aisée. Il y eut, comme en toute guerre, des massacres. Car si les musulmans n'exigent pas la conversion de leurs adversaires, ils exigent leur soumission à la loi nouvelle de l'État musulman. Toute résistance armée aux combattants d'Allah range leurs ennemis dans le camp des impies, les assimilant du même coup, quelle que soit leur religion, aux ennemis de Dieu et de l'islam, passibles de mort. En revanche, s'ils se rendent et acceptent de passer sous l'autorité des vainqueurs, juifs et chrétiens obtiennent le droit de vivre en tant que *dhimmi*, protégés : citoyens de seconde zone, certes, mais cependant citoyens. Les païens, en revanche, n'ont pas droit de cité : pour eux, c'est la conversion ou la mort.

On voit ainsi, surtout dans l'Irak abbasside et parfois dans l'Espagne musulmane (al-Andalus), des juifs et aussi (plus rarement) des chrétiens occuper des postes élevés auprès des gouvernants et s'illustrer dans les sciences (médecine, mathématiques), les arts ou les lettres.

Il y a, certes, des limites à cette tolérance ; une « tolérance » qu'il faut d'ailleurs comprendre dans un sens restrictif, à savoir l'absence de persécutions pour cause de religion. De fait, ces persécutions furent assez rares avant le XIe siècle, fait important qu'il faut porter au crédit de l'islam médiéval.

Cette forme de « tolérance » admet en revanche la discrimination, car on n'accorde pas aux non-musulmans les mêmes droits qu'aux croyants. Des édits viennent périodiquement rappeler aux gouvernants qu'ils ont à faire respecter les mesures discriminatoires prises envers les tributaires, juifs et chrétiens : interdits vestimentaires permettant de distinguer au premier coup d'œil un juif ou un chrétien d'un musulman (par exemple interdiction de la barbe et du turban, port obligatoire de la ceinture et des vêtements de couleur jaune, etc.) ou discriminatoires (interdiction d'employer dans les bureaux administratifs des juifs ou des chrétiens). La multiplicité de ces rappels prouve, certes, que ces mesures n'étaient pas toujours appliquées avec rigueur, mais souligne aussi les limites de cette « tolérance » condescendante. C'est particulièrement le cas, en Espagne, à l'époque des Almoravides, au XIe siècle, puis des Almohades qui leur succèdent et qui prônent un islam « pur et dur », renforçant les interdits et les mesures discriminatoires ou humiliantes.

Malgré ces limites, cette « tolérance », soulignons-le à nouveau, est tout à fait remarquable pour l'époque. Elle rejoint dans ses fondements – mais dépasse largement dans les faits – celle que les États chrétiens accordent aux juifs dans la chrétienté occidentale, et repose sur des principes similaires : pour l'islam, juifs et chrétiens sont des croyants ayant reçu la révélation de prophètes antérieurs reconnus comme tels. Mais ils l'ont oubliée, pervertie ou dénaturée. Mahomet, en recevant et publiant le Coran, vient rectifier et compléter les révélations antérieures, les portant ainsi à leur perfection.

Le christianisme avait à peu près la même perception des choses vis-à-vis du judaïsme : pour les chrétiens, Jésus vient accomplir la loi de Moïse, prolonger le message des prophètes, parachever l'ancienne révélation. Plus encore : par l'Incarnation, en tant que Fils de Dieu, Jésus est lui-même, pour eux, révélation. L'Évangile, cœur du Nouveau Testament, complète et donne son sens plein à la Bible des juifs, l'Ancien Testament.

Ainsi, dans les deux cas, la révélation nouvelle se greffe sur l'ancienne, qu'elle prétend prolonger, compléter, accomplir et purifier. Le christianisme ancien et médiéval tolère (malgré des périodes de crise sur lesquelles nous reviendrons) les juifs parce qu'il reconnaît Moïse et les prophètes comme annonçant Jésus. L'islam, lui aussi, tolère les juifs et les chrétiens parce qu'il reconnaît également Moïse et Jésus comme prophètes précurseurs de Mahomet.

En revanche, judaïsme et christianisme ne peuvent guère manifester cette attitude envers l'islam sans admettre du même coup la qualité de prophète de Mahomet : dans ce cas, en toute logique, juifs et chrétiens devraient alors devenir musulmans. Le principe d'antériorité chronologique explique par ailleurs la tendance, sur laquelle nous reviendrons, poussant les chrétiens conquis ou menacés par l'islam à voir en Mahomet non seulement un faux prophète, mais un hérétique chrétien, suscité par les forces obscures de l'Antichrist.

Enfin, la civilisation arabe est si en avance, à cette époque, qu'elle rayonne et séduit ; la langue arabe, qui la véhicule, s'impose très vite à tous les habitants des zones soumises. Le risque est grand, chez les chrétiens vivant en terre d'islam, d'une véritable acculturation, d'un abandon de la foi par assimilation, par intégration. Certains milieux rigoristes réagissent alors par un repli sur eux-mêmes, durcissent l'opposition, colorent des teintes les plus sombres l'islam et les musulmans, qu'ils côtoient cependant, élaborent des caricatures destinées à éloigner, à discréditer, à repousser. C'est ce qui se produit particulièrement en Espagne, au milieu du Xe siècle, avec les « martyrs de Cordoue », ces chrétiens fanatiques exécutés pour avoir injurié Mahomet et l'islam.

Ces caricatures à tendances polémiques, présentes aussi en Orient, contribuent à « diaboliser » l'adversaire musulman. C'est là un nouvel élément constitutif de la notion de guerre sainte qui va peu à peu s'élaborer dans l'Occident chrétien. Elle naît sans liens directs avec la doctrine du *jihad*, mais se développe et s'amplifie au contact « rugueux » des deux civilisations.

CHAPITRE 7

L'arme idéologique
L'image de l'islam dans la chrétienté

En moins d'un siècle, les armées arabo-musulmanes s'emparent de vastes territoires au Proche-Orient, en Afrique, en Espagne, territoires qui étaient tous fortement christianisés, parfois depuis plus d'un demi-millénaire, particulièrement au Proche-Orient, berceau du christianisme. Les divisions confessionnelles, on l'a vu, ont facilité les conquêtes musulmanes ; mais il ne faut pas en conclure pour autant que les conquérants ont été partout et toujours acceptés sans résistance. Dans les milieux chrétiens soumis ou menacés, trois tendances se font jour.

La première, conciliante et dans une certaine mesure opportuniste, pousse les fidèles à accepter la domination politique arabe, à profiter de sa relative tolérance, à se soumettre aux lois imposées, à adopter même la langue arabe dominante et la culture qu'elle véhicule.

La seconde, aboutissement et caricature de la précédente, mène à la conversion à l'islam, par opportunisme ou par assimilation culturelle.

La troisième tendance est double, à cause de quelques nuances : elle se compose d'une part de ceux qui, dès les premiers temps de la conquête arabe, ont perçu le particularisme religieux qui l'a inspirée et lui ont résisté au nom de leur foi, par les armes ou par la propagande, subissant naturellement pour cela la répression des vainqueurs. On en trouve les premières manifestations en Orient, dès les premiers temps de la conquête. S'ajoute d'autre part à cette opposition une forme d'intégrisme religieux issu de milieux cléricaux ou monastiques, en réaction à la menace que fait peser sur l'existence même des communautés chrétiennes l'attraction de la civilisation arabo-musulmane, menant à l'acculturation. C'est le cas par exemple des « martyrs de Cordoue ».

Il en résulte des écrits polémiques qui, par ignorance sans doute, mais plus encore par souci de propagande malveillante, caricaturent ou dénaturent l'islam, brossant de cette religion et de ses adeptes une image repoussante destinée à en dégoûter les chrétiens.

En même temps, ces écrits cherchent à attribuer aux invasions et à la conquête arabes une place dans l'histoire sainte, en interprétant les invasions musulmanes comme un châtiment de Dieu prophétiquement prédit, mais qui doit prendre fin à des dates que les auteurs cherchent à préciser, dates qui sont parfois liées à la Fin des temps ou annonciatrices de celle-ci. Par ce moyen, l'attente eschatologique se combine à l'espérance de libération armée, contribuant ainsi à favoriser l'apparition de la notion de guerre sainte qui conduira plus tard à la croisade.

La polémique anti-musulmane en Orient

Les auteurs orientaux présentent très tôt les invasions arabes comme une punition de Dieu infligée à son peuple à cause de ses péchés. Cette affirmation se trouve déjà en 634 chez le patriarche Sophronios de Jérusalem, et peu après chez Maxime le Confesseur (mort en 662) ; elle subsiste par la suite chez de très nombreux écrivains orientaux.

Les Arabes ne sont pas les premiers envahisseurs de cette région, qui a déjà subi de nombreuses invasions. C'est pourquoi les premiers auteurs espèrent que ce châtiment sera de courte durée. Mais bientôt, constatant que la domination arabo-musulmane se prolonge, ils rapprochent leur situation présente de celle du peuple de Dieu relatée dans la Bible. Ils assimilent alors les Arabes à un « fléau de Dieu » jouant le rôle dévolu jadis aux peuples païens qui ont opprimé le peuple hébreu, accomplissant sans le savoir la volonté divine et son dessein pédagogique. Il faut pour cela relier les faits présents à l'histoire sainte telle qu'elle est esquissée et annoncée dans la Bible. Certains auteurs s'y attachent, et trouvent bientôt dans les prophéties bibliques l'annonce de cette domination musulmane.

Ce n'est pas encore le cas dans un écrit rédigé vers 640 et attribué à un certain Jacob, juif récemment converti. Son propos majeur est de démontrer par les prophéties, à ses anciens coreligionnaires, que Jésus est bien le Christ, le Messie attendu. Il apparaît en effet au temps prédit au terme des 69 « semaines d'années prophétiques » (69 × 7 ans) annoncées par Daniel (Daniel 9, 20-27). Il ajoute que cette première Parousie du Christ sera suivie, à la Fin des temps, par son retour en gloire et majesté. Or, selon lui, ces temps de la Fin sont proches.

Il le démontre à partir des écrits prophétiques de la Bible : Daniel avait en effet prédit (Daniel 2, 24-45 et 7, 15-28) qu'à la fin du quatrième royaume universel (l'Empire romain), le pouvoir s'affaiblirait, se diviserait en dix royaumes, et serait bientôt abattu par un dernier pouvoir (la petite corne de la prophétie) qui changerait les temps et la loi, et qui serait finalement vaincu par l'avènement du Christ (Daniel 7, 21-27). Pour Jacob, ces temps-là sont sur le point de commencer, car l'Empire romain, déjà, défaille. Les temps troublés que décrit l'auteur sont donc pour lui l'annonce de l'imminence des temps de la Fin et du retour du Christ, prélude au jugement.

À la date où il écrit (entre 638 et 640), l'islam vient seulement d'apparaître et ses conquêtes n'ont pas encore atteint l'ampleur qui pourrait lui valoir une place particulière dans la perception prophétique de l'histoire. Pourtant, l'islam ne passe pas inaperçu : l'auteur souligne que de nombreux juifs ont d'abord vu en Mahomet le prophète qu'ils attendaient, annonçant le Messie, et se sont ralliés à lui. Mais, ajoute-t-il, ils se sont lourdement trompés sur ce point : en examinant la chose de plus près, ils ont dû reconnaître que Mahomet ne pouvait être qu'un faux prophète, car les prophètes, écrit-il, n'usent pas des armes. Nous avons là, très tôt, la preuve (s'il en fallait) de la perception très négative que faisait naître chez les chrétiens et chez les juifs le comportement guerrier de Mahomet (voir texte n° 8, p. 282).

Quelques années plus tard, vers 661, le pseudo-Sébéos accentue cette signification prophétiquement annoncée de l'invasion arabe : il voit en effet dans cette nouvelle puissance (celle de l'empire musulman en pleine expansion) la quatrième bête décrite dans les prophéties de Daniel et de l'Apocalypse (Apocalypse 13, 1-18) : une bête qui surpasse toutes les autres dans le mal et qui transformera toute la terre en désert.

En 692, l'*Apocalypse* du pseudo-Méthode, pour la première fois, cherche dans la prophétie biblique un moyen de connaître la durée de ces tribulations qui commencent. Son interprétation prophétique l'estime à dix « semaines d'années », c'est-à-dire soixante-dix ans, selon une méthode traditionnelle d'interprétation des écrits apocalyptiques. Nous avons là un point d'ancrage solide et précis : l'auteur est un Syrien, et la Syrie a été envahie en 636. Cet écrit prévoit donc la fin de la domination arabe soixante-dix ans après la conquête de la Syrie, c'est-à-dire vers 706, quelques années seulement après sa rédaction.

La persistance de la domination arabe après cette date a naturellement conduit les auteurs à se montrer désormais plus prudents dans leurs tentatives de datation, mais elle n'en laisse pas moins subsister l'espérance d'une fin prochaine de cette domination qu'ils subissent. Dans la plupart des cas, cet espoir se traduit par l'annonce d'une reconquête des territoires perdus par l'empereur de Byzance, parfois clairement désigné dans ces écrits comme celui qui doit mettre fin à la domination musulmane.

Cette espérance s'accompagne souvent d'une propagande anti-musulmane destinée à détourner les chrétiens de l'attraction exercée sur eux par la religion des vainqueurs. On voit alors apparaître les thèmes principaux d'une caricature de la religion musulmane, qui vont perdurer par la suite.

Ces traits tendent à assimiler l'islam au paganisme, voire à un culte des démons. C'est le cas chez Jean Damascène (ou Jean de Damas), au début du VIIIe siècle. Jean était un personnage important de la cour de Damas ; il quitte cette ville vers 725 pour se retirer dans un monastère de Palestine où il rédige la plupart de ses œuvres. L'une d'entre elles est consacrée aux hérésies, parmi lesquelles il range l'islam. Pour Jean, en effet, Mahomet est un pseudo-prophète et le Coran une fausse révélation. Certes, dit-il, la nouvelle religion des Arabes est supérieure à leurs croyances antérieures, très frustes et résolument idolâtres. Mais, même sous sa forme purifiée par Mahomet, elle conserve encore des traits issus de son ancienne origine polythéiste. Ce thème de l'idolâtrie musulmane va rencontrer par la suite un grand succès et devenir un véritable lieu commun.

Dans sa *Chronique* (c. 815), Théophane le Confesseur voit en Mahomet un épileptique conseillé par un moine chrétien hérétique. Abusant le peuple, il aurait fait croire que sa doctrine était d'origine divine et l'aurait diffusée d'abord par les femmes, puis par les armes. Là encore, on perçoit les traits majeurs des reproches faits pas la suite à l'islam : déviation hérétique propagée par les femmes, religion lascive et guerrière : Mahomet aurait enseigné que quiconque tue un ennemi, ou est tué par lui, gagne le paradis, où les plaisirs charnels sont continuels (voir texte nº 9, p. 286).

Nicétas de Byzance, vers 850, reprend et amplifie ces mêmes critiques. Pour lui, loin d'être le dernier prophète apportant le sceau de la révélation, Mahomet est un hérétique et sa religion une duperie qui conserve des caractères issus de son origine païenne : il affirme en effet que les musulmans adorent à La Mecque une très ancienne idole païenne d'Aphrodite. Georges le Moine, peu après 840, amplifie encore ces traits : pour lui, les Arabes ont été trompés par ce faux prophète qui, loin de leur apporter une religion meilleure, les a égarés vers un culte de démons, une religion perverse, idolâtre et luxurieuse.

Dans la première moitié du IXe siècle, un écrit polémique au ton très virulent, la *Risâlat al-Kindi*, fait l'apologie du christianisme et tente au contraire une réfutation de l'islam et de ses doctrines. Il reprend et amplifie la plupart des éléments déjà mentionnés et brosse une image très caricaturale et repoussante de l'islam. L'ouvrage se présente comme un échange de lettres qui aurait eu lieu entre 813 et 834 entre un Arabe musulman et un Arabe chrétien, chacun d'eux tentant par ses arguments doctrinaux de convaincre l'autre. En fait, l'écrit tout entier est probablement issu d'une seule plume chrétienne, l'exposé de la doctrine musulmane se contentant de souligner les aspects principaux les plus contestés par la polémique chrétienne : sensualité, polygamie, excision des femmes, paradis charnel et voluptueux, guerre sainte et paradis promis aux guerriers morts pour la cause de l'islam. L'écrit témoigne donc avant tout de la manière dont était perçu l'islam à cette époque, et des reproches majeurs que lui faisaient les chrétiens. Il montre entre autres choses qu'à cette date la doctrine de la guerre sainte et du martyre des guerriers choquait les consciences chrétiennes et n'était en rien adoptée dans le christianisme représenté par cet écrit (voir texte nº 10, p. 288).

Ces écrits polémiques sont évidemment confortés et crédibilisés par les comportements guerriers des conquérants arabes, pas toujours tendres envers leurs ennemis. Ainsi en est-il en 904, à Thessalonique, où les soldats musulmans pillent la ville et massacrent les habitants. Jean Kaméniates, peu après, décrit l'islam comme une religion perverse, brutale et guerrière. On espère alors que la domination musulmane va bientôt prendre fin et l'on croit que l'empereur de Byzance sera l'artisan de cette délivrance, ce qui valorise du même coup le combat mené par les guerriers de l'empereur et donne à la victoire espérée des traits de vengeance apocalyptique.

Cette valorisation du combat mené contre les musulmans ainsi diabolisés sacralise tellement les guerriers qui le mènent que l'on voit apparaître en Orient (avant l'Occident, notons-le) les premiers indices annonciateurs de la notion de guerre sainte. On les trouve déjà, peu après la prise de Thessalonique, dans un manuel de guerre attribué à l'empereur Léon VI. Ils sont plus nets encore chez l'empereur Nicéphore II Phocas, puis plus tard chez l'empereur Jean Tzimiskès. Celui-ci se proclame « champion du Christ ». En 974, dans une lettre au roi d'Arménie, il affirme son désir d'aller délivrer le Saint-Sépulcre, qu'il dit soumis aux outrages des musulmans. Il se dit prêt à aller jusqu'à La Mecque pour y établir l'autorité du Christ. Nous avons là un véritable discours de guerre sainte et même de croisade, pour ne pas dire plus : même les prédicateurs futurs de la croisade, en Occident, n'auront pas de telles audaces.

On trouve donc, chez ces deux empereurs byzantins (il est vrai d'origine arménienne, milieu moins hostile que Byzance à l'idée de guerre sainte), de très nombreux traits de guerre sacralisée, que l'Église d'Orient, en revanche, n'a pas voulu cautionner : ainsi, les évêques de l'Église grecque ont refusé d'assimiler à des martyrs les guerriers qui mourraient, tués les armes à la main, par leurs ennemis musulmans, pour la défense de Byzance. On doit pourtant souligner leur existence précoce, sinon dans la doctrine officielle, du moins dans la mentalité de certains dignitaires guerriers. On retrouvera cette dimension de guerre sainte, même réprouvée par l'Église d'Orient, dans les écrits de l'empereur Alexis à l'époque de la première croisade.

En Occident, d'abord dans la mentalité populaire, puis peu à peu dans la pensée des ecclésiastiques, ces mêmes traits de polémique contre l'islam vont favoriser également l'apparition de l'idée de guerre sainte ; elle répond tardivement au *jihad* musulman, qui, pour sa part, n'a pas eu besoin d'une telle diabolisation de l'adversaire pour s'affirmer beaucoup plus tôt.

L'image de l'islam en Occident

En Occident, on ignore pratiquement les Arabes avant leur brusque apparition en Espagne, au début du VIIIe siècle. C'est donc d'abord par un contact direct et guerrier que l'Occident découvre l'islam.

Il en reste peu de traces écrites. Bède le Vénérable (672-735), qui vit pourtant dans une région très reculée, aux confins de l'Écosse, sait toutefois que les musulmans ont, en 668, pillé la Sicile et l'Afrique, et envahi la Sardaigne. Or, pour lui aussi, comme pour les écrivains orientaux qu'il ignore, ces victoires musulmanes sont un châtiment temporaire de Dieu dont il ne précise pas la durée. Dans son *Histoire de l'Église d'Angleterre*, à l'année 729, il note l'apparition de deux comètes, et y voit le signe de l'invasion des Sarrasins qui, à ce moment, dit-il, se livraient en Gaule à de terribles carnages avant d'être peu après châtiés de leur méchanceté. À quoi fait-il ici allusion ? S'agit-il là d'une référence à la victoire d'Eudes, ou à celle de Charles Martel et au reflux des Arabes en Gaule ? Croit-il que cette victoire annonce la fin de la domination arabe, en Occident du moins ? Dans ce cas, les armées chrétiennes du royaume franc joueraient à ses yeux un rôle important dans l'accomplissement du plan prophétique. Le texte de Bède est malheureusement trop vague pour que l'on en tire avec certitude une telle conclusion, pourtant fort plausible.

C'est d'Espagne, on s'en doute, que nous parviennent d'abord les échos les plus précis des invasions musulmanes. En 754, une chronique mozarabe, composée à Cordoue, présente l'invasion arabe comme un châtiment divin. Elle le décrit comme une épouvantable catastrophe, en termes que nous dirions aujourd'hui « apocalyptiques », évoquant des destructions par le fer et le feu, le crucifiement des notables chrétiens qui refusent de se rallier, le massacre de femmes et de petits enfants, etc. Le succès militaire rapide des Arabes y est attribué à nouveau à un jugement de Dieu, à un châtiment causé par les fautes morales des rois Goths. La victoire de Charles Martel sur Abd al-Rahman, en 732, est par ailleurs relatée avec une certaine sympathie comme celle des « Européens » confiants dans le secours divin. Tous les milieux chrétiens sous domination musulmane (mozarabes) n'ont donc pas accepté « paisiblement » ou de bon cœur cette domination, comme on le lit encore trop souvent.

Les martyrs de Cordoue

Au milieu du IXe siècle apparaissent en Occident des écrits violemment anti-musulmans qui rejoignent ceux que l'on a déjà évoqués en Orient. À Cordoue, quelques milieux cléricaux rigoristes réagissent par une ségrégation de type intégriste contre l'acculturation qui gagne les communautés et amène de nombreux chrétiens à oublier leur langue, leurs coutumes et leurs traditions, pour se fondre dans la civilisation musulmane dominante, au péril, pensent-ils, de leur foi. Ainsi naît le mouvement auquel se rattachent les « martyrs de Cordoue », encouragé par Euloge et son disciple Alvaro.

La crise commence par un incident : un prêtre de ces milieux intégristes vient publiquement proférer des injures contre Mahomet. Il est condamné et exécuté en place publique le 18 avril 850. Peu après, un moine va insulter Mahomet en plein prétoire du cadi : il est à son tour condamné, et crucifié la tête en bas.

Ce mouvement provocateur et fanatique est peu suivi : un concile réuni en 852, à Cordoue, désapprouve cette recherche volontaire du martyre, assimilée au suicide ; mais les exaltés se livrent à de nouvelles provocations contre l'islam, en pleine mosquée : elles sont suivies de deux nouvelles exécutions, le 16 septembre 852 ; six jours plus tard, le souverain Abd al-Rahman meurt, et sa mort est interprétée par le « parti des martyrs » comme une « vengeance du ciel ». Entre 853 et 858, quatorze nouveaux « martyrs » sont exécutés, presque tous des clercs. Enfin, Euloge lui-même est à son tour arrêté ; lui aussi insulte le Prophète, refuse de rétracter ses paroles et est décapité le 11 mars 859. Privé de son principal animateur, le mouvement s'éteint bientôt.

Cet épisode illustre la double attitude possible des chrétiens sous domination musulmane, déjà évoquée plus haut. Son importance s'amplifie par les écrits qui en résultent. Dans ses travaux, Euloge rédige en effet l'apologie de ces martyrs et y critique radicalement l'islam, assimilé à une doctrine de démons liée à l'Antichrist. Il brosse de Mahomet un portrait repoussant très proche de celui que décrivaient déjà les écrits orientaux : il fait de lui un hérétique, un faux prophète concupiscent, pervers et cupide, puisant dans les Écritures chrétiennes qu'il déforme les fondements de sa prétendue révélation. Or, Euloge affirme avoir trouvé ces informations sur Mahomet dans un manuscrit latin qu'il aurait consulté au monastère de Leyre, lors de son voyage à Pampelune, vers 852. Il est donc possible, sinon probable, que dès avant Euloge des récits de propagande anti-musulmane aient existé en Espagne dans les territoires du Nord demeurés chrétiens.

Son disciple Alvaro brosse lui aussi de l'islam et de son prophète un portrait du même genre, insistant sur les mêmes traits caricaturaux. Il rejoint sur de nombreux points la description donnée en Orient par Jean Damascène ; il dénonce la concupiscence des musulmans et de Mahomet, dont il fait un hérésiarque et un suppôt de l'Antichrist. En ce sens, Alvaro ne fait guère que refléter l'image « commune » de l'islam dans ces milieux chrétiens « résistants ».

Pourtant, Alvaro introduit un élément nouveau de grande importance : le premier en Occident, il relie clairement la domination arabe à la prophétie de Daniel, et lui attribue un rôle dans le plan divin de l'histoire sainte ; un rôle de portée eschatologique. Pour lui, comme pour plusieurs auteurs orientaux, l'invasion arabe annonce et précède de peu la Fin des temps. Mahomet incarne en effet à ses yeux la « petite corne » décrite par le prophète Daniel et par l'Apocalypse, figure symbolique d'un pouvoir de nature maléfique et démoniaque qui dominera le monde à la Fin des temps mais qui, pourtant, sera à son tour vaincu avant le retour triomphal du Christ. Des calculs chronologiques complexes conduisent Alvaro à attribuer une durée de 245 ans à cette domination musulmane, et à annoncer sa fin prochaine, pour l'année 870.

En Occident comme en Orient, la domination musulmane a donc été perçue de manières très différentes selon les milieux chrétiens : les uns l'ont admise comme naturelle et s'en sont accommodés. Les autres l'ont diabolisée, l'assimilant à une catastrophe universelle punissant les chrétiens de leurs fautes passées, à un châtiment temporaire mais assez important pour entrer dans le plan de l'histoire sainte, un événement prophétiquement annoncé et annonciateur de la Fin des temps.

La diffusion de l'image de l'islam en Occident chrétien

L'épisode des « martyrs de Cordoue » est isolé ; il émane de milieux chrétiens probablement très minoritaires et il ne faut certes pas en exagérer la portée. Du côté musulman, les provocations des exaltés n'ont pas entraîné des réactions de persécutions massives et, du côté chrétien, le comportement agressif de ces fanatiques a été condamné. Par ailleurs, ni Euloge ni Alvaro ne lancent d'appel à une quelconque résistance armée, mais seulement à la ségrégation, à la fidélité militante poussée jusqu'à la provocation et au martyre. Ces épisodes n'en constituent pas moins un jalon important dans la formation d'une mentalité guerrière anti-musulmane, particulièrement dans les milieux ecclésiastiques, et ont sans aucun doute contribué à la formation du concept de martyre par assimilation de l'islam aux forces démoniaques et à l'Antichrist.

Ces conceptions ne sont pas, en effet, limitées à Cordoue : elles sont nées, on l'a vu, en Orient, et se sont diffusées plus ou moins largement dans tout l'Occident chrétien, en partie du moins par l'Espagne.

En France, par exemple, la réputation de « sainteté » des « martyrs de Cordoue » se répand très tôt. Dès 858, deux moines parisiens venus en Espagne pour y chercher des reliques de saints martyrs (ceux de l'Antiquité romaine) sont dirigés par le clergé de Valence vers Cordoue, où ils rencontrent Euloge, et ramènent à Paris les reliques de trois de ces « nouveaux martyrs » cordouans, qui y accomplissent aussitôt des miracles. C'est la preuve que ces fanatiques, quelques mois seulement après leur exécution par les autorités musulmanes, ont été considérés en Occident à l'égal des anciens martyrs massacrés pour leur foi par les païens romains. Il y a là une assimilation mentale des musulmans aux païens de l'Antiquité, très significative de la mentalité religieuse de l'époque. Il est par ailleurs plus que probable que les deux moines rapportèrent d'Espagne la même image caricaturale de l'islam et des musulmans que les sectateurs d'Euloge : c'est pour eux une hérésie suscitée par le diable, annonciatrice de l'Antichrist, et les musulmans ne sont au fond que des païens idolâtres.

On retrouve d'ailleurs cette même conception, avec quelques variantes, dans plusieurs écrits latins du IXe au XIe siècle. Par exemple Radbert de Corbie, au milieu du IXe siècle, décrit les Sarrasins comme des gens violents et belliqueux qui ont soumis par la force des armes presque tous les royaumes de cette terre, selon les directives de leur faux prophète qui leur a inculqué le désir de vouloir dominer le monde entier. Par un juste jugement de Dieu, dit-il, ils ont reçu « l'esprit de l'erreur », qui est celui de l'Antichrist. On retrouve bien ici cette même image d'un islam considéré comme religion hérétique et guerrière, à vocation hégémonique.

Cette image est-elle parvenue en Occident par l'intermédiaire des milieux chrétiens réfractaires à l'islam en Espagne ? C'est très vraisemblable, comme on vient de le voir à propos des martyrs de Cordoue. Mais ce n'est pas la seule voie envisageable. Malgré la rupture profonde qui, à cette époque, sépare le monde chrétien oriental de l'Occident chrétien, elle a aussi pu se répandre d'Orient en Occident par des traductions latines d'œuvres rédigées en grec.

C'est le cas par exemple d'Anastase le Bibliothécaire (mort en 879), qui traduit les œuvres de Théophane et diffuse ainsi ses idées sur l'islam. Pour lui, Mahomet a enseigné à ses fidèles que celui qui tuera un ennemi entrera au paradis, comme aussi celui qui sera tué en un tel combat. Il répand aussi la description érotique d'un paradis voluptueux où règne la luxure. Cette description d'un prophète violent et luxurieux devient classique au XIe siècle, où on la retrouve presque inchangée chez plusieurs auteurs antérieurs à la croisade. Les chroniqueurs de la première croisade se font l'écho de ces idées répandues à leur époque par des voies diverses.

La doctrine de guerre sainte, encore à naître en Occident, aurait-elle été inspirée, en réaction, de la doctrine musulmane du *jihad* ainsi perçue ? Le *jihad* musulman aurait-il favorisé l'apparition de la guerre sainte ? Une influence doctrinale directe de ce genre est assez peu probable. En revanche, la formation, dans l'Occident chrétien, de cette notion de guerre sainte a été sans aucun doute favorisée par la diffusion de cette image caricaturale de l'islam. La violence et le comportement guerrier des musulmans n'y jouent d'ailleurs pas le rôle principal. L'influence orientale n'y est certes pas négligeable, mais elle n'est pas la seule. Il est probable que les chrétiens d'Occident, réalisant sans le savoir pour leur propre compte la synthèse de toutes ces influences diverses, ont élaboré eux-mêmes une sacralisation des combats menés contre leurs ennemis paganisés.

En d'autres termes, en Orient comme en Occident, c'est la volonté de résister à la domination musulmane et à son impérialisme politique et culturel qui, dans les deux zones, a conduit aux mêmes élaborations intellectuelles et doctrinales. Le fond religieux commun (la culture biblique) et les menaces similaires d'un même adversaire musulman ont conduit à des réactions identiques ou en tout cas semblables sans qu'il soit absolument nécessaire d'invoquer une influence directe, par ailleurs possible, par la voie d'une filiation des écrits.

On perçoit l'origine d'une telle sacralisation en Espagne, bien avant l'an mil.

La sacralisation de la *reconquista* espagnole

Lors de la conquête musulmane de l'Espagne, la région montagneuse des Asturies avait formé un bastion retranché où s'étaient regroupés les chrétiens les plus déterminés à la lutte. Un chef goth, Pélage, y fonde le royaume des Asturies en 720. Très tôt, la résistance s'organise en vue d'une reconquête du territoire perdu. Or, cette idée de reconquête tire profit de la diabolisation des musulmans et s'appuie sur la vision prophétique de l'histoire déjà rencontrée en Orient. On le voit clairement dans deux chroniques asturiennes du IXe siècle.

La *Chronique prophétique* (883) trace de Mahomet un portrait très voisin de celui qu'Euloge dit avoir trouvé dans un écrit de ces régions restées chrétiennes, sans que l'on puisse en tirer l'idée d'une quelconque influence. Nous n'y reviendrons pas.

Par ailleurs, et c'est cela qui importe, cette chronique présente une interprétation historico-prophétique de l'invasion musulmane en Espagne. Cette invasion n'est pas tenue pour le fruit du hasard : elle résulte de la volonté délibérée de Dieu. Elle a donc sa place dans le plan de l'histoire universelle dirigée par le Tout-Puissant.

L'auteur va plus loin, et fournit les raisons de ce châtiment, cherche à en préciser la durée. Il s'appuie pour cela sur une prophétie d'Ézéchiel (chapitres 38 et 39) relative à une puissance mystérieuse nommée Gog, qui doit se manifester dans la suite des temps. Par rapprochement phonétique, il assimile Gog au peuple des Goths, qui a dominé l'Espagne jusqu'à l'arrivée des Arabes. C'est Dieu qui a suscité ce « nouveau » peuple des Arabes (Ismaël) pour punir Gog de ses péchés. Mais son châtiment n'est pas éternel : Dieu viendra un jour délivrer son peuple. L'auteur donne des précisions chronologiques fort utiles : la durée du châtiment de Dieu, c'est-à-dire de l'occupation arabe de l'Espagne, est pour lui déterminée : elle sera de 170 ans. Au terme de cette période, Dieu châtiera à son tour Ismaël, comme il avait jadis châtié les Goths.

La prophétie biblique prend alors un tour politique grâce à cette interprétation : c'est le roi des Asturies Alphonse III qui, avec l'aide du Christ, accomplira cette mission prophétique. L'auteur prédit sa prochaine victoire, qui le rendra maître de toute l'Espagne. Ainsi libérée de ses ennemis, l'Église retrouvera la paix, après ces 170 années de tribulations. Pour la chronique, la fin de cette domination musulmane est très proche. En effet, sur les 170 années qui lui ont été assignées, 169 sont déjà accomplies. Dans très peu de temps viendra donc pour les chrétiens le temps de la délivrance et de la vengeance (voir texte nº 11, p. 290).

Nous avons cette fois l'ébauche d'un programme de guerre sacralisée et prophétiquement annoncée. La *reconquista* y est tenue pour réalisation de la volonté de Dieu dans l'histoire. La participation guerrière à cet accomplissement se trouve donc par la même moralement valorisée.

La *Chronique d'Alphonse III*, rédigée quelques années plus tard, narre les invasions arabes en Espagne et la résistance opiniâtre des chrétiens retranchés dans le réduit des Asturies. Cette seconde chronique reprend la même problématique que la précédente, et considère à son tour que l'occupation arabe traduit un châtiment de Dieu sur son peuple, en particulier à cause des nombreux péchés des rois wisigoths, jugés dépravés et impudiques. Mais Dieu et la Vierge Marie n'abandonnent pas leur peuple. Ils protègent les combattants chrétiens des Asturies, dirigés par leur roi Pélage, jeune Goth ayant fui al-Andalus pour organiser la résistance dans les montagnes du Nord.

Ce roi vaillant est pourtant mal entouré. À ses côtés, un évêque mozarabe, véritable « anti-Turpin » avant la lettre, ne cesse de lui prodiguer des conseils de « prudence » assimilables à une trahison. Il lui fait considérer en effet le faible nombre des chrétiens face à la multitude des Sarrasins. Dans ces conditions, lui affirme-t-il, il n'y a pas d'autre solution que de se rendre, de se soumettre. Mais Pélage, comme Roland dans la chanson de geste qui porte son nom, refuse avec hauteur et donne à ce clerc poltron et traître une véritable leçon de vaillance et de foi. Il galvanise ses troupes en leur tenant un véritable discours de guerre sainte.

L'affrontement a lieu à la bataille de Covadonga. L'épisode constitue l'un des mythes fondateurs de l'histoire de l'Espagne. Les chrétiens combattent avec vaillance, mais ils sont surtout soutenus et aidés par les puissances célestes. La Vierge Marie, en particulier, défend vigoureusement son sanctuaire en renvoyant vers les Sarrasins les traits et les projectiles lancés contre lui. Grâce à cette assistance divine, la victoire des chrétiens est totale : 124 000 musulmans (que le texte, sans doute par volonté orientalisante, nomme « chaldéens ») y trouvent la mort au combat, tandis qu'un nouveau miracle divin extermine la quasi-totalité des fuyards. La chronique place donc à l'origine de la dynastie un roi asturien vaillant et soutenu par Dieu dans une guerre sacralisée. L'auteur fait ainsi d'Alphonse III, le roi régnant à son époque, l'héritier d'une longue tradition de champions de la résistance espagnole (wisigothique) aux envahisseurs arabes, mais aussi de champions de la chrétienté face à l'islam. Il annonce que c'est bien ce roi, Alphonse, qui aura l'honneur de restaurer l'ancienne gloire des rois goths sur l'Espagne.

L'intention idéologique de ces deux chroniques est manifeste : elles soulignent la légitimité et la sacralité de la dynastie des Asturies, et font de ses rois les héros de la chrétienté et de la *reconquista*, assimilée à une guerre sainte prophétiquement annoncée, donc voulue par Dieu et répondant à son dessein éternel.

Domination musulmane et Fin des temps

Les chroniques asturiennes ont ainsi exploité, au profit de l'idéologie royale, les traditions prophétiques diverses annonçant la fin plus ou moins proche de la domination arabe voulue et suscitée par Dieu pour punir un moment son peuple de ses péchés.

En Orient, on l'a vu, de telles espérances fondées sur l'interprétation prophétique aboutissaient à la même conclusion, mais attribuaient la délivrance à l'empereur de Byzance. Quelques-uns de ces écrits ont été traduits en latin et, grâce à quelques retouches, ont contribué eux aussi à répandre une espérance du même ordre en Occident.

C'est le cas du pseudo-Méthode, qui fut traduit en latin au début du VIIIe siècle. Comme de nombreux autres écrits de ce genre, il s'appuie sur la seconde Épître de saint Paul aux Thessaloniciens (II Thessaloniciens 1, 5-8) dans laquelle l'Apôtre évoquait les derniers temps et la venue future de « l'homme de péché », l'Antichrist. Paul y affirme que ce temps-là n'est pas encore venu, car, ajoute-t-il, ses lecteurs savent bien ce qui le retient, empêchant l'Antichrist de se manifester. Comme de nombreux autres commentateurs, le pseudo-Méthode pense que l'Apôtre désignait ainsi, à mots couverts, l'Empire romain. L'Antichrist ne devait donc paraître qu'après la disparition de cet empire. Adoptant le style prophétique, l'auteur prétend se situer dans un passé lointain et annoncer les événements futurs : il prédit donc la chute de cet Empire romain. Selon lui, c'est l'épée des Arabes (désignés par l'expression « les fils d'Ismaël ») qui causera bientôt sa perte définitive, à cause de ses péchés. À cause d'eux, en effet, Dieu livrera l'Empire romain à ces barbares.

Le châtiment de Dieu ainsi annoncé sera terrible : l'auteur décrit, dans toutes les terres chrétiennes envahies par les fils d'Ismaël, un spectacle de désolation et de mort. Soumis à de telles persécutions, de nombreux chrétiens seront conduits à renier leur foi, et en viendront même à désespérer de la vie.

Toutefois, l'auteur ne s'arrête pas à ce tableau désolant. Il réconforte les chrétiens en prédisant la fin prochaine de ce terrible fléau. En effet, les Arabes conquérants seront à leur tour vaincus, au moment même où ils ne s'y attendront pas, par un personnage que le texte nomme « le roi des Grecs et des Romains » (cette expression, notons-le, désignait à coup sûr, en Orient, l'empereur de Byzance, mais elle pourra prendre en Occident une autre destination, comme on le verra plus loin). Toutefois, ce ne sera pas encore la fin, car le peuple de Dieu devra encore subir de nombreuses tribulations. Mais Dieu enverra le prince de sa milice céleste, qui anéantira les persécuteurs de ses fidèles. Enfin, le Christ lui-même reviendra. L'Antichrist l'affrontera près de Jérusalem, et poussera ses suppôts à lutter contre le Christ et ses fidèles. Mais il sera vaincu, et Dieu établira alors son royaume, avec les justes, tandis que les méchants seront jetés en enfer (voir texte n° 12, p. 291). Ce récit couvre donc prophétiquement tout le reste de l'histoire humaine jusqu'à son terme.

Ce texte a été tenu en grande faveur. Il a été très souvent recopié et remanié entre le moment de son apparition en Occident, au début du VIIIe siècle, et l'époque de la première croisade. Il était certainement très prisé dans les milieux ecclésiastiques, car il figure dans un très grand nombre de manuscrits qui nous sont parvenus. Comme beaucoup d'autres, mais avec plus de précision, il met l'accent sur le rôle historique et prophétique des conquêtes arabes. Ces invasions, douloureuses pour les chrétiens, ne sont pas un accident de l'histoire : elles ont un sens pédagogique et prophétique. Elles constituent l'un des signes de la marche inexorable de l'histoire vers son terme, qui sera marqué par la victoire du Christ et l'instauration du royaume de Dieu. La fin de la domination arabe y est prévue, annoncée, donc certaine. La reconquête chrétienne aussi. Elle en est d'autant sacralisée.

Les chansons de geste et la guerre sainte

Les spéculations eschatologiques jouent ainsi un rôle non négligeable dans la valorisation idéologique des combats menés contre les « occupants » musulmans. Peut-on en évaluer la diffusion, l'importance et la portée ?

On a souvent dit que de telles spéculations intéressaient seulement quelques moines confinés dans leurs monastères, et avaient par conséquent un impact très limité sur les populations. C'est triplement faux. D'abord parce que le thème de l'Antichrist et de la Fin des temps, aujourd'hui presque totalement ignoré des chrétiens, passionnait tous les croyants au Moyen Âge. Ensuite parce qu'un tel sujet se prêtait très bien à des sermons et à des récits capables d'attirer l'attention des masses et de susciter leur crainte. Enfin parce que les ragots concernant Mahomet et l'islam avaient tout pour plaire aux foules. Il est donc très probable que les chrétiens d'Occident, même laïques et peu cultivés (et en particulier les guerriers), ont eu au moins par eux, ne serait-ce qu'indirectement, une vague perception, évidemment très déformée, de l'islam et des musulmans.

Cette image très négative de l'islam et des musulmans

était propre à susciter ou à réveiller l'hostilité, particulièrement dans les régions où les invasions arabes avaient pu laisser des souvenirs, fussent-ils lointains. On l'a remarqué, les chansons de geste, si en faveur auprès des chevaliers dès le début du XIIe siècle et probablement avant, situent presque toujours à l'époque carolingienne, voire mérovingienne, les exploits des chevaliers chrétiens contre les Sarrasins, qu'ils parviennent à chasser de France méridionale : les épopées, sous leur forme primitive, scandent donc à leur manière la reconquête chrétienne d'abord en Gaule, puis en Espagne, et bien plus tard au Proche-Orient.

Dans toutes les chansons de geste, en tout cas, les guerriers chrétiens mènent contre des Sarrasins diabolisés, assimilés à des païens idolâtres et pervers, une lutte que Dieu soutient jusqu'à leur victoire, ou jusqu'aux palmes du martyre s'ils viennent à tomber sous les coups de ces « païens ». La *Chanson de Roland* en est le prototype, et il est très probable que sa version actuellement connue, celle dite « d'Oxford », a été précédée par d'autres « chansons de Roland » glorifiant les mêmes valeurs : on sait en effet qu'à Hastings, en 1066, un jongleur chanta les exploits de Roland et d'Olivier pour encourager les guerriers normands à combattre vaillamment contre les Anglo-Saxons de Harold. Ces épopées traduisent, mieux que les écrits latins dont on a jusqu'ici parlé, l'image que se faisaient les guerriers chrétiens des musulmans qu'ils allaient affronter en Espagne dans la *reconquista*, ou plus tard en Orient, lors de la première croisade.

Les jongleurs ne sont pas les inventeurs de l'image de l'islam et des musulmans qu'ils diffusent et popularisent auprès de leur public. Ce public est composé en particulier de chevaliers qui les écoutent sur les places publiques, comme on le disait jadis, ou plus vraisemblablement dans les salles des châteaux et à la cour des princes. Les clercs ont également connaissance de cette image, comme en témoignent les chroniqueurs de la première croisade, qui reproduisent les mêmes schémas. Guibert de Nogent, dont l'esprit critique a été souvent démontré, corrige plusieurs de leurs excès (en particulier il rejette l'idée selon laquelle les musulmans adorent Mahomet comme un dieu), mais il en reproduit aussi plusieurs autres, dont il sait pourtant l'inanité, affirmant sans vergogne, pour s'en disculper, qu'il est permis de dire faussement du mal de Mahomet étant donné que la vérité concernant ce « faux prophète » dépasse de loin tout le mal que l'on pourrait en dire.

D'où lui vient cette « connaissance » de l'islam et des musulmans ? On l'ignore, car il dit lui-même n'avoir pas trouvé sur Mahomet, dans les ouvrages qu'il a consultés, de réelle information. Il se contente donc, dit-il, de reproduire « l'opinion commune ». Une telle image était donc répandue dès son époque. Elle s'est sans aucun doute nourrie de chansons de geste antérieures à notre *Chanson de Roland*, et des ragots transmis oralement, mais aussi des écrits polémiques issus de l'Orient et traduits en latin, et peut-être aussi d'Espagne.

Tous les traits principaux qui forment désormais l'image caricaturale de l'islam et de son prophète semblent en tout cas bien ancrés dans la mentalité commune des guerriers et des clercs d'Occident, comme en témoigne, dès la fin du Xe siècle, la poétesse Roswitha (935-975), pourtant fort éloignée des zones de contact entre les domaines respectifs des deux religions.

Cette nonne, née dans la noblesse saxonne, devenue chanoinesse de l'abbaye de Gandersheim, est la première poétesse allemande. Elle rédige un poème à la gloire du Goth Pélage, victime d'un roi sarrasin d'Espagne, violent, libidineux, homosexuel et idolâtre, reprenant ainsi la plupart des poncifs concernant l'islam et sa caricature. Le tyran fait décapiter le jeune Pélage, et les anges emportent au paradis l'âme de ce saint martyr.

Les accusations d'homosexualité et de luxure, de violence guerrière et de soif de domination universelle, d'idolâtrie et de polythéisme, contre les musulmans, assimilés aux païens de l'Antiquité romaine, sont donc très largement répandues en Occident bien avant la fin du XIe siècle. Les croisés vont d'ailleurs jusqu'à décrire la statue-idole de Mahomet qui, selon eux, trônait dans le Temple de Jérusalem (voir textes nº 13, p. 293 *sq.*). Ce fait n'est pas anodin : il signifie que même les chroniqueurs, qui ont pourtant côtoyé la réalité de l'islam et ont pu pénétrer dans des mosquées, ont préféré conserver et perpétuer le cliché d'un islam idolâtre qui leur avait été inculqué en Occident dès avant leur départ. Cette image caricaturale était assez fortement et profondément implantée dans leur esprit pour résister à l'impact de la réalité.

Le clerc Raoul de Caen, par exemple, recueillant de son maître Tancrède, l'un des héros de la première croisade, le récit de son entrée dans le « Temple de Jérusalem » (la mosquée al-Aqsa), n'hésite pas à décrire la présence en ce lieu sacré d'une statue en argent ornée de pierreries, qui ressemble fort, d'ailleurs, aux statues reliquaires des églises d'Occident. Il hésite à l'identifier, ne sachant s'il s'agit du Christ ou d'une divinité païenne, avant d'y voir l'image de Mahomet, assimilé par lui à un Antichrist précurseur de celui qui doit paraître dans les derniers temps, et trôner dans le Temple de Dieu. La diabolisation de l'islam est donc double dans ce récit.

Cette caricature d'un islam hérétique, violent, idolâtre et luxurieux est largement répandue dans tous les milieux. Elle montre bien que telle était l'image que l'Occident percevait – ou plutôt voulait percevoir – de l'islam et des musulmans auxquels ses guerriers étaient désormais affrontés, en Espagne comme en Italie du Sud, bientôt en Sicile et au Proche-Orient. Cette image, d'abord destinée à dissuader les chrétiens des zones dominées par les musulmans de se laisser gagner par la culture et par la religion des vainqueurs, a peu à peu changé de destination. En passant en Occident, elle contribue à attiser l'animosité et l'hostilité, à diaboliser l'adversaire et, par contrecoup, à sacraliser le combat mené contre lui, facilitant ainsi la formation du concept de guerre sainte répondant, assez tardivement, à la notion de *jihad* déjà admise depuis longtemps dans le monde musulman.

TROISIÈME PARTIE

Valorisation idéologique de la guerre dans la société féodale (VIIIe-XIe siècle)

CHAPITRE 8

La guerre méritoire Empire, papauté et invasions païennes

En dehors même des régions durablement conquises par les musulmans, la période ici considérée voit apparaître, au cœur même de l'Occident chrétien, deux autres traits de valorisation de la force armée conduisant à l'idée de guerre sainte : le premier est lié à la défense de l'Empire carolingien, assimilé à la chrétienté ; le second résulte de l'alliance contractée par les Carolingiens avec la papauté et de la sacralisation qui s'attache à la protection du Saint-Siège. Il nous faut en rappeler les lignes principales et leurs conséquences pour notre propos.

Les Carolingiens et la papauté : un essor conjoint

Pépin le Bref

Le « coup d'État » rapporté plus haut, réalisé par Pépin avec l'accord du pape pour écarter du trône la dynastie mérovingienne, renforce l'alliance entre la papauté et la monarchie franque, déjà ébauchée sous Clovis. Pépin et ses fils sont oints du saint chrême et « faits rois » par les mains du pape. De son côté, Pépin « restitue » (en réalité, donne) au pape l'exarchat de Ravenne et réinstalle solennellement Étienne II sur le trône de saint Pierre. Il renforce dans son royaume l'autorité pontificale en matière de discipline ecclésiastique et impose la liturgie romaine.

Charlemagne

En 773, le roi lombard Didier s'empare à son tour de quelques territoires pontificaux et menace Ravenne. Le pape Adrien Ier fait appel à Charles qui descend en Italie avec deux armées et enferme Didier dans Pavie. Le roi franc célèbre Pâques à Rome, y est reçu en sauveur, et confirme au pape Adrien la promesse de « restitution » faite jadis par Pépin : si cette promesse avait été suivie d'effets, elle aurait attribué au Saint-Siège plus des deux tiers de l'Italie et aurait fait du pape, dès cette date, une puissance temporelle appréciable. Mais ce ne sont là que des promesses verbales, dont on peut mettre en doute la sincérité : en réalité, Charles n'entend nullement se dessaisir de la moindre parcelle de son autorité temporelle. C'est pourquoi il se ceint lui-même de la couronne de fer des Lombards, et ne concède au pape que quelques villes.

La conception qu'il se fait de la fonction royale et de la protection due à saint Pierre conduit le roi des Francs à se considérer comme le chef de l'« Empire chrétien », gouvernant à ce titre l'Italie directement (comme pour le royaume lombard) ou bien par l'intermédiaire de subordonnés, en des sortes de protectorats. Cette mainmise de fait du roi franc sur l'Italie risque de le faire entrer en conflit avec le *basileus*, l'empereur « romain » grec de Byzance, dont relèvent théoriquement ces territoires. Mais il se trouve qu'en 797 l'empereur est en réalité une femme, Irène, ce qui n'est guère acceptable pour les Occidentaux. De plus, elle vient de destituer son propre fils Constantin en lui faisant crever les yeux. Femme et mère indigne ! Le moment est donc bien choisi pour accomplir un autre « coup d'État », fruit d'une nouvelle entente entre les Carolingiens et la papauté.

Les deux parties ont tout à y gagner : le pape peut y trouver l'occasion de s'affranchir de la tutelle juridique de Byzance et d'affirmer son idéologie politique. Charlemagne, lui, peut y gagner un titre prestigieux illustrant sa prééminence de fait, déjà acquise, sur tous les rois d'Occident, et la possibilité de « rénover » l'Empire romain, un empire dont il serait le chef, lieutenant de Dieu sur le plan temporel, y compris militaire, valorisant ainsi son action de pacification et d'unification à l'intérieur et son action de conquête militaire à l'extérieur. Le pape, au pouvoir naissant, aurait pu être pour lui un rival. Les circonstances en firent d'abord un allié. La confrontation des deux pouvoirs, celui de l'Empire et celui de la papauté, n'interviendra que deux siècles et demi plus tard.

Le couronnement impérial de 800

En avril 799, le nouveau pape Léon III est en effet en mauvaise posture. Il se heurte au parti de l'aristocratie romaine, qui menace de lui crever les yeux et de le destituer, l'accusant d'adultère (c'est-à-dire de trahison envers son épouse, l'Église), d'hérésie et d'indignité. Léon III devance l'action de ses ennemis : il parvient à s'enfuir auprès de Charles (alors en Saxe), qui le fait reconduire sous protection à Rome et se propose d'aller plus tard examiner son cas. C'est dire que Charles, patrice des Romains, prend très au sérieux son rôle de protecteur du Saint-Siège, mais s'estime en droit de juger le pontife. Nous sommes loin de la notion ultérieure d'un pape dominant les rois. On pourrait presque, au contraire, parler de « césaropapisme », tant est grande l'influence, l'autorité de Charlemagne sur l'Église et sur l'évêque de Rome.

De fait, quelque temps plus tard, Charles descend à Rome, où il est accueilli par le pape comme le serait un empereur. Le 23 décembre, le roi rétablit Léon III sur le trône de saint Pierre après lui avoir fait jurer, par un « serment purgatoire », qu'il est totalement innocent des fautes qu'on lui impute. Il en est aussitôt récompensé : à Noël de l'an 800, alors qu'il priait pieusement dans la cathédrale Saint-Pierre, Charles est couronné empereur par le pape, et acclamé selon le rituel impérial byzantin, quelque peu modifié d'ailleurs pour grandir le rôle du pape.

Comme pour le sacre de Pépin, il ne s'agit au fond que d'un échange de services qui profite aux deux parties et entérine un état de fait. Depuis ses victoires militaires, Charlemagne est devenu le plus puissant souverain de l'Occident. Dès 799, le conseiller du roi, Alcuin, profitant de l'affaiblissement moral et politique de l'empereur (impératrice) de Byzance et de l'évêque de Rome, avait glorifié l'idéologie impériale. On peut la résumer ainsi : Charles est, *de facto*, le seul vrai défenseur de la communauté chrétienne, car les deux autres autorités légitimes, à savoir « la dignité impériale de la seconde Rome » (le *basileus* de Constantinople) et « la sublimité apostolique » (le pape), sont en effet totalement déconsidérées à cette date. Quant à la troisième dignité, celle de la royauté franque, concédée par Dieu à Charles, Alcuin la juge supérieure aux deux autres en puissance et en gloire. Charles, « nouveau David » (c'est ainsi que le désigne Alcuin et quelques-uns de ses conseillers, et cette assimilation est lourde de sens idéologique), est chargé par Dieu de protéger et de diriger vers le salut l'Empire, l'Église, la chrétienté.

Charlemagne ne se sent donc aucunement au service de l'Église romaine. Bien au contraire, sa mission protectrice lui confère une autorité qu'il estime tenir directement de Dieu. Charlemagne lui-même exprime cette conception dans une lettre au pape Léon III, dans laquelle il répartit clairement les rôles : à lui, l'empereur, la charge de combattre pour la dilatation de l'Empire et la protection des églises et des populations contre les atteintes des ennemis et des infidèles ; au pape de prier pour la victoire des armées impériales. Ces armées sont donc ainsi doublement valorisées sur le plan de l'idéologie religieuse.

Charlemagne exerce d'ailleurs une autorité presque absolue sur l'Église : les évêques, y compris celui de Rome, sont considérés par lui comme des fonctionnaires et confinés dans un rôle purement sacerdotal. En revanche, lui-même intervient jusque dans le domaine de la doctrine, en imposant par exemple l'introduction du *filioque* dans le credo occidental (« le saint Esprit procède du Père *et du Fils* »). Ce sera par la suite l'une des principales divergences doctrinales entre l'Occident « catholique » et l'Orient « orthodoxe ». Plus qu'un nouveau David (car Charles, comme David, est un roi oint par Dieu, mais il ne se prétend pas prophète comme lui), Charlemagne nous apparaît plutôt comme un « nouveau Constantin ».

Louis le Pieux et le partage de l'Empire

Louis le Pieux accroît encore le caractère « religieux » de l'Empire, véritable « État chrétien » : il envoie des missionnaires jusque dans les régions païennes de Scandinavie, et cherche par sa piété à attirer sur l'Empire d'Occident les grâces divines. Cette piété même l'affaiblit : ses fils se partagent les terres au traité de Verdun (843), et s'entre-déchirent durablement ; l'Empire carolingien disparu demeure un souvenir vivace dans les esprits, un mythe qui conserve une réelle portée idéologique. Les lettrés rêvent encore d'un Empire chrétien unitaire, et c'est vers l'empereur que se tourne toujours la papauté pour obtenir l'aide militaire dont elle a besoin contre les ennemis divers qui peuvent la menacer. Ces faits favorisent bien entendu la promotion idéologique des entreprises militaires impériales.

Charlemagne et la « dilatation » de l'Empire

Charlemagne, en effet, est avant tout un guerrier, un conquérant. La conception qu'il se fait de sa mission le conduit à confondre expansion de l'Empire, de la chrétienté et de la foi. Il est donc difficile, voire impossible, de séparer les mobiles qui le conduisent à mener presque chaque année des campagnes militaires contre ses voisins, dont quelques-uns (mais non pas tous) sont des « païens ». Lorsque c'est le cas, la valorisation de la guerre peut prendre des aspects proches de la sacralisation. C'est le cas contre les Saxons et contre les Sarrasins.

Les Saxons

Les campagnes contre les Saxons ont manifestement des traits de guerres missionnaires. Le capitulaire promulgué en 785 punit de mort toute révolte et a aussi pour but d'extirper le paganisme. Ces campagnes revêtent aussi des traits de guerre de religion, comme celles menées contre les Avars : avant le combat, le roi fait prier et jeûner ses soldats, et leur fait accomplir, pieds nus, des processions. On retrouvera plus tard dans la croisade des éléments identiques.

Certes, Alcuin, conseiller de Charlemagne, n'approuve pas le principe de l'usage de la violence pour obtenir la conversion des Saxons. Il tente même, en 792, d'atténuer la rigueur des capitulaires antérieurs qui ne font guère que proposer à ce peuple le choix entre la conversion et la mort. Mais Alcuin ne s'en réjouit pas moins des résultats obtenus : pour lui, la victoire de Charles sur les Saxons païens laisse augurer d'autres victoires et d'autres conversions ; grâce à ces campagnes militaires de Charles, l'Église est en paix et la foi chrétienne se répand à l'Est. Dans quelques lettres, il déplore, en revanche, que les « Sarrasins maudits » dominent encore l'Afrique et l'Asie. Le roi franc a donc bien à ses yeux une mission de (re)conquête sur ces « païens »-là.

Charlemagne, pourtant, ne s'est pas désintéressé des Sarrasins d'Espagne, mais ses succès ont été ici plus mitigés, et ses rapports avec les musulmans plus politiques.

Charlemagne et les Sarrasins

Roncevaux et le mythe de Roland

Dès 768, une ambassade d'al-Mansour, calife abbasside de Bagdad, avait, semble-t-il, cherché à obtenir de Pépin son soutien contre l'émirat omeyyade de Cordoue. Dix ans plus tard, Charlemagne reçoit une demande similaire du gouverneur musulman de Saragosse. Elle est suivie d'effets : en 778, Charles mène son armée au-delà des Pyrénées, peut-être dans l'intention de joindre ses forces à celles du roi des Asturies. Mais ses alliés musulmans font défection, et Charles rentre en France, après avoir dévasté la région de Pampelune.

Au retour, son arrière-garde est exterminée au col de Roncevaux, non pas par les musulmans, mais par les Basques indépendantistes. Cet épisode est à l'origine de la *Chanson de Roland*, rédigée sous sa forme présente vers la fin du XIe siècle, à l'époque d'une reconquête espagnole plus intense et déjà sacralisée, mais qui s'inspire très probablement de récits écrits ou oraux remontant à l'événement même.

L'expédition de Charles, en effet, a fait profonde impression, et plusieurs chefs goths des Asturies, découragés par les victoires musulmanes, se réfugient alors en France. En 793, l'émir de Cordoue lance même une expédition qui parvient à nouveau jusqu'à Narbonne. Les Carolingiens ne reprennent l'initiative qu'après 800, avec la formation de la marche d'Espagne (le comté de Barcelone) qui atteint bientôt l'Èbre. Ce conflit entre chrétiens et musulmans a donc laissé des traces profondes dans la mémoire. Charlemagne y apparaît bientôt comme un modèle, qui sera même proposé aux croisés. Il faut se demander pourquoi.

Charlemagne, « protecteur des Lieux saints » ?

Dès le IXe siècle, le chroniqueur Éginhard va très loin dans ce sens et fait de Charlemagne le « protecteur du

Saint-Sépulcre ». Il crée ainsi une tradition dont les chroniqueurs de la croisade se réclameront trois siècles plus tard. Cette « qualité » a en effet laissé une profonde empreinte dans les mentalités populaires et donné lieu à de nombreuses légendes, particulièrement à l'approche de la croisade.

La déformation idéologique, pourtant, a commencé bien plus tôt. Sur quoi repose-t-elle ? En fait, on le sait avec certitude, en 799, Charles a envoyé au calife abbasside de Bagdad une ambassade reçue avec bienveillance. À son retour vers l'Occident, cette ambassade vient offrir des présents au Saint-Sépulcre. Elle rejoint Charlemagne en Italie quelques jours avant son couronnement de Noël 800, et lui remet alors, de la part du patriarche de Jérusalem, une bannière et les clefs du Saint-Sépulcre. Toute la légende part de ce fait.

Quel sens faut-il donner à cet épisode ? S'agit-il là d'une reconnaissance de souveraineté sur les Lieux saints ? D'une demande d'intervention ? D'une mise implicite du Sépulcre sous protection du roi franc ? Tout cela est bien excessif ! Il faut sans doute interpréter ce geste comme une simple marque d'honneur et de déférence. Un tel geste a d'ailleurs son équivalent en Occident même : à une date très voisine, le pape Léon III remet en effet à Charles les clefs de la cathédrale Saint-Pierre de Rome. Il n'en reste pas moins que ce geste, dans les deux cas (et plus encore dans le second, qui a pu influencer l'interprétation de l'autre), est assez fort en éléments symboliques et frappe assez profondément les esprits pour faire naître une idéologie liée à la notion de protection armée. Cette interprétation a pu être confortée par la remise à l'ambassade d'une bannière, qui est en passe de devenir à cette époque, en Occident, le symbole d'une telle protection armée des sanctuaires.

Éginhard l'a bien compris et force lui-même ce trait pour conférer au geste du calife une portée politique. Selon lui, le calife Haroun al-Rachid aurait reçu l'ambassade franque avec beaucoup d'honneur et de déférence, aurait accédé à toutes ses demandes et accepté de placer les Lieux saints sous l'autorité de Charles. De là est née, très probablement, la légende ultérieure du « Protectorat franc en Terre sainte ». En se développant, elle fait de Charlemagne à la fois un pèlerin et le prototype du croisé.

Les prédicateurs de la croisade tireront parti de cette légende, diffusée aussi par quelques épopées. Ainsi, selon Robert le Moine, le pape Urbain II aurait, dans son discours de Clermont, incité les chevaliers de France à se souvenir des glorieux exploits de Charlemagne et de Louis, qui ont jadis triomphé des « Turcs » et étendu le pouvoir de la sainte Église. Plus précis, l'Anonyme normand et Tudebode racontent comment les premiers croisés ont emprunté « la route qu'autrefois Charlemagne, le magnifique roi de France, fit établir jusqu'à Constantinople ». Charlemagne, à n'en pas douter, est devenu à la fois un mythe et un modèle de la lutte des chrétiens contre les Sarrasins, non seulement en Espagne, mais aussi en Orient.

À l'époque d'Urbain II apparaissent aussi des lettres « excitatoires » à la croisade faisant référence à ce rôle de Charlemagne comme protecteur des Lieux saints : ces lettres, que l'on sait aujourd'hui forgées de toutes pièces, imaginent des appels à Charlemagne émanant de l'empereur de Constantinople ou du patriarche de Jérusalem. Ce sont certes des faux, mais ils n'en révèlent pas moins l'importance accordée à ce thème par la mentalité populaire à la veille de la croisade. Charlemagne y apparaît comme le héros guerrier de la chrétienté, triomphant de l'islam dans une guerre déjà sacralisée par sa fonction de protecteur du Saint-Sépulcre et des Lieux saints. Cette fiction n'en est pas moins significative de la formation de l'idée de guerre sainte, et du rôle qu'y tiennent à la fois l'empereur franc et le Sépulcre de Jérusalem.

Invasions « païennes » et sacralisation de la guerre

D'autres ennemis ont contribué, dès l'époque carolingienne, à un nouveau degré de valorisation idéologique de la guerre menée contre des adversaires volontiers diabolisés : ce sont les « païens » ou présumés tels, Normands, Hongrois et Sarrasins, qui, alors, troublent l'Empire et terrorisent l'Église.

La désintégration de l'Empire carolingien était jadis attribuée aux invasions des Sarrasins au sud, des Hongrois à l'est et des Normands un peu partout, le long des côtes et des rives des fleuves. On croit aujourd'hui qu'elle est due bien davantage à des facteurs de politique intérieure : à l'ampleur surdimensionnée de l'Empire, à sa sous-administration chronique (malgré les efforts de Charles en ce domaine), aux tensions internes résultant des particularismes régionaux et à la montée des ambitions de l'aristocratie, jugulées un moment par la poigne personnelle de Charles. Les invasions n'auraient eu qu'un faible impact politique et économique, les monastères étant leurs principales cibles.

Il n'en reste pas moins, en tout état de cause, que ces invasions ont joué un rôle considérable sur le plan de l'idéologie, de la formation des mentalités et des comportements. Les monastères dévastés ou menacés de l'être sont une réalité. Or ce sont précisément les centres de la culture de l'époque, les lieux où se forgent les idéologies, où se perpétue la mémoire, où s'écrit l'histoire, où s'élaborent les légendes. En relatant de manière dramatique et souvent émotionnelle, en exagérant même l'ampleur des incendies, des pillages et des massacres (au demeurant bien réels) commis par les Normands, les moines ont contribué à la formation d'une psychose, à la confection d'un stéréotype du Normand pillard, redoutable, impitoyable et sanguinaire qui perdurera longtemps dans les esprits.

Il en va de même des Hongrois (leur nom, d'ailleurs, aurait donné « ogre », traduisant ainsi la crainte qu'on en avait !), et aussi des Sarrasins. Ces stéréotypes sont des caricatures, qui puisent leurs racines dans une réalité « vraie », mais plus encore dans une réalité « perçue comme vraie », la seule qui importe vraiment à long terme. Cette image contribue à diaboliser ces adversaires « païens » et donc à sacraliser la guerre menée contre eux, à valoriser sur le plan moral ceux qui la mènent, plus encore si ces combattants pour la bonne cause viennent à périr sous leurs coups.

Il ne s'agit pas encore pour autant de guerre sainte : il y manque en effet la promesse de récompenses célestes. Cet élément se dessine cependant à propos de la défense de l'Église de Rome contre les Sarrasins, comme on le verra plus loin. En revanche, la diabolisation de l'adversaire confère déjà, dès l'époque carolingienne, de nouveaux traits de sacralité à la guerre menée pour la chrétienté contre les païens ou infidèles.

Les Normands

La menace normande commence à se faire sentir sur les côtes de l'Empire dès 799 ; elle se précise à partir de 810, et s'amplifie après 830. De nombreuses villes sont alors pillées et incendiées : Rouen en 841, Paris en 845, Nantes, puis Bordeaux en 848, et encore Angers, Tours, Amiens, etc. Les abbayes surtout, en très grand nombre, souffrent de leurs attaques. Leurs ravages sont évidemment attribués à un châtiment de Dieu, ce qui, on l'a vu, n'exclut pas le recours à une protection armée contre eux : nul n'est censé savoir jusqu'où Dieu a voulu étendre son châtiment !

Le roi franc, par nature protecteur naturel des églises, est tenu pour responsable de l'accomplissement de cette mission qui lui est confiée lors du sacre. Mais l'armée royale, rassemblée chaque année au « champ de mars » (devenu un peu plus tard « champ de mai »), est trop lourde, trop lente à réunir pour intervenir efficacement contre les coups de main imprévisibles des guerriers normands montés sur leurs navires légers et capables de surgir n'importe où, à proximité des fleuves et même des rivières de quelque importance. Qui plus est, l'aristocratie locale s'allie parfois aux envahisseurs, en Aquitaine ou en Bretagne, pour se libérer de l'emprise carolingienne, ce qui accroît encore l'insécurité.

La protection royale faisant le plus souvent défaut au moment opportun, les églises et les abbayes en viennent à assurer dans la mesure du possible leur propre défense : elles se fortifient, recrutent des guerriers, se confient en la protection de seigneurs locaux, qui bénéficient du même coup des bénédictions des ecclésiastiques et de la promesse du soutien céleste. L'Église elle-même, en effet, préfère parfois soutenir un prince local, protecteur plus efficace qu'un souverain carolingien lointain dont le prestige s'affaiblit par suite de son incapacité politique et militaire. Le siège de Paris par les Normands, en 885, traduit ce phénomène : le comte Eudes de Paris s'y illustre.

L'épisode mérite attention pour sa portée idéologique : la guerre des héros chrétiens, en effet, y est soutenue par les forces célestes qui la cautionnent et la sacralisent. Dans le récit qu'il en fait, Abbon souligne le rôle de ce secours manifeste de sainte Geneviève et de saint Germain. Celui-ci combat en personne au milieu des guerriers, répondant ainsi aux prières de « l'armée du Seigneur ». Les chrétiens, écrit Abbon, remportent la victoire « par la vertu de la croix sainte et par les mérites de saint Germain ». Le comte Eudes en retire un prestige considérable. Lors de la crise dynastique de 888, il est acclamé roi ; il a pour lui, entre autres avantages, d'avoir défendu héroïquement Paris. Il se présente de plus comme le défenseur des églises, dont il jure, dans le serment du sacre, de préserver les privilèges. Eudes est ainsi, doublement, le champion de l'Église et de la foi chrétienne menacée par les barbares païens.

La menace normande s'éloigne pourtant, au Xe siècle. En 911, Charles le Simple concède aux Vikings, par traité, une large part de la Neustrie, qui deviendra la Normandie. Ces Normands se convertissent au christianisme et se muent en avisés propriétaires terriens, contribuant ainsi à l'essor du duché de Normandie et du royaume de France.

Il n'empêche : avant cet accord, pendant près d'un siècle, de nombreuses prières dont nous connaissons la teneur, récitées dans les « messes contre les « Païens » (ou « Normands », ou « Danois »), de nombreuses bénédictions sur les bannières et les armes de soldats allant les combattre, ont contribué durablement à sacraliser les guerres menées pour défendre le pays contre ces nouveaux « barbares », contre la menace d'une invasion massive du monde chrétien par les « païens ». Au XIe siècle, cette crainte ressurgira : les Sarrasins, alors, remportent des victoires qui, brisant la *reconquista* chrétienne, semblent présager un retour en force, au Proche-Orient ou en Espagne. Ce n'est pas pour rien qu'à cette époque tous les ennemis extérieurs de la chrétienté, qu'ils soient païens, musulmans ou parfois même chrétiens, sont assimilés aux païens et nommés indifféremment *pagani* dans les textes latins, « païens » et plus encore « sarrasins » dans les textes en langues vulgaires.

Les Hongrois

La menace des Hongrois conduit aux mêmes phénomènes, particulièrement en Germanie. Là encore, bénédictions et prières valorisent l'idéologie guerrière des défenseurs de la chrétienté. Le pape y contribue : il envoie au souverain germanique – devenu depuis 936 la principale force militaire de l'Occident – des encouragements, sous la forme de bénédictions transmises par ses légats et de concessions de bannières bénites.

En 955, Otton Ier écrase les guerriers hongrois à la bataille du Lechfeld (près d'Augsbourg), puis soumet les Slaves. Il est fait empereur en 962. L'expansion de l'Empire germanique commence vers l'est. Cette expansion militaire revêt aussi un aspect missionnaire : comme à l'époque de Charlemagne, la conquête des territoires par les armées germaniques leur permet d'implanter des missionnaires chargés de prêcher les païens et de les convertir à la foi chrétienne. De plus, à la bataille du Lechfeld, soulignons-le, Otton est porteur de la Sainte Lance, l'arme du centurion Longin qui aurait percé le flanc du Christ en croix et qui symbolise la « sainteté » de la monarchie germanique. Sa présence sur le champ de bataille constitue un nouvel élément de sacralité de la guerre menée pour la chrétienté contre les adversaires païens qui menacent son existence.

Jusqu'ici sur la défensive, la chrétienté commence vers l'an mil à devenir conquérante, à la fois par les victoires de ses rois et par la prédication de ses missionnaires, les premiers protégeant les seconds et facilitant leur tâche. C'est le cas en Scandinavie, au Danemark et plus encore en Pologne et en Hongrie. Ces deux derniers cas méritent attention par leur caractère exemplaire et par le sens très symbolique que revêt la formation de ces royaumes tout récemment intégrés à la chrétienté.

En Hongrie, après la victoire d'Otton Ier, la prédication de Bruno de Saint-Gall commence à porter ses fruits. Le fédérateur des tribus hongroises, Géza, se fait baptiser et recherche l'alliance de l'empereur germanique. À la fin de l'an mil, son fils Étienne, à son tour devenu chrétien, est couronné roi de Hongrie avec l'accord du pape et de l'empereur Otton III. Si l'on en croit Adémar de Chabannes, l'empereur aurait même envoyé à Étienne, lors de son mariage avec Gisèle, fille du duc de Bavière, cette Sainte Lance qui avait, au Lechfeld, assuré la victoire d'Otton Ier sur les Hongrois alors païens. Cette concession impériale revêt une triple signification : elle cautionne la formation d'un royaume hongrois indépendant, mais étroitement uni à l'Empire germanique ; elle souligne le caractère chrétien de ce royaume, en union avec Rome ; elle traduit enfin le caractère de protection politique et militaire que l'on prête à cette « relique » de la Sainte Lance ayant percé le Christ en croix. Elle agit à la fois comme un talisman, comme le signe de la présence divine et comme le symbole de la sainteté du combat mené par les Hongrois chrétiens, désormais en première ligne contre les forces païennes.

Cette triple signification se retrouve également à propos de la Pologne. Il s'agit cette fois de la concession d'une réplique de cette Sainte Lance. L'empereur Otton III, à la même époque, en fait don au prince chrétien Boleslas le Vaillant qui, en 1025, deviendra le premier roi de Pologne. Il lui offre aussi un diadème impérial et un clou ayant servi à la crucifixion de Jésus à Jérusalem. Ces trois dons expriment et renforcent encore le caractère chrétien du royaume, son association à l'Empire et la vertu protectrice que l'on prête à ces instruments de la passion du Christ, symboles d'humiliation et de mort, mais qui se muent, à cette époque, en signes de protection et de victoire militaire.

On retrouvera plus tard, dans la première croisade, cette dimension protectrice de la Sainte Lance pour les armées chrétiennes. En effet, selon les indications d'un visionnaire de l'armée des croisés nommé Pierre Barthélemy, on retrouva « miraculeusement » le fer d'une lance, profondément enfoui dans le sol de la cathédrale Saint Pierre, à Antioche, en 1098. Les saints et le Christ qui étaient apparus à Barthélemy lui avaient affirmé que l'on y trouverait, au lieu indiqué, la lance qui avait percé le Christ en croix. Sa découverte serait le signe certain de la protection divine dans le combat, jugé sans espoir, qui allait opposer quelques jours plus tard les croisés à l'immense armée musulmane de Karbuqa. Les croisés, on le sait, furent victorieux. Pendant le combat, un prêtre de l'armée chrétienne portait cette « Sainte Lance » protectrice, à la manière d'un talisman. Il contribuait bien évidemment à sacraliser le combat guerrier qui était mené sous son égide. Cette forme de sacralisation, on le voit, était déjà présente à la fin du Xe siècle.

Les Sarrasins

Le combat contre les Sarrasins, par la menace qu'ils faisaient planer sur les confins chrétiens, se prêtait bien, lui aussi, à semblable sacralisation. Les Sarrasins, en effet, n'ont pas été totalement repoussés après les victoires de Charles Martel en Languedoc : il reprend aux musulmans Nîmes, Agde et Béziers, en 737, mais Narbonne demeure entre leurs mains, et n'est reprise qu'en 759, Gérone en 785, Barcelone en 801. De nombreuses incursions musulmanes ont encore lieu au IXe siècle (en 841, l'une d'entre elles menace à nouveau Narbonne), et se poursuivent encore au Xe siècle, principalement désormais par voie de mer, sous la forme de raids de pirates débarquant sur les côtes (Agde, 943). En 1020 encore, des musulmans débarquent et vont assiéger Narbonne. Les chansons de geste conservent les souvenirs, certes déformés, de ces menaces et contribuent à la louange morale des guerriers qui s'y sont opposés.

Du côté de la Provence, jusqu'en 972, les pirates sarrasins conservent une base, à La Garde-Freinet (massif des Maures), d'où ils mènent des raids dévastateurs sur les côtes et jusque dans les vallées alpestres. L'abbé Maïeul de Cluny, revenant de Rome, tombe un jour dans une de leurs embuscades ; il est capturé, et le monastère de Cluny doit verser aux Sarrasins une importante rançon pour obtenir sa libération.

Odilon, successeur de Maïeul comme abbé de Cluny, écrit dans le second quart du XIe siècle une *Vie de saint Maïeul* qui relate cette mésaventure. Elle traduit bien la mentalité commune de ce temps envers les Sarrasins : Odilon considère cette capture de l'abbé comme une abominable marque d'impiété, qui porte à son comble l'iniquité des Sarrasins, et attire du même coup sur leur tête la vengeance divine. Cette vengeance est réalisée par la victoire des guerriers de Guillaume « le Libérateur » en 983. Odilon va plus loin : il compare cette vengeance divine, matérialisée par la victoire des chrétiens de Provence sur ces Sarrasins, à celle que les empereurs romains ont infligée jadis aux Juifs en 70, par suite de leur iniquité qui les avait conduits à rejeter le Christ.

Cette interprétation idéologique d'un « méfait » relativement récent des Sarrasins souligne que la reconquête chrétienne – ici en Gaule – est alors considérée comme une libération, mais aussi un châtiment en retour, une vengeance de Dieu sur les infidèles. Le combat des chrétiens est perçu comme étant aussi celui de Dieu accomplissant son plan. En d'autres termes, c'est Dieu qui agit, par l'intermédiaire des guerriers chrétiens. On n'est pas loin, ici, de l'expression « *Dei gesta per Francos* » (« Les actions d'éclat de Dieu par l'intermédiaire des Francs », titre choisi par Guibert de Nogent pour son récit de la première croisade), à cette différence qu'il s'agit ici, non des Francs, mais des Provençaux.

Chrétiens et infidèles sont ainsi perçus, les uns et les autres, comme des instruments de Dieu dans le déroulement de l'histoire sainte. Dieu ne punit pas seulement de ses péchés son peuple par les armées des infidèles : il peut aussi châtier ces mêmes infidèles par les armées de son peuple. La *reconquista* espagnole et la croisade seront plus tard interprétées dans ce sens par plusieurs chroniqueurs. Cette conception traduit un très net retour à l'idéologie de guerre sainte de l'Ancien Testament.

Rome et les « Sarrasins » sous les Carolingiens

Dans tous les cas précédents, la valorisation des guerriers s'attachait à ceux qui protègent la « Patrie », l'Empire « romain ». Mais le qualificatif « païens » désignant l'adversaire accentue le caractère religieux de l'affrontement, faisant de la bataille un « jugement de Dieu » : par la victoire,

Dieu établit et confirme la véracité de la foi chrétienne.

Une dose supplémentaire de sacralité s'ajoute à leur crédit lorsque ces guerriers combattent tout à la fois contre des « païens » et pour protéger l'Église de Rome, cœur et tête de la chrétienté occidentale. Leur lutte armée bénéficie alors d'une double valorisation assortie de promesses qui la rapprochent d'une guerre sainte. Ces éléments nouveaux apparaissent pour la première fois au milieu du IXe siècle.

Rome, en effet, est aussi menacée à cette date : les Arabes ont pris possession de la Sicile depuis 827, puis de l'Italie du Sud, et ils pillent fréquemment les côtes de la Sardaigne et celles du Latium. En 846, ils parviennent sous les murs de Rome, y pénètrent, pillent la ville et saccagent l'église Saint-Pierre. Ce raid audacieux réveille les anciennes craintes : le patrimoine pontifical est mis en péril, une fois encore, non plus par des chrétiens, comme du temps des Lombards, mais par des Sarrasins, des « païens ». Le péril semble plus grand encore. Comment le conjurer ?

Conformément aux anciennes traditions établies depuis l'époque de Pépin, le pape appelle à son secours le roi franc. Mais cette fois, pour les décider à venir le secourir, le pape Léon IV n'hésite pas à faire aux guerriers francs des promesses de récompenses d'ordre spirituel : il affirme en effet qu'à tous ceux qui viendraient à mourir dans ce combat mené pour la protection de Rome « les royaumes célestes ne seraient pas refusés ». Ce n'est pas encore une promesse explicite de paradis aux guerriers tombés en « martyrs » pour la protection de Rome, mais l'idée n'est pas loin (voir texte nº 14, p. 295). Elle fera son chemin.

Le combat mené dans l'intérêt de Rome se trouve en effet triplement sacralisé, dans ce texte, par un habile amalgame unissant les valeurs morales de l'Antiquité romaine (mourir pour la Patrie), celles de l'éthique universelle (la protection de ses frères) et celles de la religion (la défense de la foi menacée par les païens).

Les menaces ne cessant pas, le pape Jean VIII renouvelle ses appels à l'empereur, entre 876 et 879 : dans plusieurs lettres, il souligne le péril que font courir tout à la fois à Rome, à l'Église et à la foi chrétienne ces Sarrasins, « ennemis de la croix du Christ », qui menacent à nouveau l'Église de Rome, pillent et incendient villes et villages, emmènent en captivité les fidèles du Christ, détruisent les églises et ravagent les autels, massacrent sans pitié les serviteurs de Dieu et (ce qui est le comble) parviennent à obtenir des alliés parmi les potentats chrétiens du voisinage. Mais, malgré ses pressants appels, proches, par leurs accents, de l'appel à la croisade d'Urbain II deux siècles plus tard, l'aide espérée ne vient pas. D'autres lettres, en 877, demeurent elles aussi sans effets. Il est vrai qu'elles ne comportent aucune promesse d'ordre spirituel.

En revanche, une promesse de cet ordre réapparaît en 879 dans la réponse du pape à une question précise des évêques : ils lui demandaient si ceux qui viendraient à mourir en combattant pour la sauvegarde de Rome pourraient espérer obtenir le pardon de leurs péchés. La réponse encourageante du pape mérite attention :

> « Confiant dans la juste bienveillance du Christ Notre Dieu, nous osons répondre que ceux qui tombent sur le champ de bataille en guerroyant vaillamment contre les païens et les infidèles, avec en eux l'amour de la religion catholique, entreront dans le repos de la vie éternelle [...]. En notre humilité, par l'intercession du bienheureux apôtre Pierre, à qui appartient le pouvoir de lier et de délier au ciel et sur la terre, autant que faire se peut, nous les absolvons et les recommandons à Dieu par nos prières. »

Cette promesse peut paraître surprenante : elle exprime un nouveau degré de sacralisation de la guerre jamais atteint auparavant, lorsqu'elle est menée pour la protection de Rome et de la papauté. S'agit-il là, déjà, d'une « indulgence pour fait de guerre » ? Ce n'est pas sûr, mais nous en sommes cependant très près. Sans entrer dans le détail de la discussion relative à l'exégèse de ce texte, on peut en tout cas en tirer une conclusion minimale : le combat mené par les guerriers recrutés pour la cause pontificale est considéré comme assez « sacré » pour que le pape les absolve de leurs péchés confessés. S'ils viennent à mourir au combat sans avoir pu accomplir la pénitence habituellement exigée (y compris, sans doute, pour l'homicide sur le champ de bataille dans le combat qu'ils vont mener pour le pape), Dieu, dans sa bienveillance, les admettra tout de même dans son paradis.

Ce texte constitue en tout cas un jalon très important dans l'élaboration de la notion de guerre sainte. Il établit un lien fort et nouveau entre le combat armé pour Rome et l'accès au paradis des guerriers morts pour cette cause. La notion de guerre sainte est ici en germe, à l'époque même où elle est déjà bien établie et codifiée chez l'adversaire musulman. Elle va se développer sous la double influence du combat pour la papauté et contre les Sarrasins.

Ce n'est pourtant pas la seule influence : la protection des églises contre leurs ennemis, à l'intérieur même de la chrétienté, y joue aussi un rôle qu'il ne faut pas négliger.

CHAPITRE 9

La guerre sacralisée par l'Église
Violence sacrée et paix de Dieu dans la société féodale

Depuis longtemps, on l'a vu, par un mouvement de concentration des obligations morales des fidèles sur le clergé, l'Église interdisait aux clercs de verser le sang. L'implication de l'Église dans le siècle rend toutefois difficile l'observation d'une telle interdiction, expliquant au passage la fréquence de sa formulation dans les écrits, y compris dans les canons des conciles. Les évêchés, les églises, les monastères, possèdent en effet des biens fonciers importants, résultant pour l'essentiel des anciennes donations des fidèles. Les établissements ecclésiastiques constituent des seigneuries de natures très proches, voire identiques aux seigneuries laïques. Comme telles, ils doivent au souverain l'*ost*, le service militaire, qui repose sur les habitants au prorata des terres possédées. Le roi réclame même parfois, au moins jusqu'à l'époque carolingienne, la présence physique, sur le champ de bataille, des « seigneurs » évêques et abbés, à la tête de leurs troupes. De nombreux prélats laïques, aux IXᵉ et Xᵉ siècles, ont ainsi pris part à des batailles.

Ces seigneuries ecclésiastiques suscitent aussi les convoitises et doivent assurer leur protection, non seulement contre les païens, mais aussi contre leurs voisins, les seigneurs laïques. L'Église aspire donc à la paix, qu'elle prêche et proclame, mais elle ne peut guère espérer l'atteindre dans les faits que par l'usage de la force armée, la sienne ou celle de ses protecteurs. Les armes spirituelles, en effet, ne suffisent pas, malgré l'utilisation solennelle qui en est faite dans les assemblées et conciles de paix qui se multiplient à partir de la fin du Xe siècle.

La paix de Dieu

Lors de la dislocation de l'Empire carolingien, et déjà auparavant au cours de son progressif affaiblissement, l'Église se voit privée de la protection royale. Une protection dont elle soulignait constamment, dans les « miroirs des princes » comme dans les liturgies du sacre des rois, que c'était l'un des devoirs fondamentaux incombant à leurs fonctions. L'Église doit alors prendre en main sa propre destinée.

Or, de plus en plus privée de l'usage direct de forces militaires, elle ne dispose guère pour cela que de l'arme idéologique, qui se traduit par l'enseignement et la prédication, véhicules de l'idéologie, et aussi par la tradition des sacrements, dont elle peut priver ceux qui rejettent ses préceptes : l'anathème, l'excommunication individuelle des récalcitrants, et plus encore l'interdit jeté sur tout le territoire de leurs domaines. Ce ne sont pas là des menaces négligeables : elles ne suffisent pourtant pas toujours, loin de là, à les mener à résipiscence dans la société dite « féodale » qui se met en place.

La morale prêchée par l'Église, assortie de ces menaces spirituelles, représente-t-elle le seul frein réel à la violence débridée des seigneurs et de leurs chevaliers, dans cette période d'« anarchie féodale » qu'aurait connue l'Europe occidentale aux Xe et XIe siècles ? On l'affirmait encore récemment. Pour limiter les guerres privées et les exactions qu'elles entraînent, dans le climat de terreur qu'aurait créé à cette époque la croyance générale en l'imminence de la fin du monde, l'Église aurait, à l'approche de l'an mil, tenté de soustraire les faibles à la violence endémique et à l'oppression armée des seigneurs et de leurs chevaliers. On reconnaît là les prescriptions de la paix de Dieu. Un peu plus tard, elle aurait aussi tenté de restreindre la guerre, en la mettant en quelque sorte « hors la loi » pendant des périodes liturgiques d'abord restreintes (le dimanche et les jours de fêtes majeures) avant de chercher progressivement à élargir ces périodes : on reconnaît ici les institutions de la trêve de Dieu. Elle aurait tenté, enfin, de créer des « ligues de paix » destinées à combattre par les armes les fauteurs de troubles, les violateurs de la paix, sacralisant ainsi ceux des chevaliers qui s'engageaient sous les bannières ecclésiastiques pour traduire sur le terrain ce combat moral, avant de détourner les autres vers la lutte contre les infidèles. Selon cette conception traditionnelle jusqu'alors universellement admise, et à laquelle, je le confesse, j'ai moi-même jadis en partie souscrit, la paix de Dieu aurait ainsi conduit à la croisade.

Cette interprétation traditionnelle doit aujourd'hui faire l'objet de retouches sur de nombreux points. Pas sur tous, toutefois, comme on va le voir : il faut même en conserver, voire en renforcer, plusieurs aspects, en particulier l'idée de la sacralisation, par l'Église, de certaines guerres menées pour elle, et celle de la valorisation morale qui en résulte pour ceux qui s'y engagent. L'analyse sommaire du contexte et des décisions des assemblées de paix suffira à le montrer.

Origines et buts des assemblées de paix

Terreurs de l'an mil et anarchie féodale ?

L'attente de la Fin des temps est latente au Moyen Âge, malgré l'influence de saint Augustin qui a tout fait pour la déconsidérer et la vider de sa signification en la « spiritualisant ». Cette attente demeure au fond des âmes, mais fait alterner des périodes de fièvre et d'intense émotion et des périodes de relâchement, d'assoupissement, mais jamais d'oubli. C'est là une des dimensions religieuses que les mentalités laïcisées de notre époque, généralement ignorantes des fondements bibliques de notre culture, sauf en de rares circonstances, éprouvent quelque peine à concevoir.

Cette attente, notons-le, suscite d'ailleurs à cette époque autant d'espérance que de crainte ; c'est là encore un aspect que notre temps essentiellement matérialiste comprend mal. Certes, les temps de la Fin prophétiquement annoncés doivent être marqués par des tribulations terribles, propres à susciter l'angoisse ; mais elles sont temporaires, et suivies de la victoire du Bien sur le Mal, de la résurrection des justes et de l'instauration du royaume de Dieu, auquel tous les croyants aspirent d'autant plus que leur condition terrestre est précaire ou douloureuse. Pour toutes ces raisons, les prétendues « terreurs de l'an mil », popularisées par Michelet, sont pour l'essentiel une invention du XIXe siècle cautionnée par des historiens imprégnés à la fois de romantisme, de scientisme et de positivisme. L'attente de la Fin des temps, en revanche, ne l'est pas. C'est une composante fondamentale de la foi chrétienne, mais qui ne joue pas, semble-t-il, de rôle majeur dans le mouvement de la paix de Dieu qui naît dans le dernier quart du Xe siècle. Il faut donc dissocier ces deux éléments : la paix de Dieu n'est pas liée à une attente eschatologique particulièrement vive. Une telle attente est en revanche beaucoup plus présente à l'époque de la première croisade, et on la retrouve aussi dans les croisades ultérieures.

D'autre part, il apparaît aujourd'hui que le but de la paix de Dieu était peut-être plus restreint qu'on le pensait. On ne croit plus guère, aujourd'hui, à l'existence d'une réelle « anarchie féodale » résultant de la disparition totale de toute autorité politique. Certes, la fin de l'Empire carolingien voit bien la montée des aristocraties régionales et la mise en place des principautés, comme de nombreux historiens de valeur l'ont amplement démontré depuis un siècle. En revanche, même en France, contrairement à ce que l'on répète encore parfois, toute autorité centrale n'a pas disparu, et les petits seigneurs n'ont pas fait partout régner la terreur de leurs armes, exploité et asservi les habitants de leurs terres ou des régions voisines, incendié les cabanes de leurs paysans, enlevé ou violenté leurs femmes et leurs filles, ni emmené leur bétail, comme le déplorent tant de déclarations conciliaires.

Pourquoi cette distorsion, cette accentuation caricaturale ? Comme à propos des invasions normandes, il faut se rappeler que les textes relatant les faits de ce genre sont tous d'origine ecclésiastique, et que les victimes en sont le plus souvent les terres d'églises et leurs habitants. Les méfaits mentionnés ne sont certes pas imaginaires, mais ils sont très probablement amplifiés. À ce constat il convient toutefois d'ajouter : « Ce n'est pas une raison suffisante pour les négliger. »

Il y a plus important encore : les victimes de ces méfaits dont il convient de réévaluer l'ampleur et surtout la nature sont avant tout, ici encore, les églises et les monastères. Plutôt qu'à l'anarchie générale que l'on se complaisait à évoquer, engendrant violences et déprédation des seigneurs au détriment des masses paysannes dans leur ensemble, ces textes ne feraient-ils pas référence à des malversations de toutes sortes dont sont victimes les seigneuries ecclésiastiques de la part de seigneurs laïques du voisinage ? Si tel était le cas, la paix de Dieu ne traduirait pas réellement la volonté de l'Église de se substituer, en tant qu'institution, aux autorités civiles défaillantes pour protéger tous les faibles contre les violences devenues incontrôlables d'une chevalerie débridée, selon l'interprétation traditionnelle des institutions de paix. Elle traduirait bien plutôt, à son origine du moins, l'intention de l'Église de se préserver elle-même, de lutter, avec ses armes spirituelles, contre les empiétements divers des seigneurs laïques rivaux du voisinage au détriment des monastères et des établissements ecclésiastiques. L'étude des décrets de ces conciles de paix permet dans une certaine mesure de répondre à cette question en cherchant à déceler leurs intentions et l'évolution de celles-ci.

La paix de Dieu, protection du patrimoine ecclésiastique ?

À première vue, les décrets conciliaires semblent désigner, pour les condamner, des actions violentes de nature guerrière : les termes latins qui se retrouvent partout dans les textes pour décrire les méfaits en cause, condamnés par les assemblées et les conciles, peuvent se traduire en français par les mots *déprédations*, *usurpations*, *vols*, *pillages des églises et des pauvres*, etc. Ils semblent cautionner l'idée d'un climat d'anarchie, d'une paix troublée par des bandes de guerriers pillards faisant depuis peu régner partout la terreur et l'insécurité.

Or, ces termes ne sont pas nouveaux : on les trouve déjà dans les textes conciliaires de la haute époque carolingienne, lorsque l'autorité royale était unanimement reconnue, bien avant la prétendue « anarchie féodale » des approches de l'an mil. À cette époque, ils ne s'appliquent aucunement à des chevaliers brigands et pillards, mais aux « seigneurs » qui contestent les donations faites aux églises, ou qui ne respectent pas les immunités et les biens des monastères ou des églises. D'une manière plus générale, ils désignent ceux des laïcs qui portent atteinte au patrimoine ecclésiastique. Ces termes n'impliquent donc pas, comme on l'a longtemps cru, une anarchie féodale plus ou moins généralisée.

Il faut aller plus loin : ces termes n'impliquent même pas toujours des actions violentes de nature guerrière, ou des spoliations accomplies sous la menace des armes, mais des actions de toute nature, y compris juridique, qui contribuent à affaiblir les intérêts économiques des établissements ecclésiastiques. Pourquoi en serait-il autrement, sauf preuves contraires, dans les textes relatifs aux assemblées de paix à l'approche de l'an mil ?

Dans cette perspective, le but principal des institutions de la paix de Dieu serait donc, tout comme aux siècles précédents, d'obliger les laïcs à renoncer aux droits, taxes et redevances diverses qu'ils revendiquaient ou continuaient à percevoir « indûment » sur les terres ecclésiastiques ou présumées telles. S'il en était ainsi, la paix aurait essentiellement pour but, non pas de lutter contre une anarchie féodale à laquelle on ne croit plus guère, d'ailleurs, sous sa forme généralisée du moins, mais de reprendre le contrôle d'un patrimoine ecclésiastique menacé par les empiétements des seigneurs laïques rivaux et voisins des domaines des abbayes, des évêchés ou des églises.

Le patrimoine ecclésiastique, on le sait, est en effet menacé à cette époque, et cela pour plusieurs raisons. La donation, l'aumône aux pauvres (qui se traduit par un don à l'Église chargée de porter secours aux indigents), constituaient depuis longtemps les principaux moyens de « rachat » apportant le salut de leur âme aux pécheurs inquiets de leur sort dans l'Au-delà. Or, ces pratiques commencent à décliner, concurrencées par des formes de piété plus personnelles, en particulier par le pèlerinage, très en faveur aux Xe et XIe siècles. Cela risque d'affaiblir d'autant le patrimoine ecclésiastique.

De plus, dans les familles aristocratiques ou simplement aisées, les partages successoraux restreignent toujours d'avantage la part revenant à chacun. Ce mouvement va conduire, aux XIe et XIIe siècles, à la limitation et au retard des mariages des fils, puis au droit d'aînesse, réduisant considérablement la part d'héritage des cadets.

À l'époque des premières assemblées de paix, ces habitudes de partage familial ne sont pas encore fermement établies. Elles vont s'imposer au fil du XIe siècle. Mais la réduction des domaines conduit déjà les familles à limiter les donations à l'Église, et à contester parfois celles qui ont été jadis consenties par des parents ou des ancêtres, ou encore à en limiter l'ampleur, à en discuter les clauses. À l'inverse, les besoins croissants des seigneuries ecclésiastiques peuvent les conduire à outrepasser les droits et concessions qui leur ont été consentis, à chercher à établir des droits nouveaux et indus sur des terres convoitées, par la production de faux ou, pour le moins, par des interprétations tendancieuses de documents authentiques. Ces faits entraînent évidemment des conflits qui, dans de nombreux cas, peuvent expliquer à eux seuls les premières assemblées de paix.

Les conciles de paix

On situait jadis à Charroux (989) les plus anciens témoignages relatifs à la paix de Dieu ; de récents travaux montrent qu'ils semblent plutôt provenir d'Auvergne. Une charte de 975 le prouve, et souligne ses buts originels : elle raconte en effet comment l'évêque Guy du Puy, dès son accession au trône épiscopal, chercha à assurer « la paix des biens d'Église » (l'expression employée est à elle seule pleinement significative) ; or, cette paix était troublée par des personnages que le texte désigne par les mots « les brigands du pays », qui s'appropriaient ces biens d'Église par la force.

L'évêque convoque alors près du Puy les chevaliers de son diocèse et tente de leur faire « jurer la paix ». Le texte précise le contenu de ce serment : il s'agit de s'engager à « ne pas opprimer les choses d'Église » et, au contraire, à « rendre les choses qui ont été dérobées, comme il sied à de fidèles chrétiens ». Comme beaucoup rechignent à s'engager, Guy ordonne à une troupe armée, réunie par ses neveux, de venir de nuit pour les y contraindre : les « brigands » jurent alors la paix et rendent les terres et les biens d'Église dont ils s'étaient emparés.

Il n'est donc pas question ici, on le voit, de paix universelle, de protection accordée par l'Église à toutes les populations désarmées, mais seulement de la préservation ou de la récupération de biens d'Église spoliés par des laïcs – qualifiés pour cela de « brigands » – par la force d'un serment obtenu au besoin par l'usage de la force armée.

Il en va probablement de même au concile de Charroux, en 989, qui jette l'anathème sur les violateurs de la paix, identifiés par leurs méfaits, que le texte énumère : ce sont ceux qui enfreignent les églises, enlèvent les troupeaux des paysans et des pauvres, et brutalisent les clercs sans armes. La protection des églises et du clergé est donc au cœur des dispositions. Il reste à savoir qui sont ces paysans qu'il convient de protéger en empêchant qu'ils ne soient victimes de spoliations diverses et de pillages. S'agit-il de la classe paysanne dans son ensemble, comme on le croyait généralement ? Ou bien s'agit-il plus précisément de certains d'entre eux, les paysans des terres ecclésiastiques, les serfs de l'Église et des « serviteurs de Dieu », eux-mêmes nommés « pauvres de Dieu », à savoir les moines et les clercs ? À plusieurs reprises, des décisions conciliaires ou judiciaires antérieures, à l'époque carolingienne, ont déjà déploré de semblables atteintes aux biens et aux personnels des terres ecclésiastiques. Le concile de Charroux pourrait bien lui aussi se situer dans cette ligne ; il ne traiterait guère que de la protection des biens d'Église, et non de la situation globalement déplorable des classes paysannes opprimées. Un texte de Létald de Micy, contemporain du concile, cautionne cette interprétation limitative des décrets de Charroux : il écrit en effet que ce synode a été convoqué pour condamner « ceux qui portaient atteinte aux biens ecclésiastiques » ; il avait pour but, écrit-il, de leur faire rendre à l'évêque d'Angoulême ce qui lui avait été injustement enlevé.

Les nombreuses restrictions apportées à l'application de ces décrets de paix (par exemple au Puy, en 990) montrent clairement qu'il ne s'agit pas non plus, par de telles interdictions, de restreindre les droits seigneuriaux : quiconque, tant qu'il agit sur ses propres terres, que ce soit un alleu ou un fief, peut continuer à se comporter à sa guise. Il ne faut donc pas accorder à ces décrets de paix une portée sociale trop générale. Ils n'ont pas pour objet d'interdire les guerres privées, ni de protéger tous les faibles en tant que « classe » menacée, mais de protéger l'Église (les seigneuries ecclésiastiques), ses personnes et ses biens fonciers, intérêts et droits, y compris les paysans et les tenanciers cultivant ses terres.

À Anse, par exemple (994), les termes employés visent manifestement le pouvoir public laïque, le seigneur voisin et rival, à savoir le comte et ses subordonnés dans l'exercice, peut-être abusif, de leur fonction judiciaire et militaire. Il n'y est nullement question de restreindre le droit de guerre, ni d'interdire de manière générale le butin dans les guerres privées, ni de soustraire les paysans dans leur ensemble aux méfaits de chevaliers pillards incontrôlés. Odilon de Cluny défend seulement les intérêts de la seigneurie ecclésiastique que constitue son abbaye, menacée par les empiétements des princes laïques du voisinage. Entre 980 et 1030, les chartes de Cluny (mais aussi sa liturgie, qui invoque contre ces violateurs des biens de l'abbaye les foudres célestes) montrent qu'à cette époque de tels conflits d'intérêts étaient fréquents entre la grande abbaye et les seigneurs laïques des alentours.

La réglementation ecclésiastique de la guerre

Le concile d'Elne (1027) n'est guère différent des précédents : il interdit d'attaquer un moine ou un clerc sans armes, et d'enfreindre les églises et leurs dépendances. On y trouve toutefois un élément nouveau : le premier décret limite en effet dans le temps l'usage légitime de la guerre privée, thème que les décrets précédents n'avaient aucunement abordé :

> « Les évêques, les clercs et les fidèles prescrivirent que nul habitant de ce comté ou de cet évêché ne pourrait attaquer l'un de ses ennemis depuis la neuvième heure du samedi

jusqu'à la première heure du lundi, afin que chacun puisse rendre l'honneur dû au jour du seigneur. »

« Ce comté », c'est la Catalogne. On s'est récemment demandé pourquoi un tel décret est né précisément dans cette région. La réponse la plus plausible tient, semble-t-il, à la sacralisation déjà acquise des combats menés contre les Sarrasins pour le compte de la *reconquista* espagnole qui commence à prendre de l'ampleur. Dans cette région, en effet, les chevaliers catalans sont parfois amenés à conduire, à l'intérieur de l'Espagne musulmane (al-Andalus), des raids dirigés contre leurs voisins musulmans, y compris le dimanche. Ces chevaliers peuvent ainsi avoir pris l'habitude de négliger les interdits relatifs à l'observance des jours sacrés et des fêtes liturgiques, et aux abstinences rituelles. Contre des adversaires païens, on le sait (et cela depuis Nicolas Ier), la guerre est légitime y compris le dimanche et lors des fêtes religieuses les plus sacrées. Il en est probablement ainsi contre les Sarrasins, constamment assimilés aux païens. Mais les guerres privées, les conflits locaux, les vengeances (*faides*) n'ont évidemment pas ces traits de sacralité : on ne songe pas encore à les interdire, mais il faut les réserver à des jours moins sanctifiés.

Par la suite, la trêve de Dieu sera élargie à des périodes plus longues encore, du jeudi soir au lundi matin. Ainsi, à Saint-Gilles-du-Gard (1042), on interdit à tout « chevalier » de porter les armes depuis le 4 septembre jusqu'à la Saint-Jean (24 juin), sauf autorisation de l'évêque. Nous avons là une nouvelle tentative de subordonner toute activité guerrière à la décision de l'Église, jointe à une réaffirmation du caractère sacré et inviolable de la propriété ecclésiastique, éléments qui sont également rappelés dans les décrets de tous les conciles ultérieurs. La guerre « privée » y est donc condamnée lorsqu'elle s'exerce au détriment des biens ecclésiastiques. Elle est permise, dans certaines limites, en dehors des périodes liturgiques. Elle peut même être recommandée, lorsqu'il s'agit de protéger le clergé et les propriétés ecclésiastiques. Les « milices de paix » en témoignent.

Les « miliciens de la paix »

Les menaces de sanctions ecclésiastiques ne suffisent pas toujours à contraindre les seigneurs à prêter, et moins encore à respecter, de tels serments. Pour assurer leur protection, églises et monastères doivent donc recourir à la force armée, à des guerriers qu'ils recrutent dans des « milices de paix » sacralisées par l'idéologie : les reliques, les statues de saints, les bannières des églises et des abbayes sont mobilisées pour protéger, par leur puissance surnaturelle et bénéfique, ceux qui soutiennent le parti du bien (celui de l'Église) contre ses adversaires. La paix de Dieu mène donc parfois à la guerre pour l'Église, une guerre ainsi sacralisée. Le cas de Bourges (1038) fournit un bon exemple de ce glissement.

À Bourges, en effet, l'archevêque Aimon ne se contente plus d'anathèmes : il décide de mener lui-même une action guerrière contre tous les violateurs de biens ecclésiastiques. Il avait présidé le concile de Limoges (1031), et son action se situe dans le droit-fil des recommandations de ce concile. Aimon exige de tous les mâles de plus de quinze ans qu'ils s'engagent par serment à combattre par les armes de tels fauteurs de troubles. Les clercs et les moines, pour leur part, ne devront pas rester passifs : ils devront aller chercher dans les sanctuaires les bannières du Seigneur et marcher avec cette nouvelle milice contre les « corrupteurs de la paix jurée » (voir texte n° 15, p. 296).

Cette guerre « juste », menée pour la récupération de biens spoliés et la protection des églises contre ceux qui les « dépouillent », est donc sacralisée par la présence des bannières ecclésiastiques et des prêtres revêtus de leurs ornements liturgiques. Elle l'est aussi par l'autorité qui la prêche : un archevêque, cautionné par tous les évêques du concile. Nous sommes très près, ici, de plusieurs éléments constitutifs majeurs de la guerre sainte. Il y manque pourtant, et ce n'est pas rien, l'autorité suprême de l'Église et les récompenses spirituelles.

Aussi, Dieu donne-t-il d'abord la victoire à ses « miliciens », sans qu'ils aient pour ainsi dire besoin de combattre, comme jadis les armées du peuple élu de la Bible triomphant de ses ennemis. C'est du moins l'interprétation qu'en donne André de Fleury lorsqu'il relate ces faits. Encore faut-il, toutefois, que cette guerre ainsi sanctifiée demeure jusqu'au bout exempte de mauvais sentiments, d'intérêts matériels, d'exactions.

Ce n'est pas le cas, à Bourges ! La cupidité, l'orgueil, la violence gratuite, s'emparent bientôt de l'archevêque. Dieu, dès lors, ne peut laisser impunie cette funeste perversion d'une action d'abord jugée belle et bonne. La cause, certes, était juste et sainte, mais elle a été dénaturée, pervertie par celui-là même qui l'avait initiée. C'est pourquoi la vengeance divine s'abat sur les troupes de l'archevêque, comme elle s'est abattue, on l'a vu, sur les Sarrasins de Provence, ou sur les Juifs à l'époque de Titus et de Vespasien. Les miliciens de l'archevêque Aimon sont en effet vaincus par les guerriers d'Eudes de Déols. Un impie, pourtant, puisque c'était le dernier réfractaire, résolument rebelle à ce pacte de « paix » que l'archevêque voulait imposer par la force de ses milices armées. Châtiment de Dieu !

On retrouve dans cet épisode la même conception de l'histoire que nous avons déjà rencontrée à propos de l'Espagne ou de l'Orient chrétien soumis par les Arabes : Dieu punit son peuple pour ses péchés. Même une action sainte peut être dévoyée, souillée par le comportement indigne de ceux qui l'ont d'abord entreprise avec les meilleures intentions. Si les combattants pour Dieu demeurent purs, Dieu leur donne la victoire. Dans le cas contraire, bien que la cause demeure juste et sacrée, Dieu abandonne les siens, coupables d'une sorte de profanation. Pour les punir, il peut même utiliser des armées impies, comme il le fit jadis en soumettant son peuple aux infidèles, Assyriens, Babyloniens ou, plus récemment, Arabes.

Cette conception morale et pédagogique du déroulement de l'histoire se retrouve aussi dans la croisade : à chaque revers subi sur le champ de bataille, à chaque épreuve qui semble infligée par Dieu à son peuple en armes, les prêtres accusent les croisés d'avoir failli par quelque péché, généralement lié aux thèmes déjà évoqués : orgueil (*superbia*), luxure ou fornication. Ils prescrivent alors des jeûnes, des pénitences et des processions propitiatoires.

La guerre sainte, dont on voit poindre les prémices à Bourges et qui culminera à Jérusalem, s'accompagne ainsi d'une éthique, d'une liturgie et d'une ritualisation qui empruntent beaucoup à celles des défenseurs d'églises élaborées en Occident au cours des Xe et XIe siècles. Mais il n'y a, on s'en doute, pas de commune mesure entre la protection des biens d'une église « ordinaire » et celle du patrimoine de saint Pierre ! Tout comme il y a, également, un saut qualitatif entre la protection du tombeau de saint Pierre et la reconquête de celui du Christ. En passant de l'un à l'autre, la « sainteté » des guerriers qui s'y engagent franchit un nouveau palier.

CHAPITRE 10

La guerre sacralisée par le ciel
Saints guerriers et guerriers saints

La conception que l'on se fait de la sainteté, et par voie de conséquence la nature des saints reconnus par l'Église, n'est pas sans rapport avec le sujet ici traité. Le Moyen Âge, en effet, est marqué par l'ampleur du culte des saints. Or ceux-ci, en plus de mille ans, ont changé d'origine. Cette évolution traduit le processus de sacralisation de la guerre accompli dans l'Église à l'époque féodale, particulièrement aux approches de l'an mil.

Pendant près d'un millénaire, le modèle du saint vénéré dans l'Église n'avait guère varié : c'est toujours une victime de la violence aveugle et brutale des païens, violence volontairement acceptée pour la cause de la foi, sans résistance aucune, à l'imitation du Christ. Dans les premiers temps, ce sont d'abord des martyrs de la foi, des confesseurs refusant de renier, de sacrifier aux idoles, de porter les armes ou de s'en servir. Sous l'Empire chrétien, puis sous les rois germaniques, une évolution de nature « sociale » se produit. Elle est importante, mais n'affecte pas le modèle en ce qui concerne l'attitude envers la guerre et les armes : les nouveaux saints, en effet, sont maintenant des évêques, la plupart membres de la haute aristocratie, des nobles ayant « renoncé au monde et aux armes » pour servir le Christ, ou des moines menant une vie chaste, sobre, épurée, renonçant à l'usage, aux plaisirs et aux périls moraux du sexe et de l'épée. Les saints ne sont plus victimes de l'épée, mais ils continuent à s'en défier, à s'en abstenir. Les laïcs en usent, mais ils n'ont généralement pas accès, eux, à la sainteté.

Une inflexion, toutefois, se fait jour au Xe siècle, en direction des laïcs, puis plus tard des guerriers. On insiste souvent sur le rôle joué, dans cette inflexion, par la glorification que ferait l'abbé Eudes de Cluny de la vie du comte Géraud d'Aurillac dans un écrit rédigé vers 1030. Sans nier cette influence bien réelle, il convient toutefois de modérer sa portée.

Si en effet, dans l'œuvre hagiographique d'Eudes de Cluny, le comte Géraud est ainsi montré en exemple aux moines clunisiens, c'est avant tout parce que ce laïc aspire au monastère, et cherche à tout prix à vivre en moine dans le siècle, accomplissant ainsi, dans les situations les plus inconfortables, un parcours de sainteté que les moines de Cluny, retirés du monde et préservés de ses périls, ne parviennent qu'à grand-peine à réaliser. En d'autre termes, contrairement à ce que l'on a parfois écrit, Eudes ne fait pas l'apologie de la vie d'un laïc et même d'un notable, d'un seigneur portant les armes, mais bien celle d'un homme qui, placé dans la plus périlleuse des situations, dans le monde et ses tracas, adhère à l'idéal monastique, aspire au calme du cloître et parvient à vivre dans le siècle une vie sainte, illustrant les vertus monastiques.

Géraud, prince laïque, est un saint parce qu'il vit dans le monde comme on devrait vivre au monastère : il se montre en effet humble, obéissant à Dieu, pieux, compatissant, charitable ; il dispose du pouvoir de l'épée, mais il n'en abuse pas, et même il n'en use pas : le sang, jamais, n'a souillé ses mains.

Ce récit n'en témoigne pas moins d'une réelle évolution : la dignité de la fonction laïque y est reconnue. Augustin écrivait que l'on peut plaire à Dieu en vivant dans le siècle et en portant l'habit et les armes militaires. Eudes en fournit la preuve et ajoute que l'on peut même être saint sans être évêque ni moine. À condition, toutefois, de vivre en moine dans le monde. Plus qu'une sacralisation de l'état laïque en soi, la vie de Géraud d'Aurillac me semble être l'expression d'une tentative de monachisation de cet état.

Pourtant, ce mouvement de valorisation idéologique des laïcs, y compris dans leur fonction guerrière, est en marche. On en trouve de nombreuses traces. Il s'épanouit au XIe siècle. Dudon de Saint-Quentin rapporte par exemple que l'abbé Martin de Jumièges a tout fait pour dissuader le duc de Normandie, Guillaume Longue-Épée, qui aspirait à la paix du cloître, d'entrer dans son monastère. Il lui démontre qu'il est bien plus utile à Dieu, à la Patrie et à l'Église dans son état de prince laïque, pour protéger de son épée, précisément, les églises et les faibles.

La faveur croissante des saints que l'on dit militaires, aux Xe et XIe siècles, témoigne du même mouvement. La plupart d'entre eux étaient devenus saints, surtout sous l'Empire romain, pour avoir justement refusé d'être des militaires, ou pour avoir péri, sans se défendre, sous l'épée des soldats païens agissant sur les ordres d'un empereur impie. Aux Xe et XIe siècles, ces saints sont perçus au contraire comme des patrons de la chevalerie en train de naître. On souligne leur état de laïcs, et leurs liens avec l'armée. Ce mouvement aboutira, quelques siècles plus tard, à la canonisation de Louis IX, premier roi (de France) à être reconnu « saint », précédé sur ce plan par Étienne de Hongrie, canonisé dès 1083. Mais entre-temps, la sacralisation progressive de la fonction guerrière exercée au profit de l'Église et de la foi aura permis la formation, dans les esprits, d'une mentalité religieuse nouvelle, au sein même du clergé, acceptant peu à peu l'idée que des guerriers mourant les armes à la main peuvent devenir des saints au paradis.

L'élaboration, dans l'Occident chrétien, de la notion de guerre sainte doit beaucoup à ce mouvement qui, progressivement, rapproche deux modèles, deux modes de vie considérés pendant près d'un millénaire comme radicalement opposés, ceux du saint d'une part, du guerrier d'autre part. On peut suivre les progrès de ce mouvement tout au long des Xe et XIe siècles, particulièrement dans la liturgie, qui révèle la progressive sacralisation des armes et de ceux qui les portent, dans les prières prononcées sur les épées, sur les bannières remises aux princes et à leurs armées se mettant en campagne, mais aussi dans les inscriptions à caractère religieux ou talismaniques gravées sur les lames des épées, dans les rituels composés, particulièrement au XIe siècle, pour les cérémonies d'investiture des avoués ou des défenseurs d'églises, etc.

Le point décisif de cette évolution est atteint dans la seconde moitié du XIe siècle, où l'on voit se multiplier les récits dans lesquels des saints prennent part aux combats terrestres des hommes, n'hésitant pas à frapper eux aussi l'ennemi commun et à l'occire. On voit aussi, à la même époque, se développer la notion de martyre des guerriers morts au combat. Le mouvement qui rapproche ainsi les saints des guerriers atteint son aboutissement à l'époque de la croisade, où les croisés tués deviennent des saints martyrs et où les saints du paradis viennent combattre avec les croisés vivants, accompagnés de leurs compagnons morts récemment et déjà devenus saints. Alors, à n'en point douter, la notion de guerre sainte a pleinement acquis droit de cité dans la mentalité commune, à l'époque de la croisade.

Une telle évolution, on l'a dit, témoigne d'une réelle révolution doctrinale. Les chapitres qui suivent tentent d'en décrire sommairement le cheminement, qui se situe pour l'essentiel à l'époque même où se répand en Occident l'idéologie de la paix de Dieu.

Des saints qui combattent

Si elle ne suffit pas à assurer la protection des églises, la paix de Dieu contribue en revanche à moraliser l'action guerrière de leurs défenseurs contre leurs spoliateurs laïques.

L'exemple d'un tel usage de la violence vient d'ailleurs d'en haut : selon les récits des moines, les saints patrons des monastères protègent souvent eux-mêmes leurs domaines, directement ou par le truchement de leurs reliques ou de leurs statues. Ils châtient souvent fort rudement les prévaricateurs, combattent parfois contre les « infidèles », mais aussi contre leurs adversaires chrétiens. Par là même, ils participent à la formation du concept de guerre sainte, à une époque où le culte des saints, de leurs reliques et de leurs statues atteint un sommet dans la religiosité populaire, cautionnée très tôt par les autorités ecclésiastiques.

Les miracles violents des saints

Une étude récente, portant sur plusieurs milliers de mentions d'interventions miraculeuses relatées dans des écrits des Xe et XIe siècles, montre que les miracles de guérison sont, comme on pouvait s'y attendre, les plus largement représentés (60 %). En seconde position viennent les miracles de châtiment, racontant comment les saints ont puni ceux dont la conduite était impie et irrévérencieuse envers Dieu et envers eux-mêmes. Ces miracles représentent 12 % de l'ensemble, mais atteignent 33 % des miracles concernant l'aristocratie.

Il est intéressant de se demander quelles sont les raisons qui poussent le saint à « châtier » des humains, et de quelle manière il exerce ce châtiment. On découvre alors que le saint (ou la sainte !) exerce sa vengeance avant tout sur ceux qui portent atteinte aux biens matériels de « sa » communauté monastique. Il s'agit très généralement de seigneurs laïques : le saint veut les punir (ou les dissuader) de se livrer à son détriment à des usurpations de terres, vols divers et autres exactions. En agissant ainsi, il répond aux prières des moines de son monastère qui l'invoquent pour obtenir sa protection.

Les moines, en effet, font fréquemment appel à l'intervention directe de leur saint protecteur. Pour « forcer la main » du saint, ils procèdent parfois au curieux rite de « l'humiliation » de ses reliques. Cette cérémonie rituelle consiste à placer solennellement les reliques du saint dans une situation si humiliante pour lui qu'il est en quelque sorte contraint de réagir pour ne pas perdre la face. La manœuvre est osée, particulièrement délicate, car elle prend des formes d'irrévérence et de provocation qui sont à la limite de l'impiété, de la profanation : en agissant ainsi, il ne faut pas mépriser le saint, mais seulement piquer son sens de la dignité et de l'honneur, afin de susciter le déclenchement de sa puissance. Le saint est ainsi « mis au pied du mur », sommé, en quelque sorte, de protéger sa seigneurie terrestre sous peine d'apparaître comme sourd, négligent, voire impuissant. La rivalité, la compétition entre monastères (donc entre saints patrons), sont telles, à cette époque, que le saint ne peut se permettre, si l'on ose dire, de mettre en péril sa réputation.

Les récits de miracles de châtiment ou de vengeance sont donc presque tous destinés à susciter la crainte et à dissuader les laïcs de contester les droits de l'abbaye dont il est le patron. Le saint vient ajouter le châtiment physique, souvent la mort, à l'excommunication prononcée par les synodes de paix contre de tels violateurs. On voit ainsi sainte Foy, par exemple, malgré son état de femme et de sainte, tuer sans pitié un chevalier prédateur de ses biens, paralyser puis occire une noble dame coupable d'avoir fait cultiver par ses paysans une terre appartenant à l'abbaye de Conques, ou un chevalier qui avait dérobé le vin des moines dans un village appartenant à son abbaye. De tels châtiments sont interprétés comme des manifestations de la justice divine immanente.

Les ecclésiastiques tentent aussi, par ces récits, d'intimider ceux qui contestent leurs droits. Pour impressionner le public et remplir de crainte la partie adverse, les moines portent généralement la statue ou les reliques du saint sur les terres dont la propriété est contestée, afin qu'il fasse lui-même justice en établissant clairement le droit des moines, c'est-à-dire le sien. Il peut même redresser ou punir l'action dévoyée d'un défenseur d'église : dans plusieurs cas dûment mentionnés, les saints sont conduits à punir de mort des seigneurs laïques qui avaient précisément pour fonction de protéger leurs domaines, avoués de monastères ou « défenseurs » d'abbayes qui, eux aussi, parfois, les oppriment et les pillent au lieu de défendre leurs intérêts. Les chartes de cette époque nous fournissent de très nombreux exemples de ces exactions.

Les *Miracles de saint Benoît*, dont les récits s'étalent sur une large période (de 820 à 1114), révèlent que de telles interventions violentes du saint, liées à la défense des biens de l'abbaye contre ses spoliateurs, occupent une place considérable dans l'ensemble du corpus. Elle atteint son maximum (plus de 33 %) entre 965 et 1008, période qui correspond précisément aux premières assemblées de paix examinées plus haut. Ce fait doit sans doute être relié à une tendance accrue, chez les seigneurs laïques, à contester les propriétés ecclésiastiques, tendance qui est attestée par ailleurs dans les chartes.

Dans la majorité des cas, le saint intervient en personne pour punir le coupable, le blesser, ou le tuer. Saint Benoît intervient même contre les propres guerriers (*milites*) de son monastère lorsque ceux-ci profitent de leur position pour spolier ses biens. Ainsi, dans la seconde moitié du Xe siècle, il châtie à mort un vassal de sa propre église, le châtelain de Sully, qui « dépouillait » ses terres. Le saint lui apparaît une nuit, en habit de moine, et le frappe mortellement de son bâton. Ces « déprédations » si durement châtiées nous semblent pourtant assez minimes : elles portent généralement sur une vigne, une vache, du fourrage… Le saint, on le voit, ne lésine pas sur les mesures de rétorsion.

Entre 1008 et 1043, André de Fleury signale de nombreux autres cas de tels châtiments. Dans presque tous ces cas, le saint déchaîne sa colère contre les seigneurs du voisinage qui tentent de s'approprier ses biens. De tels récits de miracles corroborent pleinement les conclusions que nous avons tirées plus haut des conciles de paix. L'intervention du saint vient en quelque sorte renforcer les anathèmes des assemblées de paix.

Ces récits illustrent donc, comme les conciles de paix et les chroniques, le conflit majeur qui se prolonge tout au long des Xe et XIe siècles. Il met aux prises les seigneuries ecclésiastiques aux seigneuries laïques du voisinage, et porte sur des terres, sur la propriété de vignes, de moulins et de ponts, mais aussi sur le droit de juger, taxer, prélever, ou au contraire sur le privilège d'échapper aux droits et taxes que les seigneurs laïques cherchent à imposer aux habitants des alentours, y compris sur des terres d'Église. Les moines s'empressent de dénoncer ces « mauvaises coutumes » qui, par opposition aux « bonnes », leur échappent. C'est là une des conséquences de l'implication sociale et économique des églises et des monastères dans ce « monde » dont ils prétendent se séparer.

L'intervention violente des saints conduit donc à une réelle sacralisation des combats menés par leurs fidèles dans l'intérêt des églises.

Les saints militaires

Comme la plupart des bienheureux, les « saints militaires » honorés par l'Église sont des martyrs exécutés au temps de l'Empire romain persécuteur, souvent pour avoir refusé la conscription ou, pour le moins, l'usage des armes. Quelques-uns n'ont même rien à voir avec l'armée ; seule leur mort, infligée par des épées païennes, permit leur adoption comme saints protecteurs des armées chrétiennes luttant contre les païens.

La plupart de ces saints militaires sont d'origine orientale. Bien que l'Orient, dit-on, rejette l'idée de guerre sainte (notion qu'il conviendrait d'ailleurs de bien définir avant de perpétuer cette affirmation), il les vénère comme protecteurs des armées impériales. Ces saints figurent en effet dès le VIIe siècle sur les bannières des armées byzantines. La guerre menée contre les ennemis de l'Empire romain d'Orient (en particulier contre les « païens ») est ainsi considérée comme soutenue par les puissances célestes. C'est le cas des « saints militaires » comme Demetrius, Théodore, Mercure et surtout Georges, dont l'origine est indubitablement orientale, mais l'authenticité douteuse, et dont le culte passe bientôt en Occident, avant celui de ses confrères.

Saint Georges est le mieux connu de tous en Occident : il passe pour avoir été soldat en Syrie, et devient bientôt le champion de la chrétienté contre l'islam. Il partage cette fonction, en Espagne, avec saint Jacques. En 1063, dans le combat de (re)conquête des Normands contre les musulmans de Sicile (territoire jadis byzantin, ce qui peut sans doute expliquer sa faveur), saint Georges conduit les armées chrétiennes. On l'a vu, dit-on, monté sur un cheval blanc, tenant à la main une lance munie d'un étendard blanc surmonté d'une croix étincelante.

Il faut ajouter aux saints déjà nommés l'archange saint Michel, particulièrement vénéré par les Normands dès le Xe siècle, au mont Gargano, puis au mont Saint-Michel, et qui devient l'un de leurs principaux protecteurs. Mais il ne protège pas seulement les Normands. On le voit par exemple combattre vigoureusement contre les Sarrasins en Espagne. Vers 1041, selon André de Fleury, quatre comtes catalans tentent de mettre fin par les armes aux incursions fréquentes des Sarrasins qui viennent piller leurs territoires. Avec seulement 500 guerriers, ils envisagent d'attaquer l'ennemi, fort de 20 000 hommes. Les guerriers chrétiens s'en inquiètent : pour apaiser leurs craintes, Bernard de Besalú leur tient un discours de « guerre sainte ». Il leur promet l'aide des puissances célestes, en termes catégoriques : la Vierge Marie, dit-il, saint Michel et saint Pierre combattront à leurs côtés. Chacun d'eux terrassera 5 000 ennemis ; il ne restera donc plus aux chrétiens qu'à abattre les 5 000 Sarrasins qui restent. Réconfortés, les guerriers chrétiens s'élancent et triomphent.

La Vierge Marie, comme lors du combat de Covadonga, se transforme, elle aussi, en « saint militaire », apportant sur le champ de bataille une aide active aux guerriers chrétiens. Dans la première croisade, l'évêque Adémar, légat du pape, porte la bannière de l'église Sainte-Marie du Puy, à l'effigie de la Vierge. Elle se mue ainsi en protectrice des armées croisées et deviendra par la suite l'une des saintes patronnes de la chevalerie, au XIIe siècle.

Elle n'est d'ailleurs pas la seule sainte manifestant un comportement belliqueux. Sainte Foy, dont on a déjà mentionné les interventions « musclées » contre ceux qui s'attaquent à ses biens, intervient également dans les combats contre les Sarrasins, en Espagne ; là encore, elle agit essentiellement pour défendre ses intérêts matériels. Bernard d'Angers raconte comment les habitants d'un village de Catalogne, pour obtenir la protection de la sainte contre les Sarrasins qui venaient piller et ravager leurs terres, s'engagent à lui payer un tribut annuel d'or et à lui remettre le dixième de tout butin pris sur l'ennemi. Les moines de Conques leur font aussitôt porter un étendard de la sainte, qui les aidera à vaincre. Rassurés par la présence de cette bannière, gage de sa protection céleste, les chrétiens attaquent les Sarrasins, les écrasent et rentrent chez eux chargés de butin ; comme convenu, ils en versent aussitôt la dîme à sainte Foy.

Une question se pose toutefois à ce propos : la lutte armée soutenue par ces fidèles de sainte Foy est-elle sacralisée parce que les ennemis sont « païens », ou bien parce qu'il s'agit de préserver les intérêts (spirituels et matériels) de la sainte ? En d'autres termes, la guerre est-elle sacralisée à cause de la « sainteté » déclarée de la cause que l'on défend, ou de la « diabolisation » de l'adversaire ? Les deux motifs, le plus souvent, se renforcent sans s'exclure, comme le montre ce curieux épisode rapporté vers 1020 par Bernard d'Angers : un ancien chevalier, devenu moine et même prieur de l'abbaye de Conques, conservait soigneusement à son chevet son ancien équipement de chevalier et n'hésitait pas à s'en revêtir pour combattre les « spoliateurs » de son abbaye. Il jugeait si pieuse cette action guerrière qu'il allait jusqu'à promettre les palmes du martyre à ceux qui viendraient à mourir dans de tels combats :

il les affirmait plus méritoires que la guerre contre les infidèles (voir texte nº 16, p. 298).

D'une telle comparaison on peut tirer deux conclusions importantes :

1. Vers 1020, bien avant la croisade, l'idée est déjà répandue, en certains milieux chevaleresques et monastiques, que la guerre contre les « païens » procure les palmes du martyre.

2. Pour le prieur comme pour le moine rédacteur de ce texte, le combat armé pour la protection des églises et de leurs biens n'est pas moins méritoire que la guerre contre les musulmans : elle peut, elle aussi, procurer les palmes du martyre.

Nous avons là, réunis, plusieurs des principaux facteurs qui caractérisent une guerre sainte, à l'intérieur comme à l'extérieur de la chrétienté.

La sacralisation liturgique des défenseurs d'églises

La sacralisation de la guerre et de certains guerriers emprunte également, à la même époque, une autre voie : celle de la liturgie. Elle s'applique d'abord aux rois, dont la mission consiste à faire régner l'ordre et la paix, à protéger les églises et les faibles. Puis elle glisse sur les princes lors de la formation des principautés territoriales, puis sur les avoués, recrutés pour défendre les établissements ecclésiastiques, enfin sur les chevaliers, lorsque l'Église tente d'imprégner de ses valeurs la chevalerie tout entière.

Le sacre des rois

Dès le IXe siècle, lors des cérémonies du sacre des rois francs d'Occident, l'officiant (ordinairement un archevêque) remet au monarque les divers objets (*regalia*) qui symbolisent ses pouvoirs : couronne, sceptre, épée, etc.

Lors de la remise de l'épée, signe de son pouvoir de justice et de coercition, l'archevêque ou l'évêque récite des prières et des formules de bénédiction qui mentionnent l'un des principaux devoirs de la fonction royale : la protection du pays et des populations désarmées, particulièrement celle du clergé et des églises.

Cette fonction militaire est encore plus clairement évoquée dans les prières prononcées sur les armées royales se mettant en campagne, surtout s'il s'agit de combattre les païens. La remise solennelle, en ces occasions, des bannières des saints protecteurs du royaume donne lieu à la récitation de prières invoquant sur ces armées la protection de Dieu. De telles formules sont cependant rares avant le Xe siècle ; elles sont plus nombreuses à partir de cette date. Elles réclament la protection de la puissance divine sur ceux qui vont combattre « contre les ennemis de l'Église », parfois nommément désignés : ce sont essentiellement les païens, particulièrement les Normands ou les Danois. L'assistance des saints, pourtant, n'y est pas invoquée avant le XIe siècle. Leur action autonome se développe à partir de cette date.

L'investiture des avoués

La sacralisation des guerriers combattant pour les églises glisse ensuite au niveau des princes. On en possède quelques traces, en particulier pour l'Aquitaine. Elle glisse aussi, par le truchement de certaines prières et bénédictions reprises du sacre royal, sur des personnages moins huppés, les avoués.

Le recrutement de ces avoués ou défenseurs d'églises donne lieu à des cérémonies d'investiture qui, bien plus que les investitures de vassaux laïques, sont chargées de religiosité et d'éthique. Il s'agit pour eux, en effet, de combattre pour une église, pour un monastère, donc pour un saint et en définitive pour Dieu. La sacralisation de leur fonction est donc aisée : elle s'exprime par des prières réclamant sa protection, adressées à Dieu ou au saint patron que va servir le personnage laïque investi.

On possède, de telles investitures d'avoué ou de « guerrier d'église », un excellent témoin, daté du XIe siècle. Il s'agit d'un manuscrit de la province ecclésiastique de Reims (*Köln 141*) qui nous fournit le texte complet d'un tel rituel. On y trouve réunies de nombreuses bénédictions jusqu'alors utilisées dans des cérémonies liturgiques destinées aux rois, mais qui, grâce à quelques retouches, sont ici appliquées à ces personnages. Le glissement était aisé lorsqu'il s'agissait de formules mentionnant le devoir de protection du roi sur les églises, puisque ces personnages étaient précisément recrutés pour remplir cette part de la fonction royale.

Des guerriers sanctifiés

La croix et la bannière

Les bannières ecclésiastiques contribuent à la moralisation et à la sacralisation des combats menés par les guerriers qui les brandissent. On connaît de très nombreux récits d'interventions miraculeuses des saints pour donner la victoire à ceux qui, sous leurs bannières, défendent l'épée à la main les intérêts de leur monastère.

On l'a vu à propos des milices de Bourges ou de l'étendard de sainte Foy. La bannière de saint Benoît triomphe elle aussi en Italie, au milieu du XIe siècle : le saint exerce un terrible « jugement de Dieu » sur la personne du chef des envahisseurs et sur ses guerriers normands, dont 150 sont retrouvés morts. En France, l'étendard de saint Martin donne la victoire à Geoffroy Martel à la bataille de Saint-Martin-le-Beau, en 1044 : avec une petite armée, il met en fuite, presque sans coup férir, l'armée des fils d'Eudes de Blois, brusquement frappée de stupeur et de paralysie.

Certains des vaincus racontent que tous les guerriers de Geoffroy semblaient revêtus de robes d'une blancheur éclatante. Une armée de saints…

La remise à un seigneur laïque de la bannière d'un saint est donc perçue comme déclaration de la « sainteté » de son entreprise. C'est là un important facteur de sacralisation de certaines guerres et de certains guerriers, en compagnie de quelques autres symboles religieux, par exemple la croix, signe d'appartenance au « peuple de Dieu ».

À partir du Xᵉ siècle, la croix figure parfois dans les armées, aux côtés des bannières saintes et des reliques. Abbon de Saint-Germain, avant 897, témoigne de son usage lors du siège de Paris par les Normands. On la retrouve aussi dans les combats menés en Espagne contre les musulmans. En 1058, le comte Ramon Berenguer Iᵉʳ nous est décrit en vainqueur des musulmans à Barcelone : il portait devant ses troupes, nous dit-on, la croix victorieuse, à la manière de l'empereur Constantin. Il s'agit là, il est vrai, de combats contre les musulmans d'Espagne, sur lesquels nous reviendrons plus loin. Leur sacralité, à cause d'eux, est double.

La croix ne protège pas seulement contre les « païens ». Elle sanctifie aussi ceux qui combattent contre d'autres chrétiens, pour la cause d'une église, comme on le voit en 1039 à Milan, ville dont l'évêque Aribert est le seigneur. La ville est attaquée par les partisans de l'empereur Conrad II. Pour galvaniser ses défenseurs, Aribert prononce une sorte de « discours de guerre sainte » assez proche de celui de l'évêque Turpin de la *Chanson de Roland*, promettant à ceux qui périraient au combat une mort qu'il estime « aussi profitable que celle des saints ». Il fait également confectionner un chariot portant une croix sur laquelle était figuré le Sauveur qui, les bras étendus, bénissait et protégeait son armée. La croix est ici, manifestement, un signe de sacralisation guerrière. Or l'adversaire, soulignons-le, n'est pas ici le « païen » : ce sont les soldats du « Saint Empire romain germanique » ! Le degré de sacralisation n'en a pas moins atteint un niveau très élevé. Elle ne pourra que se renforcer encore lorsque l'ennemi sera un « infidèle ».

Des saints, des guerriers, des martyrs

À plus forte raison, en effet, le signe de la croix favorise-t-il la valorisation idéologique des combats menés contre les païens : ceux qui meurent pour défendre contre eux la chrétienté (notion qui prend forme au cours du XIe siècle) sont ainsi, peu à peu, assimilés à des martyrs.

Ce glissement traduit une profonde évolution des mentalités religieuses. Comme les premiers confesseurs, ces chrétiens meurent pour la foi, tués par des « ennemis de la croix », païens ou faux chrétiens ; mais cette fois, ces martyrs ne sont plus des victimes désarmées, ce sont des guerriers qui périssent en combattant, l'épée à la main. Ils peuvent même être béatifiés et devenir « bienheureux », objets de culte et de prières, participant, en quelque sorte, de la divinité.

Le premier cas de ce genre se produit en Angleterre, peu avant l'an mil. Saint Edmond, roi guerrier, est béatifié pour avoir été tué par les Danois après sa défaite sur le champ de bataille. Il n'est cependant pas tué au combat : le roi vaincu est amené devant son vainqueur, qui le fait cribler de flèches, comme jadis saint Sébastien.

Le roi Olaf de Norvège est aussi béatifié par le clergé de son pays, peu de temps après sa mort, en 1030. Cette fois-ci, il s'agit d'un roi guerrier mort au combat, pour ainsi dire les armes à la main. Sa vie est pourtant loin d'être exemplaire, même après sa conversion au christianisme : il est violent, emporté, colérique, vantard, cupide, coureur de jupons… Pourtant, dès 1032, des miracles ont lieu sur sa tombe, et il devient saint aux yeux de son peuple et de son clergé pour des raisons à la fois politiques et religieuses : il a converti au christianisme, par la force des armes, des populations jusqu'ici païennes.

La béatification d'un guerrier est une innovation. Mais est-elle si surprenante, à une époque où, nous l'avons vu, les saints prennent eux-mêmes part aux batailles contre des ennemis chrétiens laïques et, à plus forte raison, contre des « païens » ? On possède plusieurs exemples de telles interventions guerrières. Ainsi, saint Benoît, selon un récit datant des environs de l'an mil, serait descendu du ciel en habits de moine pour combattre les Normands qui, en 878, attaquaient son abbaye de Fleury. Le comte d'Auxerre, chef de ses défenseurs, dit avoir vu à ses côtés le saint abattre de son bâton de nombreux païens. À la fin du Xe siècle, un récit de la bataille de Taller raconte comment saint Sever, désigné par l'expression « glorieux martyr », apparaît sur un cheval blanc, revêtu d'une brillante armure, et trucide vaillamment des milliers de Normands pillards. En 915, saint Pierre et saint Paul apparaissent eux aussi pour soutenir les guerriers protégeant l'église de Rome des déprédations des Sarrasins infidèles.

Les saints martyrs, béatifiés pour avoir jadis péri sans résistance sous les violences des païens, viennent donc maintenant combattre d'autres « païens » aux côtés de guerriers brandissant contre eux l'épée. La voie s'ouvre alors, toute grande, pour une assimilation aux martyrs de la foi des guerriers chrétiens morts au combat sous le signe de la croix.

La première croisade en fournit plusieurs exemples. Le cas le plus clair, rapporté par plusieurs chroniqueurs, témoins directs de la bataille, concerne l'affrontement qui eut lieu, en 1098, entre les armées des croisés et celles des guerriers musulmans de Karbuqa, l'atabeg de Mossoul. De nombreux guerriers chrétiens affirment avoir vu surgir, pour combattre à leurs côtés, les légions célestes des saints, revêtus d'armures étincelantes, brandissant des bannières blanches et montés sur des chevaux blancs. Ces chevaliers du ciel étaient, disent certains, conduits par les saints militaires, et accompagnés des croisés qui, tués auparavant par les Turcs infidèles, revenaient sur terre avec les saints du paradis pour secourir leurs anciens compagnons restés vivants.

Peut-on imaginer meilleure fusion des deux notions de guerrier et de saint ? Meilleure preuve de l'acceptation, par les mentalités religieuses du temps, de la notion de guerre sainte méritoire ?

CHAPITRE 11

La guerre sanctifiée par le pape Papauté, réforme et « libération de l'Église »

Une « théologie de la libération »

On a coutume d'appeler « réforme grégorienne » le mouvement illustré par le pape Grégoire VII. Ce mouvement a pour but la « libération de l'Église » de l'emprise des laïcs, le renforcement du pouvoir monarchique du pape dans l'Église et l'affirmation de son autorité sur les rois et les empereurs au nom de la supériorité du spirituel sur le temporel. En réalité, ce conflit qui oppose pendant de nombreuses années le pape Grégoire VII et l'empereur Henri IV, connu sous le nom de « querelle des investitures », commence bien avant Grégoire et se prolonge après lui. Il occupe plus d'un demi-siècle et n'est pas encore achevé à la fin du XIe siècle, terme de notre étude. Il contribue grandement à la sacralisation des luttes menées pour la cause de l'Église.

Cette sacralisation est triple.

La première rejoint celle que nous avons rencontrée à propos de la défense des églises et des monastères : comme les autres seigneuries ecclésiastiques, l'église de Rome possède en effet des terres, biens, droits et privilèges que les seigneuries voisines convoitent. Les guerriers qui la défendent sont bien évidemment valorisés moralement dans leur combat, surtout pour une église aussi prestigieuse.

La seconde tient à la primauté reconnue de l'évêque de Rome sur tous les autres évêques en Occident. La rupture croissante entre le monde latin et le monde grec renforce cette primauté pontificale en Occident. Le pape en vient progressivement, confondant la partie avec le tout, à assimiler l'église de Rome avec l'Église tout court, et la papauté avec la chrétienté. Dès lors, la protection des terres du pape, le « patrimoine de saint Pierre », se confond dans bien des esprits avec la défense de la chrétienté, voire du christianisme et de la foi.

La troisième résulte de la confusion, constante à cette époque, en terre d'islam comme dans la chrétienté, entre le spirituel et le temporel. Ce sont là deux domaines qu'aujourd'hui les Occidentaux (et peut-être eux seuls !) ont appris à distinguer tout naturellement, imprégnés qu'ils sont par une longue tradition de laïcité et, plus récemment, surtout en France, de séparation radicale de l'Église et de l'État. Les hommes du Moyen Âge, surtout à cette date, ne faisaient aucunement cette distinction. Il en résulte, par exemple, la fusion (ou confusion) entre lois religieuses et lois civiles, commune au Moyen Âge, disparue en Occident, mais qui subsiste encore, et se renforce même aujourd'hui, dans de nombreux pays musulmans.

Il en résulte aussi, dans l'Occident médiéval, la revendication à la suprématie politique, voire juridique, de la papauté sur l'Occident chrétien. Cette confusion renforce la sacralisation des combats menés dans l'intérêt confondu des églises, de Rome, de l'Église, de la papauté, de la religion, de la foi. Il en résulte enfin que, pour mener à bien cette « libération de l'Église », les papes n'imaginent nullement une séparation des deux domaines, laïque et ecclésiastique, mais bien plutôt l'inversion de la domination, affirmant la primauté du pape sur l'empereur et les rois.

La « théologie de la libération » prônée par les papes réformateurs aboutit ainsi à l'affirmation de ce que l'on pourrait appeler une « théologie de la domination », doublée d'une sorte de « manichéisme » politico-religieux radical : tous les adversaires de la papauté et des réformes qu'elle initie, particulièrement après 1050, sont ainsi considérés comme des ennemis de Dieu, diabolisés comme tels et jugés comme ayant parti lié avec l'Antichrist. La sanctification des combats menés pour la cause pontificale est ainsi doublée. Elle vient à la fois de la diabolisation de ses adversaires et de la sacralisation de la papauté.

L'idée de guerre sainte, jusqu'ici diffuse et latente, trouve à ce moment un terreau favorable à son épanouissement. Elle se nourrit et se renforce de ces deux facteurs conjoints – exaltation de la papauté et diabolisation de ses adversaires – alors même qu'il s'agit de combats internes à la chrétienté, menés par des chrétiens contre d'autres chrétiens jugés infidèles. Elle ne pourra évidemment que s'accroître encore lorsque la lutte sera menée contre des « païens » ou des « infidèles » au sens généralement admis du terme, comme on le verra au prochain chapitre.

Une « guerre sainte » pour la papauté ?

L'évêque de Rome n'est pas seulement le chef spirituel des chrétiens d'Occident ; il est aussi le seigneur temporel de territoires, le « patrimoine de saint Pierre », qu'il cherche à élargir. Il se heurte en cela à de nombreux princes et seigneurs locaux. Sa situation est d'autant plus difficile que les territoires convoités relèvent parfois de l'Empire byzantin, parfois de l'Empire germanique, l'un et l'autre lointains et souvent concernés par d'autres périls plus pressants, et incapables d'intervenir.

Ces territoires ont parfois été menacés ou même saisis par les Sarrasins ou par les Normands. Ceux-ci, vaillants chevaliers chrétiens, descendants de Tancrède de Hauteville, petit noble du Cotentin, ont d'abord été appelés comme mercenaires par des princes grecs, mais ils ne tardent pas à agir pour leur propre compte : dans la seconde moitié du XIe siècle, ils entreprennent, contre les Grecs, puis contre les musulmans, la conquête de l'Italie du Sud

(Pouille, Calabre) puis de la Sicile. Ce faisant, ils entrent en conflit aussi avec le pape, qui tente d'abord de les vaincre avant de les admettre comme vassaux et défenseurs, non sans risques. Dans tous ces conflits pour la possession très temporelle de territoires italiens, on perçoit l'utilisation, par le pape, d'éléments religieux qui ont pour but de sacraliser la guerre menée pour le Saint-Siège.

La défense de la seigneurie pontificale

Par les soldats de saint Pierre : les « martyrs » de Civitate (1053)

Pour assurer sa défense, l'église de Rome dispose, comme toutes les seigneuries de cette époque, des contingents de ses dépendants directs et de ses vassaux. Ils sont notoirement insuffisants. Le pape fait donc souvent appel, comme on l'a vu, à ses protecteurs naturels, l'empereur germanique, avoué de l'église de Rome, qui « descend » parfois en Italie pour rétablir la situation. Mais les distances sont énormes, et le secours prend trop souvent (et trop tard) l'aspect d'une vengeance ou d'une intimidation.

Pour défendre plus efficacement les intérêts du Saint-Siège contre les Normands, Léon IX obtient de l'empereur Henri III un contingent de soldats allemands. Ce pape conduit lui-même son armée en Pouille, où elle affronte les troupes normandes à Civitate, le 18 juin 1053 : les Normands l'emportent. Léon IX, vaincu, est emmené à Bénévent, mi-hôte, mi-captif ; il revient à Rome avec l'accord de ses vainqueurs normands, en mars 1054, et y meurt peu après.

Cet épisode constitue un jalon important sur le chemin qui mène à l'élaboration du concept de guerre sainte dans l'Occident chrétien. En effet, avant de mourir, Léon IX accrédite l'idée selon laquelle les soldats de saint Pierre (*milites sancti Petri*), combattant pour la cause du pape (lui-même canonisé très tôt), étaient morts en martyrs. De nombreux écrivains ecclésiastiques soulignent la valeur morale et méritoire de leur combat et mentionnent les récompenses célestes qui s'y attachent. Selon Bonizo de Sutri, vers 1086, Dieu a montré par de très nombreux signes combien il aimait ces héros, tombés dans un « combat pour la justice ». Il les a, affirme-t-il, jugés dignes de figurer parmi les saints. Bruno de Segni, vers 1090, regrette et désapprouve le rôle personnel joué par le pape dans cet engagement militaire, mais il s'étonne néanmoins de la défaite de ses guerriers, qu'il n'hésite pas à nommer « les soldats du Christ » ou « l'armée des saints ». Lui aussi affirme leur qualité de martyrs parvenus au paradis à cause de la justesse de la cause qu'ils défendaient, et pour laquelle ils sont morts.

Entre 1060 et 1070, plusieurs auteurs entreprennent la rédaction d'une *Vie de saint Léon*, connue sous diverses versions. Ils insistent sur cette glorification céleste des guerriers morts pour le pape à Civitate. Ils ajoutent, pour en fournir la preuve, que le pape, avant sa mort, fut en effet gratifié d'une vision réconfortante : il les aurait reconnus parmi les martyrs, en vêtements resplendissants, des palmes à la main et couronnés de gloire (voir texte n° 17, p. 299).

Ces nombreux récits relatifs à la bataille de Civitate sont très significatifs de l'évolution des mentalités à l'égard de la guerre. Plus encore, peut-être, les fréquentes références faites à cet épisode par les canonistes, dès la fin du XIe siècle, pour justifier le droit de l'Église d'user de la force armée. Ils montrent combien la papauté a su à cette date sacraliser le combat mené pour elle et sanctifier ceux qui perdent la vie dans ce genre de guerre pour l'Église, c'est-à-dire, ici, pour le Saint-Siège.

Par les vassaux directs du pape

L'échec militaire subi à Civitate en 1053 incite Nicolas II, quelques années plus tard, à changer radicalement de politique et à conclure une alliance avec les Normands. Ne pouvant ni les vaincre ni les chasser des territoires qu'ils occupent au détriment du « Patrimoine » revendiqué par le Saint-Siège, le pape se résigne à traiter avec eux et à entériner l'état de fait, tout en leur faisant admettre, en droit, leur état de « dépendance vassalique » envers le « Seigneur pape » pour ces terres qu'ils ont conquises. En 1059, à Melfi, Nicolas II fait prêter au normand Robert Guiscard un serment d'investiture pour ces régions que le pape considère comme relevant de son autorité temporelle, y compris pour les territoires encore à conquérir par les Normands, sur les musulmans cette fois. Robert promet de venir en aide au pape, avec ses armées, pour protéger contre tous l'église de Rome. Ce serment, aux traits vassaliques indéniables, fut réitéré au pape Grégoire VII en 1080, avec de très minimes retouches. On retrouve à peu près les mêmes termes dans le serment de fidélité juré au pape Grégoire VII par Richard de Capoue, en 1073.

En ces occasions, le pape concède très probablement à ses vassaux directs la bannière de saint Pierre, qui sacralise leur combat, comme on l'a déjà vu plus haut à propos des bannières des saints patrons. Mais ici la sacralisation est bien plus forte encore : il ne s'agit pas d'un saint banal, si l'on ose dire, mais de saint Pierre, patron de l'église de Rome, « prince des Apôtres », portier du paradis.

Cette dernière qualité permet en outre plus aisément de faire entrevoir des récompenses spirituelles à ceux qui, combattant pour le vicaire de saint Pierre sur cette terre, viendraient à mourir pour lui. On le voit bien à propos des personnages que l'on nomme « fidèles de saint Pierre », que Grégoire VII appelle souvent à l'aide dans les diverses luttes qu'il entreprend contre les « ennemis de l'Église », c'est-à-dire de Rome, de sa réforme et de ses entreprises ecclésiastiques ou temporelles.

Fidèles ou vassaux ?

Sans aller jusqu'à prétendre réduire tous les royaumes à la vassalité envers le Saint-Siège, Grégoire VII n'en a pas moins affirmé une sorte de « suzeraineté » sur certains d'entre eux, par exemple les royaumes de Hongrie, du Danemark, de Pologne, voire de Russie, ainsi que sur l'Espagne (nous y reviendrons plus loin) et peut-être même sur l'Angleterre, bien que ce cas soit souvent contesté.

Le cas de l'Angleterre, en effet, donne lieu à des interprétations divergentes. En 1066, alors que Guillaume s'apprêtait à envahir l'île pour prendre possession du royaume que, disait-il, Édouard lui avait légué par héritage et que lui contestait maintenant Harold, le « parjure », le pape lui avait envoyé une bannière pontificale. Il faut probablement voir seulement dans ce geste un signe cautionnant moralement le bon droit de l'entreprise. La conquête de l'Angleterre n'en devient pas pour autant une véritable guerre sainte, ni l'Angleterre un fief du Saint-Siège. C'est peut-être pour cette raison que les guerriers normands, victorieux à Hastings, se voient astreints à pénitence, comme c'était encore la coutume, selon plusieurs pénitentiels, pour les « homicides » commis par les soldats combattant sur le champ de bataille sur ordre de leurs chefs, agissant ainsi au nom d'une autorité laïque légitime.

La lutte contre les « ennemis de l'Église »

Les fidèles de saint Pierre

La suzeraineté de type féodal n'est pour Grégoire que l'un des modes d'expression de cette obédience qui lui est due. Il revendique surtout celle-ci de l'empereur et des rois au nom de l'autorité spirituelle qu'il tient de Dieu et de saint Pierre. Lorsqu'il s'adresse aux princes de France, par exemple, le pape réclame leur aide non pas au titre de leur vassalité (inexistante), mais de leur foi, de leur fidélité à l'Église, donc à ses yeux au pape qui en est la tête.

Le projet pontifical de « libération de l'Église » de l'emprise des puissances laïques implique aussi pour lui une « reconquête chrétienne » plus générale, la lutte, par tous les moyens, contre les hérétiques, schismatiques, simoniaques et concubinaires ; or, un tel programme heurtait les intérêts des rois et des seigneurs laïques, et conduisait à d'inévitables affrontements avec les princes, à l'intérieur de la chrétienté. Il impliquait aussi la protection armée des terres de saint Pierre en Italie, et la reconquête des territoires envahis par les musulmans, comme nous le verrons plus loin.

Les princes et les seigneurs qui prennent parti pour le pape dans ces conflits divers sont nommés « fidèles de saint Pierre » (*fideles sancti Petri*). Le patronage du Saint-Siège leur apporte la promesse de protection matérielle sur cette terre, de rétributions spirituelles dans l'autre. Pour sa part, le pape en attend en contrepartie un service qui peut prendre la forme d'une assistance militaire, la fourniture de contingents armés pour lutter contre ses adversaires assimilés aux « ennemis de Dieu », et par là même diabolisés, ce qui valorise du même coup ceux qui les combattent par les armes.

Dans l'abondante correspondance de Grégoire VII à ses « fidèles », ce « service » (*servitium*) dû au Saint-Siège est très souvent évoqué. Dans de nombreux cas, il implique manifestement la notion de contribution armée destinée à la défense ou à la reconquête du patrimoine de saint Pierre. Il peut aussi s'appliquer à la lutte armée de ces princes contre les « hérétiques et schismatiques » de leurs terres, termes qui désignent généralement tous les adversaires de la réforme.

Dans l'idéologie à forte connotation dualiste développée par Grégoire, le choix est donc clair : il y a d'un côté Dieu, le Christ, saint Pierre, le Saint-Siège et ses partisans ; de l'autre les forces du mal, celles de Satan, de l'Antichrist et de ses séides, hérétiques, schismatiques, infidèles et païens. Le combat des premiers s'en trouve sacralisé, celui des seconds diabolisé.

Or, il ne s'agit pas seulement de combats spirituels, ni de luttes par la parole, par l'action juridique ou diplomatique, mais bien aussi d'interventions nécessitant l'usage de la force armée, qui s'en trouve par là même louée jusqu'à la sanctification dans certains cas extrêmes, ceux qui sont particulièrement importants aux yeux du pape. L'idée de guerre sainte progresse à grands pas sous son pontificat.

Des « soldats de saint Pierre » aux « soldats du Christ »

Dans son abondante correspondance presque intégralement conservée, Grégoire utilise souvent, comme jadis saint Paul (mais dans un tout autre sens), l'image de la profession militaire pour illustrer un thème qui lui est cher : il loue les *milites* du siècle, non pas pour leur profession en elle-même (qu'il condamne parfois avec force), mais pour la fidélité dont ils font preuve dans le service de leur seigneur. En cela, ils doivent servir d'exemple à tous les fidèles : en effet, ils servent leur « patron » terrestre pour un faible salaire, des récompenses aléatoires, et au risque de perdre à la fois leur vie présente et leur vie éternelle dans des combats douteux. Et pourtant, ils lui sont plus fidèles et dévoués, s'étonne le pape, que ne le sont les *milites* de saint Pierre envers celui qui, pourtant, les recrute pour mener un juste combat, dans lequel ils ne risquent donc pas de perdre leur âme, et qui leur offre, de surcroît, un bien meilleur salaire, des récompenses riches, sûres et éternelles.

La promesse réitérée de ces rémunérations spirituelles dans l'Au-delà traduit une indiscutable volonté de valorisation sanctificatrice de la guerre menée pour la cause pontificale. Ces rémunérations évoquées découlent tout naturellement de la qualité du seigneur que l'on sert : saint Pierre, portier du paradis, est le mieux placé de tous les saints pour les distribuer. En son nom, le pape promet donc que ceux qui combattent pour lui (qu'il nomme « soldats de saint Pierre », et parfois même « soldats du Christ » conformément à l'assimilation déjà mentionnée) peuvent compter sur son appui : il les recevra, à leur mort, dans la gloire éternelle. C'est le cas, affirme Grégoire, de ceux qui luttent en Allemagne contre le roi rebelle, en France contre le clergé simoniaque, en Italie contre les hérétiques et les schismatiques ; tous ces guerriers participent à la juste guerre de Dieu contre l'emprise du Malin.

La diabolisation des ennemis du Saint-Siège, quels qu'ils soient, est donc générale et systématique. Contre ces ennemis, Grégoire estime de son devoir de lutter par tous les moyens (*modis omnibus*) pour réaliser son programme : libérer l'Église de ses adversaires multiples qui, tous, obéissent à un seul et même ennemi, celui de l'humanité dans son ensemble, le diable. Celui-ci, depuis l'origine des temps, pousse à la révolte, à la division, à la désobéissance, racines mêmes du péché. D'où le nécessaire combat contre les schismatiques et pour l'unité de l'Église.

Or, cette unité a été rompue déjà quelques années plus tôt, en 1056 : l'Église d'Orient s'éloigne de l'Occident (ou bien est-ce l'inverse ?). Pourtant, rien n'est encore scellé à cette date. C'est pourquoi Grégoire ne perd pas l'espoir de rétablir la « concorde » entre les Églises d'Orient et d'Occident, que rien ne sépare fondamentalement sur le plan doctrinal. Bien entendu, il ne conçoit cette unité que sous une seule forme possible : le retour au bercail des brebis égarées, la réunion des Églises d'Orient dans le giron de l'Église romaine, sous la houlette pontificale.

Pourtant, le pape exprime à plusieurs reprises un certain pessimisme à ce sujet. Dans une lettre à l'abbé de Cluny (22 janvier 1075), il se plaint de ce que l'Église d'Orient, « à l'instigation du diable », s'est séparée de la foi catholique. Le diable, souligne-t-il, joue et gagne ainsi sur les deux tableaux en Orient : par le bras des Turcs, il tue « physiquement » les chrétiens ; par le schisme de l'Église orientale, il les tue aussi spirituellement. Ici comme ailleurs, c'est le même antique adversaire qui s'attaque à l'Église, c'est lui qui mène aussi ces autres ennemis que sont les clercs impurs, les simoniaques, les hérétiques, les schismatiques, les juifs et les païens. En luttant contre tous ceux-là, on combat pour Dieu, d'où la sainteté de la lutte et les récompenses qui y sont attachées.

Les « soldats du Christ » contre les schismatiques

Ainsi, selon Grégoire, l'ennemi du genre humain agit même à l'intérieur de l'Église. Il cherche d'abord à corrompre les chefs du camp de Dieu, à savoir les clercs et les moines, qui devraient pourtant montrer l'exemple. La reconquête chrétienne globale, sous tous ses aspects, telle que la conçoit le pape, doit donc commencer par l'élimination du clergé corrompu, qu'il assimile à une véritable armée de traîtres, sorte de cinquième colonne infiltrée dans le camp de Dieu.

Cette lutte « interne » contre le clergé simoniaque et concubinaire est donc, par voie de conséquence, clairement sacralisée, comme on peut le voir à propos d'un exemple probant, celui de la *pataria* milanaise, hautement significatif, et jalon nouveau sur la voie qui conduit au concept de guerre sainte. Là encore, il ne s'agit pas seulement de ramener à la foi par la force des arguments, ni même par des pressions d'ordre moral ou disciplinaire. Ce mouvement, soutenu d'abord par les papes de la réforme, combat certes par la prédication, mais aussi par les armes, contre les partisans du clergé milanais, que le pape juge simoniaque et corrompu. Alexandre II, vers 1070, concède à son chef, un chevalier nommé Erlembaud, la bannière de saint Pierre : c'est là un premier trait de sacralisation de sa lutte armée.

Il y en a d'autres : le vocabulaire employé dans les écrits du pape et de ses partisans pour désigner Erlembaud montre qu'il faut aller plus loin encore dans ce sens. Landulf de Milan (pourtant hostile à la pataria et à Erlembaud) raconte comment les chefs de ce parti pontifical l'auraient appelé à servir l'église romaine. Or, les termes qu'il emploie annoncent ceux que, vingt-cinq ans plus tard, Urbain II utilisera dans son discours de croisade à Clermont. Ils exhortèrent, écrit-il, ce « soldat du monde séculier » à se muer en « très vaillant soldat de Dieu et de l'église catholique ».

Il ne s'agit pas ici d'une dénomination inventée par ironie ou dérision par un adversaire de la pataria. Berthold (favorable à Erlembaud), confirme cette désignation. Il le nomme « champion du Christ, combattant pour la justice et pour la foi », « soldat du roi suprême et défenseur de la sainte foi » ; Bonizo de Sutri, lui aussi favorable à la pataria, voit en lui un « soldat de Dieu », combattant pour la justice contre les machinations du diable, un guerrier « menant la guerre du Seigneur » (*bellum Domini*), expression empruntée à l'Ancien Testament. L'idée de guerre sainte n'est pas loin.

Le pape Grégoire VII n'est pas en reste : dans une lettre du 13 octobre 1073, il demande à l'évêque d'Acqui d'apporter toute l'aide possible à Erlembaud, qu'il désigne par les mots « très vaillant soldat du Christ » ; le même jour, il adresse à l'évêque de Pavie une autre lettre lui demandant également d'aider de tout son pouvoir Erlembaud dans l'accomplissement de sa tâche, dans « cette guerre de Dieu menée par lui contre les ennemis de l'Église ».

Il faut porter une grande attention à l'emploi de ce vocabulaire. Il traduit en effet une réelle et très profonde sacralisation des guerriers luttant pour la cause pontificale. L'évolution du sens de ces termes en témoigne. Rappelons en effet que les mots « soldats de Dieu » (*milites Dei*) ou « soldats du Christ » (*milites Christi*) désignaient d'abord tous les chrétiens, et particulièrement les martyrs non violents, à l'époque de l'Église primitive. L'emploi de ces termes militaires pour illustrer leur combat pacifique ne doit pas nous tromper : il était destiné à souligner l'obéissance, la fidélité, la discipline des chrétiens dans ce combat tout spirituel : les premiers chrétiens « servaient » le Christ, et non les idoles, le royaume de Dieu, et non ceux du monde. Ils étaient « militants », mais non pas « militaires ».

À l'époque post-constantinienne, l'expression commença à s'appliquer au seul clergé, aux prêtres, puis plus spécialement aux moines, soldats de la foi menant pour les hommes et pour Dieu un combat spirituel en affrontant les forces sataniques par la seule arme de la prière. Là encore, il s'agit bien d'un combat pacifique exigeant austérité, courage, abnégation et discipline, d'où le recours spontané à ces termes empruntés au vocabulaire militaire, à l'imitation de saint Paul qui, dans ses Épîtres, comparait déjà la vie chrétienne (mais il pensait à celle de tous les fidèles, et non au « clergé ») à un combat intérieur contre les forces invisibles du mal.

Après 1095, en revanche, *milites Christi* désignera les croisés, fidèles marqués de la croix dans une guerre cette fois bien réelle, matérielle, conduisant à des combats sanglants. Saint Bernard, quelques années plus tard, applique enfin la même expression aux Templiers, cet ordre religieux militaire qui, dans une union contre nature, tente de rassembler tous les aspects de l'expression pour faire de ces *milites Christi* à la fois des chrétiens, des moines et des soldats.

Nous sommes donc ici, chez Grégoire VII, en présence d'un précieux « chaînon intermédiaire » dans l'évolution sémantique, mais aussi dans l'évolution de l'idée de guerre sainte qui conduit à la croisade.

C'est pourquoi le cas d'Erlembaud et de la pataria est exemplaire : il représente le stade ultime de la guerre sanctifiée, proche de la guerre sainte, pour les raisons suivantes :

– Elle est initiée pour les intérêts de la réforme pontificale.

– Elle est cautionnée par l'autorité du pontife romain parlant au nom de saint Pierre.

– Elle est conduite par un chef de guerre porteur du *vexillum* de saint Pierre, sous l'égide du portier du paradis.

– Elle est menée par des fidèles guerroyant contre des adversaires diabolisés. Des adversaires, notons-le, qui ne sont pourtant pas des « païens », mais des « chrétiens » réfractaires à l'autorité de l'évêque de Rome, et comme tels assimilés aux schismatiques et aux hérétiques, « les pires ennemis de Dieu et du Christ », selon l'expression même de Grégoire.

La guerre sainte serait-elle définie davantage à partir de la cause qu'elle défend, plutôt qu'à partir des ennemis qu'elle combat ? Ou bien, en d'autres termes, l'Église aurait-elle sacralisé plus aisément la lutte armée de Rome contre les « hérétiques » rebelles à son autorité que contre les « païens » extérieurs à la « chrétienté » ? Ce n'est pas impossible, et il nous faut explorer cette voie.

Plusieurs canonistes de la fin du XIe siècle semblent, en effet, justifier plus aisément la guerre contre ces « ennemis du Christ » de l'intérieur que contre les païens à l'extérieur. Bonizo de Sutri ou Humbert de Moyenmoutier soulignent par exemple combien les « hérétiques » sont plus pernicieux que les infidèles : on peut espérer, en effet, la conversion des païens, mais non celle des hérétiques, ni celle des juifs. Les païens, de plus, tuent seulement le corps ; les hérétiques, eux, tuent le corps et l'âme et sont en cela semblables au diable. Il est donc légitime de les combattre et de les réprimer. Humbert ajoute que les païens n'attaquent pas les chrétiens. C'est là évidemment une affirmation purement conjoncturelle, mais qui souligne la priorité des canonistes des alentours de l'an 1100 et la perspective globalisante qui est la leur : la guerre est justifiable et même honorable pour assurer, en premier lieu, le triomphe de l'Église catholique à l'intérieur même de la chrétienté.

Les « saints martyrs » de la pataria

Il n'est donc pas très surprenant de voir, très tôt après sa mort survenue en 1075, Erlembaud, le champion du pape et de la pataria, assimilé à son tour aux martyrs de la foi et béatifié quelques années plus tard. C'est là encore un cas exemplaire, et qui mérite attention : il illustre parfaitement le degré ultime de sacralisation atteint à cette date par le combat mené les armes à la main contre les ennemis chrétiens de la papauté en Occident.

Lorsque des chevaliers du camp adverse tuent les deux chefs de la pataria, Liutprand et Erlembaud, ils laissent leurs corps sur la place, sans sépulture. André de Strumi les désigne par l'expression « les martyrs du Christ ». Erlembaud est bientôt vénéré comme un saint par ses partisans. Selon Bonizo de Sutri, sa renommée s'est très tôt répandue jusque dans des régions lointaines. Les catholiques du monde entier, écrit-il, s'étonnaient de sa mort : comment un tel homme, investi de la puissance de Dieu, avait-il pu succomber alors même qu'il « combattait dans la guerre du Seigneur » ? Bonizo rapporte que de nombreux miracles eurent lieu sur sa tombe, et en tire cette conclusion fort significative : Dieu approuve donc l'usage de la guerre menée pour la vérité contre l'hérésie.

Les miracles, on le sait, sont l'une des conditions requises pour plaider la sainteté de celui qui en est l'origine, ou pour le moins le canal, le dispensateur. On l'a vu déjà à propos d'Olaf de Norvège ou de saint Edmond. Or ici, très tôt, des miracles ont lieu sur la tombe d'Erlembaud. Il ne s'agit encore que d'une caution populaire à la béatification d'un guerrier combattant pour la cause de l'église de Rome. Mais cette ferveur populaire semble avoir été adoptée très vite par la curie romaine. Peu avant la croisade, le pape Urbain II aurait fait transférer au monastère de Saint-Denis les « reliques » d'Erlembaud, inscrit au catalogue des martyrs, à cause de sa mort en « porte-bannière et protecteur de l'Église ».

Erlembaud n'est pas le seul partisan du pape à être ainsi sanctifié, admis au rang des martyrs ou béatifié. Un autre laïc « fidèle du pape », un nommé Censius (préfet de la ville de Rome qui avait pris nettement position pour le pontife dans son conflit armé contre l'empereur et ses partisans), fait également l'objet d'une semblable vénération populaire peu de temps après sa mort. En 1077, cet homme que l'on décrit comme un « inlassable soldat de saint Pierre contre les schismatiques » fut tué par un soldat de l'empereur germanique Henri IV : une vingtaine de miracles eurent lieu bientôt sur sa tombe. Berthold fait l'éloge de ce « guerrier de la milice chrétienne » : il a, dit-il, mené une vie sainte, il a combattu avec vaillance et persévérance pour la foi et la justice, et il est mort en martyr. Il en voit la preuve dans le fait que l'on venait de loin sur sa tombe où des miracles avaient lieu. Ces miracles furent d'ailleurs admis comme tels par Grégoire VII au synode romain de mars 1078 (voir texte nº 18, p. 299).

La mentalité commune, cautionnée par l'Église, admet donc à cette date qu'il y a des guerres assez saintes pour procurer à ceux qui y participent jusqu'à la mort la couronne du martyre et l'accès au paradis, parmi les bienheureux. Quelles sont ces guerres ? Ce sont celles qui sont liées à la lutte pour la « libération de l'Église », fût-ce à l'intérieur de la chrétienté, voire de l'Église, du clergé. Dans tous les cas mentionnés ci-dessus, soulignons-le, cette lutte armée est en effet menée contre des chrétiens. Les guerriers qui s'y emploient n'en sont pas moins hautement sacralisés, parfois sanctifiés. Il est peu probable que les combattants d'une autre « reconquête chrétienne », dirigée cette fois contre les « païens » de l'extérieur, en Espagne, en Sicile ou en Orient, le soient moins. Les « païens » sont en effet considérés comme les membres naturels du diable, dans la mentalité commune comme dans la correspondance pontificale, en particulier dans celle de Grégoire VII. En luttant contre eux, on accomplit donc une œuvre utile, une œuvre pie. Il s'agit évidemment, en l'occurrence, d'une lutte armée, et le combat des « soldats de Dieu » prend alors plus clairement encore des aspects de guerre sainte.

QUATRIÈME PARTIE

De la guerre sainte à la croisade

(XIe siècle)

Chapitre 12

La guerre sainte
La reconquête chrétienne en Occident

Après l'an mil, l'Europe occidentale connaît un retournement de situation. Elle n'est plus une « citadelle assiégée » et entreprend une expansion qui ne cessera plus guère désormais. Les raids normands ont pris fin, les rois scandinaves se convertissent au christianisme, les Hongrois sont vaincus en 955 et leur roi se convertit à son tour peu après, ouvrant une voie terrestre de pèlerinage vers Jérusalem, voie très fréquentée au XIe siècle.

L'irruption des Turcs seljuqides au Proche-Orient vient couper cette route terrestre. Récemment convertis à l'islam sunnite, ils prennent Jérusalem en 1070 et repoussent les Fatimides chiites jusqu'en Égypte. En 1071, ils battent les armées byzantines à Mantzikert, puis s'emparent d'Antioche en 1085, de la Syrie et de presque toute l'Asie Mineure, à l'exception de la frange côtière occidentale. Pour contenir leur avance et tenter une reconquête des territoires perdus, l'empereur grec Alexis Comnène demande au pape Urbain II et à quelques princes occidentaux de lui envoyer des renforts pour ses armées.

En 1095, à Clermont, Urbain II répercute à sa manière cet appel : il prêche la croisade. Elle est destinée non seulement à aider la reconquête byzantine jusqu'à Antioche, mais aussi, et même surtout, à aller « libérer les églises d'Orient et les lieux saints de Jérusalem », en particulier le Saint-Sépulcre. Cet objectif élargit du même coup la reconquête chrétienne. La rupture des croisés avec Alexis transformera bientôt le caractère de la croisade, qui, devenant exclusivement latine, prendra alors des traits d'entreprise coloniale de l'Occident. Sans cette rupture, notons-le, la reconquête de la Terre sainte aurait probablement été perçue par les musulmans comme le simple reflet provisoire des rapports de force du moment, la conséquence admissible et habituelle des victoires et des défaites militaires qui entraînent alternativement gain ou perte des territoires limitrophes.

En Occident, tout au long du XIe siècle, la *reconquista* espagnole poursuit sa progression, malgré quelques soubresauts et reculs temporaires. Elle n'est pas principalement suscitée par des motivations religieuses, car les rois chrétiens du Nord ont avant tout des objectifs politiques et économiques : affermir leur domination, accroître leurs territoires, s'enrichir du butin pris sur les voisins musulmans. La dimension religieuse y joue toutefois son rôle, au moins de propagande. L'intérêt de la papauté pour cette reconquête, après 1050, accentue sa dimension idéologique et contribue à renforcer ses traits de sacralisation, déjà perceptibles, on l'a vu, dès ses origines asturiennes.

Du côté musulman, les appels à l'union de tous les musulmans pour la guerre sainte se multiplient. La prise de Tolède par les chrétiens, en 1085, entraîne l'intervention victorieuse, en Espagne, de l'émir almoravide Yûsuf ben Tâshfîn, souverain du Maghreb. Il bat les armées chrétiennes d'Alphonse VI à la bataille de Zallaqa (1086), unifie al-Andalus sous son autorité et intensifie la lutte contre les royaumes chrétiens au nom du *jihad*, dont le concept est au cœur même de l'idéologie almoravide. Ainsi, de part et d'autre, s'accentuent en Espagne les dimensions de guerre sainte des conflits en cours. On les retrouvera plus encore dans la première croisade, surtout du côté chrétien cette fois, à cause du caractère sacré du Sépulcre de Jérusalem, premier lieu saint du christianisme, bien avant Rome ou Saint-Jacques-de-Compostelle.

La reconquête chrétienne du XIe siècle s'accompagne donc de plusieurs traits de sacralisation de la guerre menée contre les musulmans, avant même qu'Urbain II ne lance son appel à la croisade pour la délivrance du tombeau du Christ. C'est là, plus qu'ailleurs, au contact du monde musulman, que s'est épanoui le concept de guerre sainte dans le christianisme occidental.

La *reconquista* espagnole avant 1050

Avant l'an mil, l'Espagne musulmane semble n'avoir rien à craindre des petits rois chrétiens du Nord. En 997, le vizir al-Mansour ravage le royaume de León, incendie Saint-Jacques-de-Compostelle, emmène à Cordoue les cloches de l'église, mais respecte toutefois le tombeau du saint ; il reprend même un moment Barcelone. Mais al-Mansour meurt en 1002, et l'initiative passe dans le camp chrétien. En 1009, une insurrection à Cordoue fragilise l'émirat omeyyade qui, après 1031, se divise en une multitude de petits « royaumes » rivaux, les *taifas*, dont aucun n'a la force d'attaquer les royaumes chrétiens.

Sanche III de Navarre se fait alors le champion de la reconquête qui, avec l'encouragement de Cluny et de Rome, progresse lentement jusqu'au milieu du XIe siècle. À cette date, les royaumes de León-Castille-Asturies (réunis depuis 1038) et ceux de Navarre et d'Aragon s'étendent de la Galice aux Pyrénées, et des côtes du golfe de Gascogne au Douro. Les *taifas* achètent la paix en leur payant tribut.

Cette attitude est suicidaire : les rois chrétiens sont enrichis par ces tributs et par les pillages que leur procurent leurs raids victorieux ; ils se renforcent et raffermissent, par stratégie matrimoniale, leur alliance avec les princes du nord des Pyrénées. Certains d'entre eux se tournent aussi vers le Saint-Siège, se plaçant parfois sous son patronage.

Les papes, en effet, revendiquent des droits particuliers sur l'Espagne, au nom de la prétendue donation de Constantin. Ces liens de dépendance, acceptés (Aragon) ou rejetés

(Castille), conduisent néanmoins les papes à manifester un intérêt accru pour la péninsule, accentuant ainsi la sacralité de la reconquête.

On attribuait autrefois à Cluny un rôle majeur dans cette sacralisation idéologique de la *reconquista*. Ce rôle avait été manifestement surévalué, mais il ne faut pas aujourd'hui, comme on commence à le faire, tomber dans l'excès contraire et nier toute implication idéologique du monachisme, surtout clunisien, dans la *reconquista*. On en a déjà relevé quelques traits à propos de sainte Foy. On en connaît de nombreux autres exemples qui ont contribué à la formation d'une « mentalité de guerre sainte » diffusée, entre autres, par Cluny.

Ainsi, Raoul Glaber, moine clunisien, raconte une vision de saint Martin qu'aurait eue un moine vers 1014 : le saint qui lui apparaît lui raconte combien il lui a été difficile d'arracher de l'enfer quelques moines qui, s'impliquant en dépit de leurs vœux dans les affaires de ce monde, avaient trouvé la mort sous l'habit militaire. La réaction du saint est ici pleinement conforme à la doctrine ecclésiastique : les clercs et les moines ne doivent pas porter les armes, au risque de verser le sang. Mais Raoul Glaber rapporte aussi une autre vision, qui éclaire la première et en modifie la portée dans un tout autre sens. Il raconte qu'à l'époque d'al-Mansour des moines furent contraints de prendre les armes ; ils le firent, souligne l'auteur, « par amour fraternel et non par vain désir de gloire ». Et cette fois-ci, ceux qui moururent les armes à la main furent jugés dignes, comme les martyrs, de partager le sort des bienheureux, car ils avaient péri dans une guerre contre les Sarrasins pour protéger leur patrie et défendre le peuple chrétien (voir texte n° 19, p. 302).

Le degré de sacralisation des combats de ce genre s'accroît encore dans la seconde moitié du XIe siècle, en partie par suite de l'intervention pontificale.

Papauté et *reconquista* après 1050

Depuis le Xe siècle, la *reconquista* se poursuivait sous l'impulsion des rois espagnols du nord des Asturies, puis de León-Castille et d'Aragon. L'Église romaine jouait dans cette reconquête un rôle négligeable. Le but premier recherché par les combattants chrétiens était le rétablissement de la souveraineté wisigothique. Or elle était, on l'a vu, teintée de considérations prophétiques exaltant la monarchie asturienne.

Le risque était donc grand, pour le Saint-Siège, de voir les royaumes espagnols, y compris dans les territoires reconquis, sortir de la mouvance papale. C'est probablement l'une des raisons qui ont conduit les papes à affirmer avec une vigueur toute particulière les droits de saint Pierre sur l'Espagne. Ils exercent aussi sur ses rois une forte pression pour qu'ils adoptent la liturgie romaine dans leurs États comme dans les territoires à reconquérir, au détriment des rites de l'Église wisigothique conservés dans les églises mozarabes. Les papes ont aussi incité les chrétiens d'Outre-Pyrénées, en particulier les « fidèles de saint Pierre », à prendre part aux opérations militaires en Espagne. Tout cela contribue à sacraliser la *reconquista*, qui prend alors, dans les écrits bien plus que sur le terrain sans doute (mais comment le prouver ?), des colorations de guerre sainte.

Alexandre II et l'Espagne

L'épisode de la prise de Barbastro illustre la complexité des mobiles des combattants de la *reconquista*. Cet événement donne lieu, depuis plusieurs années, à un vif débat entre historiens quant à l'interprétation qu'il convient d'en donner. Aux intérêts matériels et politiques évidents se mêlent en effet, à cette date, des déclarations de motivation religieuse, et l'on commence en outre à percevoir l'intérêt de la papauté pour ces opérations. C'est la part respective de ces éléments nouveaux qui suscite le débat. Quelle importance convient-il de leur attribuer ?

Cette place forte, dont les archéologues soulignent aujourd'hui la modestie, est prise et pillée en 1064 par une expédition de guerriers chrétiens venus de régions très diverses (Espagne, France et Italie) ; elle est reperdue l'année suivante par suite d'une vive réaction musulmane, avant d'être à nouveau définitivement reconquise par les chrétiens d'Espagne en 1100.

On faisait jadis de l'expédition de Barbastro une « croisade d'Espagne » ou en tout cas une « pré-croisade », en soulignant la participation de guerriers non espagnols dans cette entreprise que l'on disait inspirée par des motifs religieux et suscitée par la prédication de Cluny et de la papauté. C'était sans aucun doute très excessif, et l'on a récemment démontré, au contraire, le caractère temporel et « laïque », sinon profane, des motivations de ces guerriers d'Outre-Pyrénées (butin, pillage, etc.). Ils étaient motivés par des objectifs conformes à leur propre idéologie de guerriers, bien plus que par une idéologie extérieure, suscitée ou imposée par l'Église.

Tout cela est vrai. Comme l'est aussi le fait, aujourd'hui reconnu, que la plupart des guerriers espagnols de la *reconquista* menaient des entreprises militaires dont les aspects de guerre sainte étaient minimes, négligeables, tus ou occultés, peut-être pour ne pas attiser de haine religieuse en retour chez ces adversaires vaincus, mais qui n'en demeuraient pas moins des voisins auprès desquels il allait bien falloir continuer à vivre.

Mais tout cela n'exclut en rien l'intérêt porté par le pape à la reconquête de cette région stratégique située aux confins de l'Aragon et de la Catalogne. Rien n'empêche, d'autre part, l'existence d'un double discours : idéologique, sacralisateur et moralisant pour rassurer et donner bonne conscience aux guerriers ; réaliste et politique dans son expression destinée aux voisins musulmans, qu'il n'était pas utile d'alerter par une attitude trop imprégnée de religiosité.

Par ailleurs, les noms des chefs qui prirent part à l'expédition et le nombre de ces guerriers venus de régions lointaines suggèrent tout de même bien plus qu'une simple opération improvisée ; ils font songer à une approbation (sinon une initiative) du pontife romain. Le pape Alexandre II a très vraisemblablement favorisé cette expédition qui eut, soulignons-le, un grand retentissement en Occident chrétien comme en al-Andalus. Du côté musulman, l'on fit d'ailleurs appel au *jihad* pour reprendre la ville en 1065. Cette réaction éclaire peut-être le climat nouveau qui s'instaure à ce moment.

On en a un autre indice très fort, bien que controversé. Dans une lettre d'interprétation difficile, mais d'authenticité indiscutable, Alexandre II demande à la partie du clergé à laquelle il s'adresse d'aider « ceux qui ont pris la résolution d'aller en Espagne » à accomplir leur projet. Il indique dans sa lettre comment il convient de procéder envers ces candidats au voyage : chacun devra confesser ses péchés à l'évêque, qui lui prescrira la pénitence à accomplir, « afin que le diable ne puisse pas l'accuser d'impénitence ». En d'autres termes, l'expédition en Espagne comporte un risque réel, et il vaut mieux, dès lors, être en règle avec Dieu avant de partir. Le pape ajoute cette phrase d'interprétation délicate, mais de la plus haute importance :

> « Quant à nous, par l'autorité des saints apôtres Pierre et Paul, nous levons pour eux cette pénitence, et nous leur faisons rémission de leurs péchés. »

Quel sens faut-il donner à cette phrase ? On parlait jadis à ce propos d'une « indulgence de croisade ». C'était aller trop vite (et trop tôt) en besogne. On tend aujourd'hui, au contraire, à nier toute implication pontificale dans l'expédition de Barbastro, et à détacher cette lettre de tout lien avec cette opération militaire. Certains veulent même y voir un pèlerinage à Saint-Jacques-de-Compostelle, ce qui est très peu probable : jamais l'expression « *in Hispania* » ne désigne ce lieu de pèlerinage.

La vérité est sans doute entre ces deux positions extrêmes. La lettre fait très probablement allusion à une expédition militaire, mais ne proclame pas à proprement parler une *indulgence* au sens ultérieur du terme. Il s'agit plutôt d'une levée de pénitence ou, plus précisément, d'une commutation : elle intervient pour ceux qui, « sous l'impulsion divine », comme le souligne le pape, ont décidé d'aller en Espagne pour combattre les Sarrasins. Il ne faut pas en effet qu'ils soient retardés, détournés ou empêchés par l'accomplissement de pénitences qui leur auraient été préalablement imposées par ailleurs par une autorité ecclésiastique pour obtenir la rémission de leurs péchés confessés. L'expédition militaire, pour le pape, en tient lieu, et ce fait est en lui-même assez significatif de la sacralité revêtue à ses yeux par les combats menés par les guerriers chrétiens contre les musulmans d'al-Andalus.

S'agit-il bien de l'expédition « multinationale » de Barbastro ? Rien ne le prouve, mais plusieurs indices vont cependant dans ce sens. Alexandre II rédige en effet, à une époque voisine, une lettre louant les évêques auxquels il s'adresse d'avoir protégé les juifs contre les massacres des « guerriers étrangers ». Le pape y explique avec soin la distinction qu'il convient désormais d'établir, dans les terres à reconquérir, entre les Sarrasins et les juifs. La guerre contre les Sarrasins est légitime et louable à ses yeux, puisqu'ils ont, lors de leur invasion de la péninsule, persécuté les chrétiens et les ont chassés de leurs terres. Le cas des juifs est différent : ils n'ont pas pris les armes contre les chrétiens, ne les ont pas gouvernés, opprimés ni persécutés. Il ne faut donc pas les tuer, mais « seulement » les asservir.

Dans une autre lettre d'époque voisine, adressée à l'archevêque de Narbonne (région nécessairement traversée par les guerriers venant de France et d'Italie pour se rendre sur les lieux), le pape rappelle que toutes les lois civiles ou religieuses condamnent l'effusion de sang, sauf dans deux cas : pour punir les criminels, et pour châtier les Sarrasins de leurs exactions. Il félicite donc le prélat de ne pas avoir approuvé les agressions injustifiées dont ont été victimes les juifs dans son diocèse.

Alexandre II n'a donc pas prêché une « pré-croisade universelle », ni même une guerre sainte comparable au *jihad*. Mais il a très probablement soutenu, et par là même « moralisé », les opérations de reconquête, auxquelles il donne un caractère nouveau de sacralité.

Aimé du Mont-Cassin, dans son récit concernant Barbastro, va pour sa part un peu plus loin : il fait cette fois clairement de l'expédition une guerre sainte, décidée et menée par les princes chrétiens, français, bourguignons et normands. Leurs troupes, dirigées par Robert Crespin (personnage lié au pape), obtiennent d'abord la victoire « par l'aide de Dieu » ; mais le diable ne reste pas inactif : il séduit et corrompt les « soldats du Christ », qui se livrent alors à la luxure ; le résultat ne se fait pas attendre, comme en 1038 pour les milices de Bourges : Dieu abandonne le camp de ses fidèles devenus infidèles. Par un « juste jugement de Dieu », les musulmans reprennent bientôt la ville. L'amplification moralisatrice est manifeste, mais elle s'exerce sur des traits qui sont bel et bien présents. Elle exagère sans inventer. L'idée de guerre sainte, cette fois, a presque atteint son état de maturité. D'autres éléments vont venir encore renforcer et accroître cette tendance.

Grégoire VII et l'Espagne

On connaît les revendications émises par Grégoire VII sur l'Espagne, que ce soit au nom de la fausse donation de Constantin, du patronage de saint Pierre ou de sa conception globale de l'autorité politico-religieuse du pape. Son intérêt pour la *reconquista* est manifeste dès son accession au trône pontifical, en 1073. Il incite en effet ses fidèles à mener dans la péninsule ibérique une expédition armée. Il rappelle avec soin à son chef, Ebles de Roucy (gendre de son vassal Robert Guiscard), que tous ses guerriers devront s'engager, avant de partir, à reconnaître au pape la propriété des territoires qu'ils viendraient à reconquérir sur les infidèles. En effet, écrit-il, le royaume d'Espagne, bien qu'occupé par les païens, appartient de droit à saint Pierre.

Le pape revient sur ce thème en 1077 dans une lettre adressée à tous les rois, comtes et princes de la péninsule. Grégoire y rappelle que l'Espagne a été « par une antique constitution » transmise à saint Pierre et à l'église de Rome, « de plein droit et en toute propriété ». L'occupation sarrasine, ajoute-t-il, a fait oublier ce droit, mais il demeure entier : il convient aujourd'hui, avec l'aide de Dieu, de parachever sa récupération et le rétablissement de la justice et de l'honneur de saint Pierre et du siège apostolique.

Sous cette forme radicale, l'affirmation de la « vassalité » des rois espagnols envers le Saint-Siège n'a pas rencontré d'approbation unanime. Elle a même été fermement rejetée par les rois de Castille. Le roi d'Aragon, en revanche, s'est étroitement lié au Saint-Siège pour finir par devenir son vassal. On peut suivre le cheminement de ce processus à travers quelques documents fort éclairants.

Dès 1068, il semble bien que le roi d'Aragon soit en effet devenu une sorte de « vassal » du pape, comme il l'affirme lui-même dans un document ultérieur. En mars 1074, Grégoire VII félicite le roi Sanche d'Aragon de sa dévotion envers l'église de Rome : il a voulu instaurer dans son royaume la liturgie romaine, et renouer ainsi les anciens liens qui existaient jadis entre Rome et les rois d'Espagne. En 1085, Grégoire VII rappelle que le roi d'Aragon s'est fait, lui et son royaume, tributaire de saint Pierre. Cet engagement vassalique est confirmé en 1095 : le pape Urbain II y fait référence en rappelant que les rois d'Aragon doivent recevoir le royaume des mains du pape, payer un cens et se reconnaître vassaux du Saint-Siège.

La valorisation par les papes des combats pour la *reconquista* en Espagne est donc liée, au moins en partie, à la défense de leurs intérêts temporels. S'y ajoutent bien entendu des considérations d'ordre idéologique résultant de la notion de libération de l'Église chère à Grégoire VII. Il en résulte que les expéditions militaires en Espagne ne sont plus seulement, désormais, l'affaire des princes, comme c'était encore le cas au début du siècle. Les papes y prêtent la plus grande attention, et poussent leurs fidèles à y prendre part. Cette sacralisation prend une force et une dimension nouvelles dues à la puissance idéologique, elle aussi nouvelle, de la papauté.

Urbain II

Urbain II, on ne le souligne pas assez, se place résolument dans la ligne de Grégoire VII, dont il poursuit le programme avec une dose supplémentaire d'habileté. Concernant la reconquête chrétienne sur les musulmans, il développe une véritable « pédagogie de l'histoire » dont on a déjà évoqué les principaux éléments, présents bien avant lui, ne serait-ce que dans la Bible et dans les esprits de tous ceux qui la lisent, mais qu'il systématise plus qu'aucun autre dans ses écrits. Il y insère la « théologie de la libération » de Grégoire VII, mais aussi les espérances prophétiques de victoire chrétienne sur les envahisseurs musulmans.

On peut résumer ainsi cette « théologie pédagogique » : la Bible montre que Dieu dirige le cours de l'histoire. Pour cela, il établit et renverse à sa guise les rois, crée et défait les puissances. Il bénit son peuple s'il lui est fidèle, mais le châtie s'il l'oublie. Il utilise pour cela la force guerrière des peuples païens ennemis auxquels il donne pour un temps la victoire. Il attend d'un tel châtiment que son peuple se décide à la repentance et à la réforme morale ; si c'est le cas, Dieu « se repent » à son tour et permet à son peuple de reconquérir sa liberté et sa prospérité antérieures.

À notre époque, selon Urbain II, Dieu agit toujours de la même manière. À cause de ses péchés, l'Église a été soumise à la tyrannie des « païens » (les musulmans), mais

Dieu pardonne à son peuple lorsqu'il se réforme ; c'est le cas aujourd'hui. C'est pourquoi, écrit-il, « à notre époque », en cette fin du XIe siècle, Dieu aide et soutient la reconquête chrétienne. Celle-ci, de fait, prend vigueur un peu partout, en Sicile, dans les îles, en Espagne, et bientôt au Proche-Orient. La guerre de reconquête ainsi menée réalise donc la volonté de Dieu. À cause de cela, elle revêt des traits de guerre sainte. Elle n'est plus, comme les autres guerres, entachée de péché, rendant nécessaire la pénitence. Au contraire, elle participe du plan divin et l'accomplit.

Ne devient-elle pas, par là même, action pieuse et méritoire ? De nombreuses lettres d'Urbain II développent ces thèmes et conduisent, me semble-t-il, à cette conclusion. En 1088, dans une lettre à l'archevêque de Tolède (reconquise en 1085), le pape rappelle l'ancien passé glorieux de cette ville, hélas interrompu, dit-il, par la domination des Sarrasins, par suite des péchés du peuple ; il en est résulté pour la religion chrétienne une perte de liberté qui a duré 370 ans ; mais cette période funeste est close, et le pape, aujourd'hui, se réjouit de ce qu'enfin, grâce à Dieu et aux armées du roi Alphonse de Castille, la ville a pu recouvrer la liberté.

Un an plus tard, évoquant la « libération » de Tarragone, Urbain II expose à nouveau sa « théologie de l'histoire » : Dieu a daigné aujourd'hui soulager son peuple châtié par une occupation sarrasine longue de 390 ans (*sic*) ; il a aujourd'hui inspiré les princes à agir pour la libération de la cité et sa restitution au siège apostolique, selon les droits du Saint-Siège que le pape rappelle au passage, fort opportunément. Deux ans plus tard, dans une autre lettre, le pape exhorte le comte d'Urgel à participer à la restauration de Tarragone, désolée par 390 ans (*sic*) d'occupation musulmane. Cette participation sera une œuvre pie qui pourra, dit le pape, contribuer à « l'indulgence de ses péchés ».

Dès 1089, pour favoriser cette « récupération » de Tarragone (cité dévolue au Saint-Siège), le pape avait d'ailleurs incité les princes de la région à y consacrer leur puissance et leurs richesses. Il s'agit là, souligne-t-il, d'une action méritoire accomplie par les princes en guise de pénitence, pour la rémission de leurs péchés. Le pape incite même les princes à accomplir cette pénitence ici, en Espagne, plutôt que d'entreprendre un voyage à Jérusalem.

Ce qui précède montre bien que, dans la pensée d'Urbain II, une action à destination militaire, accomplie sur place, en Espagne, liée à la reconquête armée de la péninsule pour la chrétienté et le Saint-Siège, est jugée assez « sainte » pour être prescrite « en rémission des péchés », à titre de pénitence. Mieux encore : cette action méritoire est considérée comme équivalente, pour le moins, à un pèlerinage pénitentiel, y compris celui, pourtant prestigieux, aux Lieux saints de Jérusalem.

Ce fait est de la plus haute importance et n'a pas reçu des historiens toute l'attention qu'il mérite. Nous avons là, pourtant, six ans avant le discours de Clermont, les deux éléments constitutifs de la croisade : la guerre sainte méritoire et le pèlerinage pénitentiel. En Espagne, selon Urbain II (et plus tard Pascal II), la guerre sainte de reconquête prend valeur de pèlerinage et peut s'y substituer.

Dans la croisade pour Jérusalem, il est vrai, ces deux aspects, ici disjoints et équivalents, seront réunis. Ils s'ajouteront l'un à l'autre. En serait-il de même de leurs mérites et des récompenses qu'ils apportent ? Une telle interprétation s'imposait tout naturellement aux esprits, au moins ceux des laïcs, peu enclins aux subtilités du droit et de la doctrine ecclésiastiques. C'est probablement l'un des facteurs qui expliquent le succès de la croisade auprès des guerriers, y compris des Espagnols, qu'il faut bientôt dissuader d'aller combattre en Asie et inciter à poursuivre plutôt la reconquête en Espagne même.

Cette étroite assimilation, sur le plan des valeurs, des deux combats contre les musulmans, en Espagne comme en Orient, assortis l'un et l'autre de valeur méritoire équivalente, est à nouveau manifeste dans une lettre d'Urbain II à l'évêque Pierre de Huesca, contemporaine des premières victoires des croisés. Le pape s'y réjouit de ce que les peuples chrétiens ont été « libérés de la tyrannie des Sarrasins » et de ce que la foi chrétienne a été exaltée sur les deux continents, « par les victoires sur les Turcs en Asie et sur les Maures en Espagne ».

Le pontife affirme à nouveau cette identification des luttes sur les deux fronts dans une lettre aux comtes catalans, rédigée entre 1089 et 1099 (les érudits ne s'accordent pas sur ce point, précisément à cause de cette assimilation, mais tous jugent la lettre authentique). Il me semble plus sage de la dater après 1096. Le pape y réaffirme la valeur méritoire de la reconquête espagnole et place au même niveau de mérite la guerre contre les musulmans en Espagne et en Orient (voir texte nº 20, p. 303).

L'identité des deux entreprises guerrières, sur le plan des mérites, est donc manifeste dans la pensée du pape, à l'époque de la croisade. Elle l'était probablement déjà bien avant 1095, comme le montrent les nombreux indices déjà signalés.

La reconquête chrétienne en Occident

La reconquête chrétienne, en effet, ne se réalise pas seulement en Espagne, mais aussi en France méridionale, en Italie du Sud, en Sicile, dans les îles, et même en Afrique. Elle revêt partout, dans certains textes du moins, quelques traits de guerre sainte.

On l'a vu en Provence, à propos de la capture de saint Maïeul, enlevé par les Sarrasins : Odilon, qui raconte l'aventure un demi-siècle plus tard, révèle à quel point la reconquête acquise par les armées chrétiennes est considérée, avant 1040, comme l'accomplissement du plan divin dans l'histoire. Les armées qui chassent les Sarrasins de Provence réalisent une œuvre de libération, mais aussi de châtiment, de vengeance de Dieu sur les infidèles. La croisade sera elle aussi interprétée dans ce sens par plusieurs chroniqueurs.

On le voit aussi à propos de la Corse. Dans quelques-unes de ses lettres, Urbain II loue l'action guerrière des Pisans qui ont vaincu les Sarrasins et rendu à l'île sa liberté, pour une obédience au Saint-Siège que, là encore, le pape revendique opportunément.

On le voit encore à propos de la Sicile : en 1093, le pape rappelle comment cette île était tombée sous le joug des Sarrasins, à cause des péchés des chrétiens. Elle a ainsi souffert de la servitude pendant près de 300 ans, et la religion chrétienne y a été interrompue. Mais « Dieu change les temps » : avec son aide, le duc normand Roger y a rétabli la religion chrétienne. En 1098, dans une autre lettre, Urbain II félicite Roger d'avoir « dilaté l'Église de Dieu » et prouvé ainsi son dévouement au Saint-Siège.

Urbain II n'est pas seul à sacraliser ainsi ces opérations militaires. Le chroniqueur du Mont-Cassin donne plus encore à la conquête de la Sicile par les Normands des traits de guerre sainte, mettant l'accent sur leur piété et sur leurs mobiles religieux, dissimulant au contraire les mobiles matériels qui ont poussé les Normands à conquérir cette terre.

En revanche, Geoffroy Malaterra, lui, concilie sans aucune gêne ces deux aspects dans son récit. Les ambitions personnelles des chefs normands sont à ses yeux parfaitement compatibles avec les idéaux de reconquête chrétienne sacralisée. Son histoire est émaillée de discours de guerre sainte des chefs normands à leurs troupes, et d'interventions divines en leur faveur, par exemple lors de la bataille de Cerami, en 1063. Selon le chroniqueur, par exemple, les Normands, avant le combat, se confessent pieusement, font pénitence et se recommandent à la miséricorde de Dieu. Roger les exhorte ensuite à la confiance, malgré leur infériorité numérique : puisque Dieu est avec eux, qu'importe le nombre des ennemis infidèles ? Réconfortés, ses guerriers se lancent alors au combat et triomphent grâce à l'aide céleste d'un chevalier blanc : comment mieux traduire l'approbation divine et la sainteté de la cause d'une armée combattant sous le signe de la croix, assistée par des chevaliers célestes ? (Voir texte n° 21, p. 304.)

Le récit de Geoffroy Malaterra est évidemment teinté d'idéologie : il rapproche manifestement la guerre de (re)conquête de la Sicile par ses maîtres normands de celle que menèrent jadis, selon la Bible, Moïse et Josué pour conquérir la terre d'Israël. Comme la conquête de la Terre promise, c'est une action pieuse et méritoire : elle est cautionnée par le souverain pontife, menée pour libérer ces terres envahies par les infidèles et les regagner à la vraie foi. En bref, une guerre sainte, ou presque.

On retrouve des traits semblables à propos de l'expédition menée outre-mer, en 1087, par les Génois et les Pisans débarquant à Mahdia (en Tunisie). Selon la *Chronique du Mont-Cassin*, c'est le pape Victor III qui en aurait pris l'initiative. Désireux de « fouler aux pieds l'impiété », le pape décide de rassembler une armée venant de toute l'Italie ; cela fait, il lui confère la bannière de saint Pierre et accorde aux guerriers qui s'engagent dans l'entreprise la rémission de leurs péchés. Avec l'aide de Dieu, ils débarquent en Afrique, affrontent les Sarrasins, en triomphent avec l'aide divine et tuent 100 000 de ces infidèles.

L'expédition de Mahdia est aussi relatée par un poème rédigé peu après l'événement, qui en accentue plus encore les traits de guerre sainte. Le roi musulman Tamin y est décrit comme « un dragon très cruel semblable à l'Antichrist ». L'expédition est protégée par Jésus-Christ en personne ; et avant la bataille, l'évêque Benoît tient aux guerriers chrétiens, comme toujours inférieurs en nombre, un discours de guerre sainte inspiré de la Bible, les exhortant à se souvenir de la victoire de David contre Goliath. De leur côté, les musulmans invoquent Mahomet, « l'ennemi de la sainte Trinité, le négateur de l'Incarnation ». Mais la clameur des chrétiens est la plus forte, d'autant plus que l'archange saint Michel sonne de sa trompette, comme il le fit jadis avant de combattre le dragon.

Dans la bataille qui s'engage, le chef chrétien trouve la mort, en glorieux martyr, mais les Sarrasins sont vaincus et Tamin doit traiter : il remet aux Pisans et aux Génois une énorme quantité d'or et d'argent, et jure par le Dieu du ciel qu'il ne persécutera plus les chrétiens. Bien plus : il reconnaît, par serment, que sa terre appartient à saint Pierre et s'engage à la tenir de lui, en vassal. En signe de soumission, il envoie à Rome un tribut d'or et d'argent. Les Pisans victorieux rentrent chez eux, emmenant de nombreux captifs, après avoir libéré plus de 100 000 prisonniers chrétiens.

Dans ce récit sont réunis presque tous les caractères qui font une guerre sainte : l'expédition de Mahdia est décrite comme une opération militaire sacralisée, initiée par l'autorité religieuse suprême du pontife romain, assortie du pardon des péchés à ceux qui y prennent part, et de la couronne du martyre accordée à ceux qui y perdent la vie. Elle combat des adversaires sarrasins infidèles, diabolisés, et conduits par un chef assimilé à l'Antichrist. Elle est entreprise dans l'intérêt des chrétiens qui sont, grâce à sa victoire obtenue par l'aide céleste, libérés de leur captivité et de l'oppression sarrasine ; la victoire conduit aussi, sinon à la conversion du roi vaincu (non exprimée mais probablement implicite du fait de la vassalité indiquée), du moins à sa soumission à la loi chrétienne, et plus précisément à saint Pierre, c'est-à-dire au Saint-Siège.

Cette expédition outre-mer est donc une véritable guerre sainte, annonciatrice de la croisade. Elle en a tous les caractères. Mais elle n'est pas une croisade. Lui font défaut, en effet, les traits spécifiques de la croisade, liés à son objectif, qui en fait une guerre sainte particulière, unique : la délivrance de Jérusalem et des Lieux saints.

Conclusion

L'idée de croisade n'est pas née en 1095. Elle résulte d'une lente évolution dont les étapes majeures ont été évoquées dans les pages qui précèdent. L'idéologie de guerre sainte a été appliquée à la reconquête chrétienne en Occident avant d'être transférée à l'Orient, rehaussée par la sacralité liée au pèlerinage et à la libération du tombeau du Christ.

Ce nouvel élément de sacralité est d'ailleurs double, mais ses deux aspects sont liés à la présence des Lieux saints de Jérusalem.

Le premier tient à la dimension de pèlerinage de l'expédition prêchée par Urbain II. La délivrance du Saint-Sépulcre, but avoué de l'entreprise, transforme cette expédition militaire, à son terme, en un pèlerinage. Depuis que les pèlerins étaient autorisés à user de leurs armes contre les « païens » sans perdre pour autant leur statut de *peregrini*, il n'y avait aucune raison de ne pas accorder à ces « jérusalémites » (terme par lequel on désignait ceux qui allaient à Jérusalem) les mêmes droits et privilèges spirituels que l'Église accordait jusqu'ici aux pénitents. En d'autres termes, la croisade a tout naturellement la même valeur méritoire et pénitentielle qu'un pèlerinage ordinaire au tombeau du Christ.

Mais, par ailleurs, la croisade demeure une guerre sainte, comme les entreprises de reconquête évoquées dans ce chapitre. Il n'y a toutefois pas de commune mesure entre la sacralité des combats menés en Occident et le nouveau combat proposé par le pape à Clermont. En Occident, il s'agit seulement de repousser les Sarrasins, de les chasser des terres jadis chrétiennes pour en reprendre possession, au terme de la période de domination qui a été en quelque sorte impartie aux fils d'Ismaël pour châtier les chrétiens de leurs péchés. En Orient, il s'agit aussi de repousser les musulmans qui menacent de s'emparer de Constantinople et (qui sait ?) de conquérir l'Europe. Mais il s'agit avant tout de reconquérir les Lieux saints de Jérusalem, l'héritage du Christ. Cette nouvelle destination transforme la croisade en pèlerinage, mais confère aussi à l'opération une dimension supérieure, un degré suréminent de sacralité.

Les papes en ont été très tôt conscients. Pour ne pas trop dégarnir le front espagnol, ils ont souvent souligné l'identité de mérite et de privilèges qu'ils accordaient aux deux théâtres de combat. Pourtant, l'identité des privilèges et des promesses de récompenses n'a pas suffi. La mentalité religieuse du temps n'était pas encore prête à l'accepter. Il a fallu interdire aux Espagnols de partir en croisade.

On en trouve encore la preuve longtemps après la première croisade. Un seul exemple suffira : celui du poète Marcabru. En 1137, ce troubadour occitan compose plusieurs chansons pour soutenir les efforts guerriers du roi de Castille à une époque où les Almohades reprennent en main la situation en Espagne, et se montrent menaçants, faisant reculer la *reconquista*. Il pousse les princes et les chevaliers d'Aquitaine mais aussi de Poitou, de Berry et même de France à la guerre sainte contre les Sarrasins d'Espagne ; dans une de ses chansons, le poète compare cette action guerrière, à entreprendre sur un territoire si proche, à un « lavoir » capable de purifier les pécheurs les plus endurcis de leurs fautes passées :

> « "La paix au nom du Seigneur !"
> Paroles et musique de Marcabru.
> Puisque le Seigneur des cieux, par sa douceur,
> tout près de nous a fait un lavoir
> tel que jamais on n'en put voir,
> fors Outremer, là-bas, vers Josaphat :
> c'est pour celui d'ici que j'exhorte
> […]. »

Pourtant, on le voit bien, aussi méritoire qu'elle soit aux yeux de Marcabru, la guerre sainte en Espagne ne peut atteindre le degré de mérite de la croisade pour Jérusalem. La « croisade Outremer » conserve une dimension unique, liée au souvenir des temps bibliques, au sépulcre du Christ et à toutes les résonances religieuses et mystiques du mot « Jérusalem » dans l'esprit des croyants de ce temps.

Ces dimensions particulières de la croisade en font à la fois un pèlerinage au plus haut point méritoire et une guerre saintissime.

CHAPITRE 13

La croisade
La reconquête chrétienne en Orient

En novembre 1095, au terme d'un concile tenu à Clermont, le pape Urbain II lance son appel. La foule enthousiaste lui répond : « Dieu le veut. » La « croisade » est née. Elle va occuper les esprits pendant plusieurs siècles, drainer vers le Proche-Orient les forces vives de l'Occident, élargir le fossé entre le monde musulman et le monde chrétien, et même entre les Églises d'Orient et d'Occident, attiser durablement les haines et les rancœurs, créer des idéologies et même des mythes dont certains subsistent encore aujourd'hui. Hélas.

En formulant ainsi les faits, on risque pourtant l'anachronisme.

D'abord parce que Urbain II ne prêche pas la « croisade ». Ni le mot, ni l'entité qu'il désigne n'existaient à cette date. Employer ce terme à propos de la prédication d'Urbain II, c'est risquer de plaquer sur son appel le contenu, le sens et les connotations émotionnelles et idéologiques qu'il a pris pour nous, qui connaissons aujourd'hui, au moins de manière rudimentaire, ce qu'il en est advenu par la suite. En toute rigueur, le terme « croisade » devrait donc être écarté, du moins pour ce qui concerne la première expédition prônée par Urbain II. Mais par quoi le remplacer, sinon par cette périphrase même ?

Le mot « croisé », en revanche, apparaît très tôt, dès cette époque (*crucesignati*) : il traduit l'engagement de ceux qui, à l'appel du pape, réagirent en criant « Dieu le veut » et en faisant coudre aussitôt sur leurs vêtements des croix, exprimant par là qu'ils faisaient vœu de répondre à son appel. Désormais, ce signe matériel de la croix donnera son nom aux participants de l'entreprise : les croisés.

On a vu plus haut que, bien avant cette date, des combattants ont déjà guerroyé en se réclamant de ce signe protecteur. Il exprime à la fois la cause pour laquelle ils s'engageaient et la protection qu'ils en attendaient tout au long de l'entreprise.

Or, quel est le but de cette entreprise, prêchée par Urbain II ? Là encore, il nous faut faire abstraction de ce que la « croisade » est devenue par la suite, et des sens multiples qui ont depuis lors investi ce mot jusqu'à la surcharge. Si l'on s'en tient à ce que l'on sait des raisons d'être et des objectifs originels de l'expédition prêchée par Urbain II, il s'agissait d'inciter les « guerriers » d'Occident, en attribuant à leur action une valeur pénitentielle égale à celle d'un pèlerinage, à aller délivrer à Jérusalem le tombeau du Christ et par là même libérer les communautés chrétiennes d'Orient sous occupation musulmane.

Il n'est question ni de convertir les musulmans, ni de les exterminer, ni de baptiser par la force les juifs en cours de route, ni même de créer en Orient des « colonies » latines, mais seulement de rétablir l'autorité chrétienne sur des territoires qui furent jadis le berceau de l'Église, peuplés encore de fidèles en grand nombre, et qui comprennent à Jérusalem de nombreux lieux sacrés, en particulier le tombeau du Christ, destination favorite des pèlerinages en tant que premier des lieux saints du christianisme, bien avant Rome et Saint-Jacques-de-Compostelle. À une époque où, au XIe siècle, les pèlerinages à Jérusalem connaissent un surcroît de faveur, ce dernier point doit être souligné.

L'entreprise est donc très clairement une guerre de reconquête sacralisée, une guerre sainte, sorte de *jihad* chrétien destiné à replacer les fidèles sous la loi du Christ, et le premier de leurs lieux saints sous obédience chrétienne.

Pour la première fois, la chrétienté d'Occident envisage et réalise une telle expédition. Nous verrons plus loin les raisons de ce que l'on peut considérer comme une sorte de « retard ». Les historiens unanimes (et j'ai moi-même abondé jadis dans ce sens) ont souligné les aspects novateurs, révolutionnaires, de l'appel d'Urbain II. Pourtant, par bien des aspects, l'entreprise qu'il prêche traduit l'aboutissement logique d'une évolution parvenue à son terme, celle que nous avons tenté de décrire dans les pages qui précèdent.

Grégoire VII et sa « croisade »

Urbain II, en effet, se situe dans le droit-fil de la pensée grégorienne de reconquête chrétienne et de libération de l'Église.

Il n'innove même pas en fixant Jérusalem comme but à atteindre par cette expédition militaire à coloration religieuse. Grégoire VII déjà, en 1074, en avait conçu le projet, lorsque la nouvelle parvint, en Occident, de la déroute subie par les troupes byzantines à Mantzikert, en 1071. Vaincu par les Turcs, l'Empire byzantin doit alors abandonner à ces nouveaux convertis à l'islam de larges portions de la Syrie, leur laissant ouverte l'Anatolie, qu'ils vont conquérir dans les années suivantes. Dès cette date, Jérusalem, jusque-là sous l'administration des Abassides, tombe aussi, provisoirement, entre leurs mains. Le pape en est informé, et sa correspondance nous permet de connaître ses réactions à ce propos.

Comme on pouvait s'y attendre, Grégoire voit dans ce progrès des Turcs au détriment de ce que l'on pourrait nommer la « chrétienté d'Orient » (mais la fiction nostalgique d'une chrétienté unie demeure dans les esprits), la marque de l'action du diable. Un diable acharné à la perte du camp de Dieu, le dévastant de l'intérieur par l'hérésie et la corruption des ecclésiastiques, le ruinant à l'extérieur par les succès militaires des Turcs, dont le pape souligne les massacres et l'oppression des chrétiens. Or, à sa grande surprise, les puissances de ce monde ne font rien pour réagir. Il décide donc de prendre en main, en ce domaine aussi, les destinées de « l'Église », et de rassembler une armée (voir textes nº 22, p. 305 *sq*.).

Cette prise en main va très loin : il envisage en effet de conduire en personne, jusqu'à Jérusalem, cette armée de secours aux chrétiens d'Orient. Dans plusieurs lettres adressées à ses « fidèles » – ces princes liés au Saint-Siège par des relations particulières d'obédience –, il les presse de lui envoyer des soldats (*milites*). Le 2 février 1074, Grégoire écrit à plusieurs princes pour leur réclamer, « en service de saint Pierre », l'assistance militaire qu'ils lui doivent et qu'ils lui ont promise. Il se propose d'utiliser ces guerriers pour organiser une expédition militaire qui se rendrait à Constantinople, afin de venir au secours des chrétiens d'Orient soumis à l'oppression des Sarrasins. Pour éviter qu'on ne lui reproche, à lui, homme de Dieu, de prêcher la guerre et de mettre en péril des chrétiens, il souligne que telle n'est pas son intention. À son avis, il ne sera pas nécessaire de verser le sang : une simple démonstration de force suffira à impressionner les Turcs et à les mettre à la raison. Il promet pourtant, de la part des saints patrons de Rome (Pierre et Paul) des récompenses spirituelles à tous ceux qui tomberaient au cours de cette expédition.

Le 1er mars 1074, Grégoire revient sur ce projet dans une lettre circulaire destinée « à tous ceux qui veulent défendre la foi chrétienne » ; il y décrit avec émotion et emphase la tragique situation des chrétiens d'Orient (après Mantzikert), dont plusieurs messagers l'ont informé. Ces chrétiens, en Orient, presque jusqu'à Constantinople, sont « tués comme du bétail » dans une région dévastée. Il presse les chrétiens, par solidarité fraternelle, de leur venir en aide, et rappelle qu'il se dispose pour sa part à les secourir « par tous les moyens » (voir texte nº 22*a*, p. 305).

Le 7 décembre de la même année, Grégoire précise à nouveau ses intentions dans une lettre à l'empereur Henri IV.

Après avoir évoqué les souffrances des chrétiens massacrés par les Turcs, souffrances dont on vient de l'informer, il dit avoir lancé un appel aux fidèles pour les inciter, à l'imitation de leur Sauveur, à donner à leur tour leur vie pour leurs frères et pour défendre la loi du Christ. Il affirme que son appel a déjà été entendu : le pape se dit prêt, en effet, à marcher en personne jusqu'au tombeau du Christ, à Jérusalem, à la tête d'une armée de 50 000 hommes déjà disponibles (voir texte nº 22*b*, p. 306).

Une semaine plus tard, Grégoire s'adresse à nouveau à tous ses fidèles pour les exhorter à venir en aide à l'Empire d'Orient et à repousser les infidèles. Il assortit cet appel d'une promesse de récompense spirituelle qui devrait, pense-t-il, les inciter à combattre pour Dieu plus encore qu'ils ne le font d'ordinaire, en tant que vassaux ou dépendants, pour le compte de leur seigneur temporel, et pour de faibles gains matériels périssables (voir texte nº 22*c*, p. 307). Urbain II, on le sait, reprendra lui aussi ce thème dans son discours de Clermont, si l'on en croit les témoignages de ceux qui nous le rapportent.

Enfin, dans une lettre du 22 janvier 1075, Grégoire fait part de son profond découragement à l'abbé Hugues de Cluny : le diable, écrit-il, accable l'Église de toutes parts : dans l'Église orientale, il a suscité le schisme grec, qui déchire l'unité de l'Église ; en Occident, il sème la zizanie en poussant à l'hérésie et à la simonie ; au Proche-Orient, il arme le bras des Turcs qui massacrent sans pitié les chrétiens d'Orient et viennent maintenant menacer Constantinople. Devant l'inertie des princes laïques, que déplore le pape, Grégoire doit faire appel à tous ses fidèles : il leur promet des récompenses éternelles en rémunération de leur service armé. Saint Pierre mérite en effet d'être servi plus fidèlement qu'un seigneur terrestre, qui ne peut offrir que de faibles et aléatoires profits matériels. Le portier du paradis, lui, leur garantit des biens éternels, l'absolution de tous leurs péchés, et l'assurance de la Patrie céleste. Comment hésiteraient-ils encore ?

Tous ces textes sont fort clairs : dès Grégoire VII, on trouve nettement affirmée l'idée d'une guerre sanctifiée et méritoire appliquée à une opération militaire d'origine occidentale prêchée (et même conduite, ce qui est nouveau et proprement inouï !) par le pape en personne pour venir en aide à l'Empire de Byzance, secourir les chrétiens d'Orient, repousser les envahisseurs musulmans et reconquérir les territoires chrétiens perdus, non seulement jusqu'à Antioche, récemment enlevée par les Turcs, mais aussi jusqu'à Jérusalem, entre leurs mains depuis 436 ans.

Ce projet, on le sait, ne s'est jamais réalisé, ne serait-ce qu'à cause des conflits intérieurs à la chrétienté. L'idéologie de guerre sainte n'en était pas moins clairement exprimée et dirigée, pour la première fois, contre les musulmans d'Orient.

Par ce transfert, notons-le, l'opération quittait la « mouvance » de saint Pierre pour entrer dans celle du Christ lui-même. En allant repousser les infidèles au-delà de Jérusalem, pour libérer son tombeau, ces « croisés » virtuels n'étaient plus seulement des soldats de saint Pierre : ils devenaient, bien plus logiquement qu'Erlembaud, des *milites Christi*.

Urbain II : croisade et pèlerinage

Vingt ans plus tard, Urbain II reprend les mêmes thèmes dans son appel de Clermont. Mais il ajoute de son cru des éléments plus mobilisateurs qui expliquent, dans une large mesure, le succès rencontré par son message.

Soulignons d'abord les nombreux points communs.

Comme Grégoire VII, Urbain II s'adresse aux guerriers d'Occident pour leur demander de venir au secours de leurs frères d'Orient, qu'il dit en grand péril, massacrés par les Turcs. Comme lui, il invoque des rapports alarmistes qui viennent de lui parvenir concernant les exactions et les persécutions dont souffrent ces chrétiens d'Orient ; il y ajoute toutefois les souffrances et les périls des pèlerins qui se rendent à Jérusalem, thème peut-être plus apte à émouvoir les chrétiens auxquels il s'adresse, à une époque où le pèlerinage est devenu l'une des formes les plus essentielles de la nouvelle spiritualité qui s'impose alors en Occident. Les motivations de solidarité chrétienne et d'amour fraternel sont donc pratiquement identiques.

Comme Grégoire VII, Urbain II ne se contente pas de préconiser une aide militaire à l'Empire byzantin. L'éloignement déjà constaté entre Byzance et l'Occident aurait sans doute entraîné une faible mobilisation des masses pour cette cause. Le pape donne donc à cette aide militaire la forme d'une manifestation de l'amour fraternel que Dieu exige des siens. L'Église d'Orient, en tant qu'institution, est certes lointaine et un peu « schismatique », mais les chrétiens d'Orient sont avant tout des frères dans la foi.

Bien plus encore, les deux papes mettent l'un et l'autre l'accent sur le but à atteindre : Jérusalem, la délivrance du Saint-Sépulcre. Ils évoquent la Jérusalem historique et biblique, la ville sainte où a prêché le Christ et où il est mort, après avoir donné sa vie pour le salut des siens. Ce rappel permet au pape de lier la solidarité fraternelle à l'amour des chrétiens pour leur Dieu.

Urbain II, plus encore que Grégoire, saura jouer de ce thème et en tirer parti : ce faisant, il ne se présente plus, comme Grégoire, en pape romain appelant les fidèles de saint Pierre à le suivre pour aller libérer les terres byzantines jusqu'à Jérusalem, mais bien en pontife de l'Église universelle, incitant tous les guerriers, au nom du Christ, à aller délivrer des mains des ennemis du Christ son héritage, Jérusalem, et le lieu saint par excellence, le Saint-Sépulcre.

La mention du Sépulcre, pourtant, n'est pas nouvelle : Grégoire VII y faisait clairement référence. Mais ce qui est nouveau, c'est l'accent très marqué mis par le pape sur cette destination qui devient dans sa pensée l'objectif majeur : Jérusalem et le Sépulcre.

L'insistance sur ce thème avait un double avantage : d'une part, il permettait plus aisément d'émouvoir les chrétiens pour les raisons déjà évoquées ; d'autre part, il assimilait l'expédition militaire à un pèlerinage armé dont l'histoire relativement récente avait conservé la mémoire, en particulier celui des évêques allemands de 1065. Du même coup, les privilèges jusqu'ici attachés à l'accomplissement d'un pèlerinage aux Lieux saints de Jérusalem se trouvaient *ipso facto* rattachés à l'entreprise guerrière de reconquête qu'avait déjà envisagée Grégoire. Celui-ci avait bien esquissé l'idée d'une expédition méritoire valant récompenses spirituelles et rémission des péchés ; Urbain II radicalise cette dimension et la privilégie. Le texte même du concile de Clermont l'affirme :

> « Quiconque, mû par la seule piété, et non pour gagner honneur ou argent, aura pris le chemin de Jérusalem en vue de libérer l'Église de Dieu, que son voyage lui soit compté pour seule pénitence. »

Il existe une autre différence, qui peut aussi expliquer le plus grand succès d'Urbain II, indépendamment même des circonstances politiques, qui ont changé depuis lors : Grégoire s'adressait seulement par lettres à ses « *fideles sancti Petri* », en particulier à des princes chrétiens en nombre limité. Urbain II, lui aussi, écrit à ce propos quelques lettres (par exemple aux Flamands, ou aux Bolonais), mais il prêche également en public, à Clermont d'abord, puis dans de très nombreux endroits de France et d'Italie du Nord, dans une longue tournée de propagande au cours de laquelle cet excellent orateur émeut, soulève et mobilise les masses, comme en témoignent les nombreux récits de ceux qui l'ont entendu. Dans ses lettres comme dans ses discours, ce pape très médiatique s'adresse directement aux chevaliers, tentant (parfois en vain) de dissuader du voyage tous ceux qui ne sont pas des guerriers de profession, et que son assimilation de l'expédition à un pèlerinage pouvait attirer, en particulier les femmes, les clercs et les moines (voir texte n° 23, p. 308).

Le succès de son appel, affirment certains historiens, dépassa ses espérances. C'est là une affirmation gratuite, invérifiable : nul ne peut dire quelles étaient, à ce moment, les espérances pontificales. Ce qui est certain, en revanche, c'est l'ampleur de son succès, ou plutôt l'ampleur de la mobilisation qui répond à ses appels, invoquant des motivations multiples, liées au pèlerinage, mais aussi à la guerre sainte, voire à l'eschatologie (voir textes n° 24, p. 308 *sq.*).

Ce succès est considérable. D'autant plus qu'Urbain II n'est pas seul à s'impliquer : son message, par exemple, a été relayé par les évêques dans leurs diocèses respectifs. Les croisés ne viennent pas seulement du Midi, ni du Sud-Ouest, de la vaste Aquitaine, sous la conduite de Raymond de Toulouse et d'Adémar, que le pape avait peut-être prévu de placer à la tête de l'expédition, l'un comme chef de guerre, l'autre comme chef spirituel, légat du pape, chargé de le représenter. À la différence de Grégoire, en effet, Urbain ne semble pas avoir envisagé de participer en personne à l'entreprise. Il ne l'envisage pas même, semble-t-il, lorsque les chefs croisés, après la mort d'Adémar à Antioche, le pressent de venir achever « sa guerre ». Outre les troupes de ces provinces, qui peuvent être considérées comme gagnées à l'entreprise par la prédication du pape, il en est d'autres, issues de régions parfois fort lointaines, et qui n'ont entendu ni l'appel du pape ni peut-être la prédication des évêques qui le répercutent.

Aux lettres, prédications et directives du pape s'ajoutent en effet les initiatives mal contrôlées de « prédicateurs inspirés », qui soulèvent les foules. Elles sont sans doute plus proches des mentalités populaires et de leur conception de la « guerre sainte » que les discours des hommes d'Église, davantage tenus à une certaine prudence doctrinale, aussi minime soit-elle.

L'un de ces prédicateurs populaires nous est connu : il s'agit de Pierre l'Ermite, qui prétendait avoir reçu directement mission du Christ d'appeler aux armes les chrétiens pour venir délivrer son tombeau. Le Christ, disait-il, lui était apparu alors qu'il priait au Sépulcre, lors d'un précédent pèlerinage à Jérusalem, et lui avait demandé de retourner dans son pays pour appeler à l'aide les chrétiens d'Occident. Il disait avoir aussi reçu une lettre du patriarche de Jérusalem cautionnant cette mission et appelant à l'aide les guerriers d'Occident au nom des chrétiens d'Orient opprimés. Pierre n'hésitait pas à user du « merveilleux », et produisait même, si l'on en croit certains témoins, une « lettre tombée du ciel ». Serait-ce une allusion à la lettre précédemment citée, supposée émaner du patriarche ? Ou à une autre lettre plus directement issue du ciel ? Nul ne le sait, mais il y a là, à coup sûr, l'expression d'une revendication d'autonomie et l'affirmation d'une intervention miraculeuse et directe de Dieu, appelant à la guerre « sainte ».

Le charisme personnel de Pierre l'Ermite était d'ailleurs hors du commun, et contribuait à accréditer cet aspect. Guibert de Nogent en témoigne dans la description – quelque peu empreinte de jalousie – qu'il fait de son succès auprès des masses, alors que Pierre prêchait dans sa région. Il ne prêchait peut-être pas encore la « croisade », mais seulement la repentance et la réconciliation. Or, il émanait de lui, dit Guibert, « quelque chose de divin » au point que la foule se pressait autour de lui et que l'on arrachait même des poils de son mulet pour en faire des reliques (voir texte nº 25, p. 313).

Le mysticisme et le fanatisme, on le voit, se mettent de la partie. On le voit aussi aux effets produits, sinon par la prédication de Pierre l'Ermite lui-même, du moins par celle de quelques-uns de ses émules : les prêtres Volkmar et Gottschalk, qui prêchent en Allemagne, et plus encore un certain Emich utilisent à leur profit l'attente eschatologique dont nous avons déjà parlé et l'antisémitisme qui commence à se développer dans les régions du Rhin, où vivent de nombreuses communautés juives très anciennes et assez opulentes.

Pierre l'Ermite s'était contenté de leur extorquer des fonds, muni (encore une fois !) d'une lettre de recommandation des juifs de France « conseillant » aux juifs du Rhin de lui fournir les subsides demandés. Mieux vaut ne pas trop se demander par quels moyens de pression il avait pu obtenir une lettre aussi favorable à ses desseins ! Emich, lui, va plus loin : il se présente comme étant lui-même ce « roi des Romains et des Grecs » qui, croyait-on, devait venir à la Fin des temps régner à Jérusalem et remettre au Christ revenu sa couronne, sur le mont des Oliviers. Le massacre qu'il fait des juifs de Rhénanie – ce sont là les premiers véritables pogroms d'Occident – résulte avant tout de son échec à les « convertir » de force.

Les annales des villes allemandes racontent ces faits avec une belle unanimité, en une phrase laconique, presque toujours la même : « Cette année-là, de nombreux juifs furent baptisés. » On croyait alors, selon l'interprétation que l'on donnait parfois des prophéties, qu'avant l'apparition de l'Antichrist les juifs se détermineraient enfin pour ou contre le Christ, et que la majorité d'entre eux se rallierait au christianisme. Mais si quelques-uns se résignent en effet à accepter le baptême, sous la menace ou la contrainte, la plupart des juifs de Rhénanie refusent obstinément et préfèrent s'entr'égorger en une sorte d'holocauste volontaire. Les croisés fanatiques d'Emich s'en montrent outrés et frustrés, preuve, s'il en fallait, que le massacre des juifs n'est pas leur but premier.

Or, ces prédicateurs, mettant en avant des mobiles et des spiritualités diverses et contestables, ont eu un succès que l'on peut qualifier de considérable. Pierre et ses émules attirent derrière eux plusieurs dizaines de milliers d'hommes, si l'on en croit les évaluations habituelles des historiens de la croisade. Cela représenterait près du tiers de l'ensemble des croisés.

La « première croisade » est donc multiple, multiforme, novatrice et révolutionnaire, mais elle puise aussi ses racines dans un fond ancien, au terme d'une évolution de près de mille ans dont les pages qui précèdent ont tenté d'esquisser les lignes directrices. Du refus de la guerre, cette évolution mène à son acceptation, puis à sa valorisation jusqu'à la réhabilitation d'un concept nouveau issu de l'Ancien Testament mais rejeté par l'Évangile : la guerre sainte, version « chrétienne » du *jihad* islamique.

Il reste à se demander pourquoi elle a été prêchée à ce moment précis, pourquoi elle connut un tel succès, en quoi elle ressemble ou diffère du *jihad*, y répond ou s'en inspire. Ce sera l'objet d'un dernier chapitre.

CHAPITRE 14

Guerre sainte, *jihad*, croisade La croisade, un *jihad* chrétien ?

Polythéisme, monothéisme et tolérance

Quelques penseurs, en Occident, ont récemment esquissé une apologie du polythéisme et une critique du monothéisme fondée sur une base morale. La mode de la « nouveauté » aidant, cette thèse a rencontré, dans certains milieux dits « intellectuels », en France comme en d'autres pays occidentaux, un succès notable. On peut, par certains aspects, relier cette thèse à la tendance constante, manifestée depuis près d'un demi-siècle, à l'autocritique systématique de l'Occident par ses propres penseurs, prompts à rendre, contre toute raison, l'Occident qualifié de « judéo-chrétien » responsable de tous les malheurs du monde. Il convient donc d'y prêter un moment attention.

Selon cette thèse, le polythéisme, par son ouverture, serait par nature plus « tolérant », moins porté à la violence que le monothéisme qui, lui, affirme comme un absolu et comme seule « vérité » l'existence d'un Dieu unique. En rejetant ces dieux, les fidèles du monothéisme seraient tout naturellement enclins à l'intolérance, à la diabolisation des « infidèles », à la légitimation de la violence envers eux, donc à la guerre sainte. Celle-ci serait en quelque sorte inhérente au monothéisme, mais impensable dans le cadre du polythéisme qui, par là même, serait plus respectueux des valeurs actuellement jugées universelles, celle des « droits de l'homme ».

La thèse peut paraître séduisante à l'historien, car elle se fonde sur l'analyse « philosophique » de faits historiques qui semblent avérés. Elle ne résiste pourtant pas totalement à l'examen, et cela pour plusieurs raisons.

La première tient à la définition même de la tolérance en matière de religion. On a parfois tendance à confondre « tolérance » avec « indifférence », « acceptation », « intégration » ou « œcuménisme ». Or, seul un être totalement indifférent au fait religieux peut estimer, en effet, que tous les dieux (ou toutes les religions) « se valent », sans manifester la moindre préférence pour l'une ou l'autre de ses manifestations. Il n'en va pas de même de l'athée, qui au contraire les rejette toutes, ou de l'agnostique, qui n'en adopte aucune, mais laisse ouverte la question, et aussi la possibilité d'en découvrir ou d'en adopter une, si celle-ci lui donne un jour intellectuellement satisfaction. Toutes ces attitudes purement intellectuelles sont récentes, rares, et ne se sont guère manifestées dans l'histoire humaine. Elles sont totalement inexistantes à l'époque considérée dans ce livre.

L'intégration, assimilation ou adoption, en revanche, est ancienne. C'était précisément l'attitude la plus répandue dans le polythéisme antique. Acceptant l'existence d'une divinité derrière chaque manifestation de la nature, les « païens » ne voyaient en effet aucune difficulté à adopter de nouveaux dieux en nombre indéfini, craignant au contraire d'indisposer ceux qui, par mégarde, auraient pu être oubliés. Cette conception mène à la fois au formalisme et à une inflation du panthéon telle que sa complexité entraîne vite une désaffection et l'absence de toute relation personnelle fondée sur l'amour. Cette démarche « inflationniste » est relevée et exploitée par le discours de saint Paul sur l'Aréopage d'Athènes : avec humour, il « loue » les Athéniens d'être pieux et religieux au point d'avoir dressé un autel « à un dieu inconnu ». Puis, jouant sur les mots, il affirme que le dieu chrétien qu'il prêche est précisément celui-là. C'est le Dieu créateur et unique, aimant les hommes qu'il a créés au point de vouloir les sauver de la mort et leur procurer la vie éternelle.

Cette affirmation d'un Dieu unique promettant la vie éternelle choqua les païens et suscita leur hostilité. Ils avaient pu jusqu'ici, avec quelque réticence, « intégrer » ou « adopter » la plupart des religions, y compris la religion juive qui, elle aussi, pourtant, prêchait un Dieu unique et créateur. Ils l'avaient pu dans la mesure où cette religion leur paraissait circonscrite à un peuple particulier : Yahvé était pour eux le dieu des Juifs, comme Mercure était le dieu des voleurs, des voyageurs et des marchands. Le panthéon gréco-romain s'était jusqu'alors enrichi des nombreux dieux locaux adorés par les populations des régions incorporées à l'Empire, et adoptés comme tels. Dès lors que le peuple juif conservait son particularisme ethnique, sa religion particulière ne présentait aucun risque pour le paganisme romain.

Le christianisme fut d'abord perçu de la même manière, mais la dispersion du peuple juif d'une part, la vocation à l'universalisme du christianisme d'autre part, donc son aspect missionnaire, ne tardèrent pas à révéler le caractère inconciliable du paganisme et du monothéisme judéo-chrétien. L'affirmation d'un Dieu unique créateur de tout l'univers et appelant tous les hommes au salut par la foi équivalait à la négation du pouvoir ou même de l'existence des autres dieux. Les païens identifièrent donc le christianisme à l'athéisme, et ses adeptes furent persécutés comme irréligieux, athées, négateurs des dieux protecteurs de l'Empire romain et par là même ennemis intérieurs de cet Empire, coupables du crime majeur d'incivisme.

La nouvelle religion chrétienne fut ainsi perçue comme inassimilable par le paganisme romain, tout comme celui-ci était inassimilable par le christianisme. Il n'aurait pu l'être que par un phénomène d'assimilation des dieux païens à des puissances célestes subordonnées à Dieu, anges ou saints. Mais le culte des anges et surtout celui des saints ne devaient naître que bien plus tard au sein du christianisme. À cette date, le phénomène intégrateur ne pouvait avoir lieu.

L'Empire romain païen ne manifesta aucune tolérance réelle envers le christianisme : dès lors qu'elle était inassimilable à la religion de Rome, la nouvelle foi n'obtint pas le statut de religion licite ; par conséquent, elle pouvait être interdite à tout moment et ses adeptes persécutés et livrés à la mort. Il est donc tout à fait faux de soutenir que le paganisme s'est montré par nature et dans l'histoire plus tolérant que le monothéisme. C'est là confondre tolérance et capacité d'assimilation ou d'absorption.

Les divers monothéismes ont d'ailleurs pratiqué le même type d'attitude. Ainsi le christianisme a pu, relativement, « tolérer » ou « incorporer » à sa propre conception de la foi l'existence du judaïsme. En effet, issu de celui-ci, il pouvait le considérer comme appartenant à la même vraie religion à laquelle il venait seulement, par l'Évangile et le message du Christ, apporter un complément d'une Révélation biblique antérieure, qu'il ne répudiait pas. Le message du Christ était tenu pour l'accomplissement du message biblique. Un parachèvement. Mais, à l'inverse, le judaïsme ne pouvait ni assimiler ni accepter le message évangélique sans adopter du même coup le christianisme et s'y rallier.

De même, l'islam a pu admettre en son sein les cultes juifs et chrétiens dans la mesure où ces deux religions étaient tenues pour issues d'une seule et même religion révélée jadis à Abraham, aux prophètes, puis à Jésus, révélation à laquelle Mahomet, par le Coran qui lui fut transmis, venait mettre le sceau de la perfection, redressant ainsi les « corruptions » que lui avaient fait subir ces prédécesseurs. En revanche, l'islam, moins encore que le christianisme, n'acceptait en rien l'existence du paganisme, totalement inassimilable au message central de l'islam, à savoir l'affirmation d'Allah comme Dieu unique, sans aucun « associé ».

À l'inverse, les chrétiens ne pouvaient admettre cette qualité de prophète de Mahomet, et la primauté du Coran comme révélation, sans devenir par là même musulmans.

L'assimilation-intégration était possible dans un sens, impossible dans l'autre : elle aurait signifié une disparition, une dissolution pure et simple. Chrétiens et musulmans pouvaient donc, on l'a vu, sans se renier, « tolérer » le judaïsme, tout comme les musulmans pouvaient « tolérer » juifs et chrétiens, sans que pour autant l'inverse soit possible.

Mais c'est à tort, on le voit, que l'on parle à ce propos de « tolérance ». La tolérance ne signifie en effet ni indifférence, ni confusionnisme, ni assimilation, ni absorption. C'est la reconnaissance intellectuelle du « droit » d'un être humain de professer une opinion religieuse que l'on ne partage pas soi-même, et que peut-être l'on rejette pour des raisons multiples et parfois obscures (ignorance, traditions, incompréhension, etc.). C'est lui reconnaître non seulement le droit à l'existence, mais le droit de professer sa foi, de la pratiquer librement, de la publier et de la faire partager à autrui. Cette attitude implique donc la liberté de conscience, le droit au prosélytisme, le droit pour chacun de changer de religion sans contrainte. Elle n'implique aucunement l'adhésion, même minime, aux doctrines et aux pratiques de cette religion qui peut être critiquée et réfutée, mais par les seuls arguments de la raison, sans usage de l'intimidation, de la pression, de la contrainte ou de la force, moins encore de la persécution ou de la guerre. Elle signifie, au fond, la reconnaissance de la dignité de la personne humaine et son droit à l'erreur, quitte à s'efforcer, pacifiquement et sans contrainte, d'éclairer son jugement pour lui faire percevoir cette erreur et l'amener à la lumière d'une meilleure vérité.

C'est dire que la tolérance ainsi définie ne fut à peu près jamais pratiquée dans l'histoire, pas plus d'ailleurs par le polythéisme que par les diverses formes de monothéisme qui se sont succédé sur la terre. Elle ne l'est pas même aujourd'hui, si ce n'est, précisément, dans les pays qui ont accompli la « révolution culturelle » de la laïcité. Or, force est de reconnaître que ce phénomène ne s'est pratiquement réalisé qu'en Occident, pourtant de tradition judéo-chrétienne, ce qui contredit fortement la thèse selon laquelle le monothéisme serait par nature intolérant.

Le problème de la guerre, et particulièrement de la guerre sainte, rejoint celui de la tolérance sans toutefois se confondre avec lui. Là encore, le polythéisme ne se montre pas moins violent que les monothéismes. Saint Augustin s'appuyait même avec force sur cet argument d'histoire pour établir la supériorité du christianisme sur le paganisme romain : aucun peuple, écrivait-il dans sa *Cité de Dieu*, ne s'est montré plus guerrier, plus conquérant, plus belliqueux que celui de l'Empire romain païen, à l'imitation de ses dieux qui, eux aussi, se combattaient et se déchiraient. Par ailleurs, en faisant des innombrables dieux les protecteurs de l'Empire, et plus encore en divinisant Rome et en établissant le culte impérial, les Romains assimilaient religion et civisme, faisant du même coup de toute guerre livrée pour l'Empire un acte sacré. L'Empire romain païen, ainsi, a donc été intolérant envers toute religion inassimilable à sa propre religion, guerrier et persécuteur. Le christianisme et l'islam, il est vrai, lui ont sur ce plan emboîté le pas.

Pourtant, le monothéisme n'implique pas nécessairement intolérance, violence et recours à la guerre. L'exemple des premiers chrétiens le démontre, même si l'on peut légitimement se poser la question de savoir si leur attitude aurait été la même s'ils avaient été portés au pouvoir. La question est d'ailleurs vite résolue : leur refus de la violence et de la guerre n'était en effet qu'une des formes de leur espérance qui, délaissant le pouvoir terrestre, se portait vers le royaume de Dieu dont ils attendaient la manifestation imminente. Leur croyance en un seul Dieu créateur les faisait certes rejeter les autres divinités, mais les faisait aussi considérer chaque homme, fût-il païen ou ennemi, comme une créature de Dieu, leur « prochain », un être humain respectable parce que créé, comme eux, à l'image du Dieu unique. Ils se sentaient le devoir de le convertir par l'exemple, par la prédication, par la logique, par l'argumentation biblique, mais en aucun cas par la force ou par quelque autre moyen de pression. C'est ce respect de la vie humaine, de l'être humain en tant que tel, qui les conduisait tout naturellement à rejeter l'usage des armes. C'est dire que, dans cette perspective de non-violence qui est celle du christianisme originel, la guerre était rejetée, et la guerre sainte impensable, littéralement inassimilable au christianisme tel qu'il a été prêché par Jésus et pratiqué par les chrétiens des premiers siècles.

Le but majeur de ce livre a été de montrer par quel processus historique l'Église d'Occident s'est peu à peu éloignée de cette attitude résolument non violente pour accepter l'idée de la guerre, puis pour la sacraliser au point d'élaborer en son sein le concept de guerre sainte, rejoignant ainsi le *jihad* musulman, qui pour sa part l'avait accepté dès son origine. L'alliance de l'Église et du pouvoir, la fusion du politique et du religieux, en sont les facteurs principaux. Cette alliance, on l'a vu, a effectivement eu lieu, aussi bien dans le christianisme que dans l'islam. Elle était dès l'origine constitutive de l'islam, Mahomet étant à la fois prophète, chef d'État et chef de guerre. Elle ne l'était pas dans le christianisme, et ne s'est pleinement réalisée qu'au terme d'une révolution doctrinale de près d'un millénaire.

La croisade, aboutissement de la guerre sainte

Les pages qui précèdent ont montré comment, en Occident en particulier, s'est lentement transformée l'attitude mentale des chrétiens envers la guerre et l'usage de la violence armée. Dans cette transformation, très proche de la métamorphose, de nombreux facteurs sont intervenus, qui ont peu à peu infléchi la perception d'abord très négative de cet usage. Il s'agit, dans presque tous les cas, d'une évolution liée à la nécessité constatée d'une protection, d'une défense, au sens large du terme. On peut les regrouper sous deux catégories principales, selon que le péril vient de l'intérieur de la chrétienté ou au contraire de l'extérieur.

À l'intérieur de la chrétienté, les périls qui menacent l'Église sont, sur le plan éthique et doctrinal, l'hérésie, le schisme, la déviation, la corruption morale, par exemple la simonie (trafic des choses saintes et vénalité des fonctions ecclésiastiques) et le nicolaïsme (terme désignant dans son ensemble l'immoralité des clercs, en particulier la fornication et plus encore le concubinat). Contre ces périls, l'Église a très tôt considéré comme légitime l'intervention des pouvoirs séculiers pour contraindre les « fautifs » ou les livrer à la justice. Elle a même parfois fait appel plus directement aux forces armées de l'État (considérées comme des forces de police) pour qu'elles exercent leur pouvoir de coercition contre ces « hérétiques » : on en a des exemples dès l'époque de saint Augustin.

Cette attitude découle de la conception selon laquelle les lois morales prônées par l'Église au sein de l'empire chrétien doivent aussi s'imposer aux citoyens de cet empire. En cela, l'attitude du christianisme ne diffère guère de celle de l'islam, qui lui aussi élabore des lois morales et civiques fort rudes que l'État se doit de faire respecter, et qui châtie par la force les « hérétiques ». On peut toutefois souligner en ce domaine une plus grande « tolérance » de l'islam, sinon envers ses propres « hérétiques », du moins envers les adeptes des autres religions monothéistes, juifs et chrétiens, avec les nuances rappelées plus haut.

Un péril d'un autre ordre, matériel celui-là, menace aussi l'Église, ou plus exactement les églises, les établissements ecclésiastiques. À une époque où l'Église devient, par suite des donations dont elle bénéficie, le premier propriétaire terrien de l'Occident, sa richesse suscite évidemment des convoitises. Dans une société rurale, terrienne, que l'on nommera plus tard féodale, les églises, les évêchés et les monastères possèdent terres et bois, vignes, moulins et ponts. Ce sont des seigneuries à la fois foncières et banales, au même titre que les seigneuries laïques, parfois même au niveau des comtés. La protection de ses biens (et aussi de ses personnes) conduit l'Église à fustiger, condamner, anathématiser et diaboliser tous ceux qui portent atteinte, d'une manière ou d'une autre, à son patrimoine ou plus généralement à ses intérêts. On le voit par exemple dans les prescriptions des institutions de paix, dans les récits des châtiments violents infligés par les saints à ceux qui lèsent leurs intérêts, ou dans les textes relatifs aux avoués ou défenseurs d'églises. Ceux-ci, chargés de leur protection, se voient du même coup valorisés et sacralisés dans l'exercice de leur fonction armée, comme le montrent les rituels d'investiture des avoués ou les formules de bénédiction de leurs armes et bannières.

L'Église de Rome n'est pas épargnée par de telles menaces, d'autant plus qu'elle s'est constituée, par des moyens contestables, une seigneurie particulière qui tend à prendre le statut d'une monarchie, le « patrimoine de saint Pierre ». Elle aussi doit se défendre par la force des armes, soit directement, par l'intermédiaire de guerriers qu'elle recrute, rémunère et valorise sur le plan idéologique, soit indirectement, en confiant cette protection à une puissance laïque reconnue, celle qui, traditionnellement, domine et protège l'Italie : l'Empire germanique, héritier de l'Empire romain en Occident.

Au XIe siècle, le processus de « libération » de l'Église passe par le renforcement de la tendance monarchique de la papauté. Le conflit idéologique et armé qui en résulte avec l'empereur a, pour ce qui concerne notre sujet, deux conséquences majeures.

La première est une sacralisation accrue de tous ceux qui s'engagent dans ce conflit aux côtés du pape, et une diabolisation concomitante de ses adversaires, quels qu'ils soient. Ce niveau de sacralisation est tel que l'on peut dès lors parler de guerre sainte à propos de certains de ces conflits, particulièrement lorsque ceux qui les mènent combattent directement pour la cause pontificale en Italie. Le cas des martyrs de la pataria en est la preuve manifeste.

La seconde est la mise en sommeil au moins provisoire des projets de « croisade » qu'avait un moment caressés Grégoire VII. Il est pourtant très probable que la sacralisation de la guerre menée à l'extérieur contre les « païens » avait, dès le début du XIe siècle et plus encore dans la seconde moitié de ce siècle, atteint un niveau comparable à celui du *jihad* dans le monde islamique. Le fait que l'expédition envisagée par Grégoire VII n'ait pas été réalisée n'enlève rien à la portée idéologique de son initiative, qui témoigne d'un achèvement presque complet de l'idée de guerre sainte, et même de croisade.

Les périls extérieurs ont en effet très tôt accentué la marche, d'abord lente et hésitante, vers l'idée de guerre sainte. On en trouve les premières traces en Orient, puis en Occident, particulièrement lorsque les périls qui menacent viennent des musulmans, assimilés aux païens pour de multiples raisons déjà évoquées. Les invasions, parfois reçues comme un châtiment temporaire de Dieu, sont également perçues comme une parenthèse que Dieu refermera bientôt. La lutte contre ces envahisseurs des terres jadis chrétiennes s'en trouve valorisée et sacralisée, plus encore lorsqu'il s'agit de défendre contre eux le cœur de la chrétienté occidentale, Rome, parfois menacée. C'est à propos de ces guerriers-là que, pour la première fois, au IXe siècle, apparaît la promesse de récompenses spirituelles accordées à ceux qui viendraient à mourir en combattant ces adversaires assimilés aux ennemis de l'Église et du Christ. C'est là un élément majeur, caractéristique de la guerre sainte. Cette évolution vers la notion de guerre sainte se renforce encore par la diabolisation des musulmans et par l'image très défavorable, voisine de la caricature, qui en est faite en Occident.

Dès lors, à ce stade, la guerre sainte est très proche du *jihad*, dont elle diffère cependant par plusieurs traits sur lesquels nous allons revenir plus loin. On peut alors se demander pourquoi la croisade, aboutissement de la guerre sainte en tant que reconquête du berceau du christianisme, n'est pas apparue plus tôt. La plupart des éléments d'une telle guerre sainte étaient réunis bien avant 1095 et, dans ces conditions, on doit moins s'étonner du caractère « nouveau » de cette entreprise que de son « retard » relatif.

Pourquoi un tel retard ?

Dès le début des invasions arabes, on l'a vu, certains milieux chrétiens ont espéré que la domination musulmane serait de courte durée et ont compté sur l'empereur romain (celui de Byzance) pour vaincre les Arabes et rétablir l'autorité romaine et chrétienne sur ces territoires envahis. Si l'idée de guerre sainte n'a pas réussi à s'implanter en Orient, c'est avant tout par suite de la grande vigilance doctrinale des autorités ecclésiastiques orientales, que nous appelons « orthodoxes ». Car le combat mené en ce sens par les empereurs présentait déjà plusieurs traits de sacralité, matérialisés par exemple par les bannières et la protection des saints militaires.

La reconquête des territoires orientaux, pourtant, ne pouvait guère être envisagée autrement que par les armées byzantines, et sous la conduite impériale. Cette reconquête prend avant tout, lorsqu'elle réussit parfois, des traits de guerre de voisinage. À certaines périodes, un équilibre politique s'établit et la tension s'apaise entre les deux entités, l'Empire byzantin chrétien et l'empire arabe musulman. C'est le cas particulièrement au XIe siècle lorsque d'autres périls menacent Constantinople.

Du côté occidental, en revanche, la notion de guerre sainte s'élabore peu à peu, comme ce livre l'a montré, et atteint dès le XIe siècle son niveau de maturité. Mais la rupture avec l'Orient, ou pour le moins son éloignement à la fois géographique et idéologique, n'a pas permis son développement et son application en direction de Jérusalem, son pôle naturel d'attraction. La guerre sainte s'est donc manifestée d'abord en Occident, particulièrement dans les zones qui sont à la fois en contact avec les anciens envahisseurs musulmans « paganisés » et liées idéologiquement à Rome, facteur principal de sacralisation idéologique. C'est le cas de l'Espagne, de l'Italie du Sud et de la Sicile.

Pour s'exprimer pleinement, l'idée de guerre sainte avait besoin, du côté chrétien, de la conjonction de ces deux facteurs : un niveau suffisant de valorisation et de sacralisation de la guerre et un état de tension politico-militaire venant créer un choc émotionnel permettant à cette sacralisation de s'exacerber, de s'exprimer à la fois dans les actes et dans des écrits.

Il en va de même, d'ailleurs, du *jihad*, à cette différence toutefois que cette sacralisation de la guerre était, en pays musulmans, acquise depuis longtemps, pour ainsi dire dès l'origine. Aucune évolution profonde, moins encore de révolution doctrinale, n'était ici nécessaire pour son adoption. Il n'a d'ailleurs subi, au cours de la période envisagée, que des modifications minimes qui tiennent à sa définition, à son expression et à sa codification doctrinale et juridique. C'est la raison pour laquelle ce livre s'est attaché principalement à décrire l'évolution de la notion de guerre sainte dans le christianisme, jusqu'au point où les deux notions en viennent à se rejoindre sur la majeure partie de leurs aspects.

En revanche, cette notion de *jihad*, déjà admise et élaborée depuis longtemps, ne s'épanouit pas non plus d'une manière constante. Comme la guerre sainte, elle a besoin, pour cela, de la dimension émotionnelle et psychologique, élément conjoncturel que créent parfois les circonstances historiques lors des périodes de tension.

De part et d'autre, ces circonstances sont réunies bien avant la fin du XIe siècle et auraient pu donner lieu à une exaspération de la guerre sainte. Elles le sont par exemple en Espagne, aux alentours de l'an mil, lorsque la *recon-*

quista espagnole est brusquement stoppée par al-Mansour, qui inverse le mouvement et entreprend au nom du *jihad* une reconquête de la péninsule qui peut faire craindre un retour en force aux situations anciennes de domination musulmane : il s'empare même de Barcelone en 985, obligeant le comte Borrel à faire appel au roi carolingien Louis V, puis au nouveau roi capétien Hugues. Celui-ci envisage une expédition, avec l'accord du futur pape Sylvestre II (Gerbert d'Aurillac), et en profite pour faire sacrer de son vivant son fils Robert, affermissant ainsi sa dynastie. Mais le conflit qui l'oppose à Charles de Lorraine lui fournit un prétexte pour ne pas donner suite à ce projet. Les victoires d'al-Mansour se multiplient : en 997 il s'empare de Saint-Jacques-de-Compostelle et pille la ville, emmenant symboliquement les cloches de ses églises à Cordoue. C'est à cette période, on l'a vu, que se rattache la plus ancienne expression de la doctrine du martyre obtenu par des moines morts au combat : pour lutter contre les Sarrasins, ils ont, malgré leur état, pris les armes pour défendre « la patrie et la foi chrétienne ». Quelques années plus tard, en 1004, le roi Sanche de Navarre se proclame champion de la chrétienté et entreprend la *reconquista*, favorisé en cela par le déclin du califat de Cordoue. En 1031, ce califat « explose » et est remplacé par les *reyes de taifas*, qui, par leurs faiblesses et leurs rivalités, permettent aux rois chrétiens de reprendre l'initiative à la fois militaire et diplomatique : raids, butins, tributs et alliances leur sont favorables, et la « *Realpolitik* » l'emporte alors sur la proclamation de l'idéologie. La guerre sainte est mise en sommeil de part et d'autre, provisoirement du moins.

Une autre circonstance aurait pu créer le choc émotionnel capable d'initier la guerre sainte encore embryonnaire dans l'Occident chrétien : il s'agit de la destruction de l'église du Saint-Sépulcre par al-Hakim, en 1009. Ce prince, d'abord musulman zélé, commence par vouloir « épurer » la religion pratiquée par ses contemporains, persécute les tendances dissidentes de l'islam avant d'étendre ces persécutions aux juifs et aux chrétiens, puis de sombrer dans une mégalomanie hérétique qui l'amène à se croire lui-même d'essence divine. Certains historiens, chrétiens comme musulmans, voient en lui un homme qui avait perdu la raison. C'est au cours de l'une de ces crises qu'il donne l'ordre, dès 1004, de démolir les synagogues et les églises de son empire, ordre qui aboutit en 1009 à la destruction de l'église constantinienne du Saint-Sépulcre.

On faisait grand cas, jadis, de cet événement « inouï » dans lequel on voulait voir l'origine lointaine du mouvement aboutissant à la croisade. On soulignait que ce fait avait surpris et scandalisé l'Occident, au point qu'Adémar de Chabannes et Raoul Glaber, pour l'expliquer, avaient imaginé un complot ourdi par les juifs d'Occident. L'un et l'autre mettent en effet l'accent sur la responsabilité des juifs et font allusion à une expédition que préparerait l'Occident contre les musulmans, expédition qui aurait pour but de renverser le pouvoir d'al-Hakim. Les juifs l'en auraient informé, lui conseillant de détruire le Sépulcre pour s'en prémunir.

On ne voit d'ailleurs pas en quoi cette destruction aurait pu atteindre ce but, bien au contraire ! L'explication est évidemment fallacieuse. Dans cette double version des faits, c'est manifestement l'antijudaïsme qui prime : pour justifier les pogroms, bien réels, qui eurent lieu dans leurs propres régions respectives vers 1010, les deux auteurs qui les rapportent (avec, d'ailleurs, une certaine complaisance antisémite) les attribuent à la colère indignée des chrétiens à la nouvelle des persécutions d'al-Hakim et de sa destruction du Saint-Sépulcre. Ils reportent sur les juifs la responsabilité de cette destruction en imaginant un véritable complot des juifs de France allant dénoncer à un calife musulman un péril menaçant son trône : une expédition occidentale se préparerait contre lui. Il y a là, de toute évidence, une double inversion de la chronologie et de la logique. Celle-ci voudrait au contraire que l'expédition supposée soit plutôt la conséquence que la cause de la destruction du Sépulcre et de la persécution des chrétiens.

Ces déformations idéologiques rapprochant ces textes des ragots, ajoutées à certaines inexactitudes chronologiques de leurs auteurs, ont conduit la plupart des historiens à minimiser, voire à réduire à néant la portée de ces textes. Aujourd'hui, on tend à les négliger et à conclure que la destruction du Saint-Sépulcre n'a pas eu le moindre impact en Occident. C'est là, me semble-t-il, aller trop loin et trop vite en besogne. Malgré ces déformations évidentes, on ne peut éliminer totalement de ces textes la part émotionnelle dont ils témoignent devant la nouvelle de cette destruction, même s'ils en dénaturent et en détournent le sens. L'idée d'une expédition armée en Orient (qui aurait été dénoncée par les juifs) n'en est pas moins évoquée. Réelle ou non (et il est plus que probable qu'elle était imaginaire), l'évocation d'une telle expédition suffit à prouver que l'idée était, en quelque sorte, « dans l'air » (voir texte nº 26, p. 315).

Un autre document, plus controversé encore – non seulement dans son sens, comme les deux précédents, mais dans son authenticité même –, doit être porté au dossier. Il est connu sous le nom de « (fausse) encyclique de Sergius IV ». Dans ce texte, le pape (son auteur présumé) rappelle la Passion du Christ, qui a procuré le salut aux chrétiens en leur ouvrant la vie éternelle. Ceux qui ont péché, en effet, peuvent en pénitents se rendre au Sépulcre du Seigneur, « portant leur croix » à l'imitation du Christ, pour obtenir ainsi le pardon de leurs fautes. C'est ce que de nombreux chrétiens ont fait jusqu'à présent, souligne le texte. Or, ajoute le pape, cette voie de salut est désormais fermée. En effet, une nouvelle stupéfiante vient de parvenir à Rome : le Saint-Sépulcre a été tout récemment détruit par les mains impies des Sarrasins.

Le pape se dit bouleversé, stupéfait par cette nouvelle qui semble échapper à son entendement. Il explique pourquoi : rien, en effet, ni dans les textes sacrés ni dans les écrits des Pères de l'Église, ne suggère qu'une telle destruction ait été annoncée, prophétisée, en quelque sorte « prévue » par Dieu. C'est donc une « anomalie », un acte impie qu'il convient de châtier. Le pape annonce clairement son intention de s'embarquer, à la tête des chrétiens qui voudront bien le suivre, pour aller combattre et même tuer les Arabes (Agaréniens) qui commettent un tel sacrilège, « venger Dieu » comme jadis l'ont fait les empereurs romains Titus et Vespasien, et restaurer le Saint-Sépulcre. Il ne doute pas de la victoire, ni des récompenses spirituelles qui seront accordées par Dieu à ceux qui viendraient à mourir dans ce combat sacré : ils obtiendront la vie éternelle (voir texte n° 27, p. 316).

C'est là un texte de la plus haute importance, quelles que soient sa date et son authenticité.

S'il est authentique, nous avons là un document très précieux qui souligne la précocité de la notion de guerre sainte menée pour le Sépulcre du Christ, assorti de promesses spirituelles, émaillé de nombreuses expressions annonciatrices de la croisade, celle de Grégoire VII et plus encore celle d'Urbain II. La grande précocité de ce texte, et l'étroite ressemblance de ses thèmes avec ceux qu'Urbain II développera presque un siècle plus tard ont conduit les érudits de la fin du XIXe siècle à le rejeter comme apocryphe. Il aurait été, dit-on, composé à Moissac, lors de la tournée de propagande d'Urbain II pour la croisade qu'il prêcha dans le Midi de la France au printemps de l'année 1096.

Cette thèse, jusqu'ici largement admise, a été récemment contestée avec de très bons arguments. Il se pourrait donc fort bien que le document en question soit substantiellement authentique. Si c'était le cas, nous aurions dans ce texte la plus ancienne expression d'une guerre sainte organisée par un pape qui, avant Grégoire VII (1074), décide de prendre lui-même la tête d'une expédition armée destinée à combattre les musulmans (ici désignés, notons-le par le mot *Agarenes*, c'est-à-dire Arabes descendants d'Agar, et non Turcs, comme le dira plus tard Urbain II, après l'apparition des Turcs seljuqides au Proche-Orient) et à restaurer le Saint-Sépulcre, pour ouvrir à nouveau cette véritable voie de salut indispensable aux chrétiens d'Occident.

Mais, s'il s'agit au contraire d'une falsification forgée en 1096, il nous faut pour le moins admettre que ses auteurs avaient encore en mémoire, à cette date, l'ancienne destruction du Sépulcre par al-Hakim, et qu'ils estimaient que cette destruction méritait d'être suivie par une expédition vengeresse et méritoire. On n'échappe pas, dans l'un et l'autre cas, à la conclusion que la destruction du Saint-Sépulcre est considérée comme une offense très grave faite à Dieu, justifiant une guerre sainte prêchée et organisée par le pape et assortie de récompenses spirituelles : l'accès au royaume de Dieu. On ne peut donc pas dire, comme on tend à le faire parfois aujourd'hui, que Jérusalem en général et le Saint-Sépulcre en particulier avaient avant la croisade un impact relativement faible sur les esprits des chrétiens d'Occident.

On n'a malheureusement aucune trace, en dehors de cette lettre, d'une telle expédition projetée par le pape au début du XIe siècle. S'il a bien été envisagé, le projet a-t-il été très vite abandonné ? C'est possible. On note la même obscurité, notons-le, à propos de l'expédition projetée en 1074 par Grégoire VII. Ce projet n'en a pas moins été vraiment conçu par Grégoire, comme le prouvent plusieurs de ses lettres parfaitement authentiques. Le défaut de réalisation et l'absence d'autres témoignages à ce sujet ne prouvent donc nullement que l'idée n'était pas alors présente dans quelques esprits, dès 1011, et c'est seulement ici ce qui nous importe. Si au contraire c'est un faux, la référence à la destruction de l'église du Saint-Sépulcre comme thème incitatif révèle pour le moins qu'elle avait assez profondément marqué les esprits et les mémoires pour qu'on y fasse allusion 85 ans plus tard dans un document fictivement associé à cet événement. Dans un cas comme dans l'autre, les « malheurs » infligés au Saint-Sépulcre sont considérés comme justifiant parfaitement une expédition militaire destinée à obtenir sa libération, et assimilée à une guerre sainte.

Un autre document peut confirmer cette analyse. Il était parfois tenu jadis pour apocryphe, mais est aujourd'hui reconnu comme parfaitement authentique. Il s'agit de la lettre n° 28 de Gerbert d'Aurillac, qui devint pape sous le nom de Sylvestre II (voir texte n° 28, p. 319). Il s'agit sans nul doute d'un exercice de style dans lequel Gerbert fait parler l'église de Jérusalem, qu'il décrit aujourd'hui dévastée, abattue, malgré son prestige ancien : c'est chez elle, en effet, qu'ont parlé les prophètes, que le Christ est né, a vécu, est mort et est ressuscité. D'elle que sont partis les Apôtres pour évangéliser le monde. Par la plume du rédacteur, elle en appelle à l'Église universelle pour qu'elle s'émeuve de son triste état, en particulier de celui des Lieux saints, et lance un vibrant appel aux « soldats du Christ » : ils ne peuvent certes pas venir secourir Jérusalem par les armes, mais que du moins ils soutiennent son église par leur aide financière, car le Sépulcre doit subsister éternellement, jusqu'à la Fin des temps. Le texte souligne cette anomalie :

> « Et cependant, alors que le prophète a dit : "son sépulcre sera glorieux", le Diable tente de le priver de cette gloire par le moyen des païens qui dévastent les lieux saints. Lève-toi donc, soldat du Christ [*miles Christi*]. Dresse tes étendards et combats avec moi ; et puisque tu ne peux pas venir me secourir par les armes, fais-le par tes conseils et l'aide de tes richesses. »

On ne sait pas à quelle date précise a été rédigé ce texte (en tout cas avant 1003), significatif de la mentalité et de la sensibilité religieuse aux alentours de l'an mil : Jérusalem et le Sépulcre y occupent une place que l'on a tort de minimiser. Et l'on a conscience à la fois de l'unité de l'Église autour de ce lieu saint, des menaces qui pèsent sur lui et de la précarité de sa situation, de son « abaissement » aux mains des infidèles. L'hypothèse d'une intervention armée en Orient est ici évoquée pour être aussitôt écartée : Jérusalem est trop lointaine.

L'idée d'une telle intervention, liée au Saint-Sépulcre et en tout cas à Jérusalem, naît toutefois dans les esprits en ce début du XIe siècle. Elle peut sembler difficile à réaliser, mais elle est reçue comme admissible et, qui plus est, souhaitable et bénéfique, méritoire. Elle l'est parce que la notion de guerre sainte est alors parvenue à un degré de maturité qui la rend concevable. Cette notion rejoint presque, ici, la notion de *jihad* : comme elle, il lui faut seulement, pour se réaliser, l'union d'une émotion (c'est le cas avec la destruction du Saint-Sépulcre) et d'une conjoncture favorable. C'est ce dernier point qui, vers l'an mil, n'est pas réalisé ; l'Occident n'est pas, à cette date, en état d'intervenir en Orient : de nombreux conflits divisent la chrétienté, et la papauté ne tarde pas à entrer dans une période où elle est dominée par les empereurs. Il faudra attendre la réforme grégorienne pour qu'elle se libère de leur emprise. L'idée, dès lors, se dilue ou pour le moins se met en sommeil, sans aboutir à une réalisation.

Le même phénomène peut être constaté du côté musulman, en Espagne par exemple. Après les victoires d'al-Mansour, l'initiative passe du côté chrétien et les *reyes de taifas* ne pèsent pas lourd devant les rois chrétiens du Nord. Malgré leurs divisions, malgré les craintes qu'ils nourrissent à l'égard du souverain almoravide du Maghreb, dont ils redoutent ce qui va en effet se produire (à savoir la perte de leur indépendance, leur déposition de la main de celui-ci, voire leur captivité), il leur faut se résoudre à faire appel à lui pour mener le combat contre les chrétiens.

La notion de *jihad*, jusqu'alors en sommeil, est alors remise en honneur. Sa codification n'est pas nouvelle : on la trouve déjà très clairement exprimée au Xe siècle (voir texte nº 29, p. 321). Le thème renaît dans l'Espagne des Almoravides. On le trouve avec une particulière fréquence dans les *Mémoires d'Abd'allah, dernier roi ziride de Grenade*, qui raconte l'arrivée de l'émir Yûsuf ben Tâshfîn à Algésiras, suite à l'appel de son père. Ainsi, al-Mutamid envoie à l'émir almoravide « des ambassadeurs pour l'informer qu'il eût à se préparer à faire la guerre sainte et lui promettre l'abandon d'Algésiras en sa faveur ». Celui-ci le rassure en ces termes : « Vous nous avez promis Algésiras ! Mais nous ne venons pas pour prendre des villes ou faire du tort à quelque sultan ! Nous ne venons que pour faire la guerre sainte ! » Rassurés, les rois de Séville et de Grenade obtiennent de Yûsuf, par traité, des assurances concernant leur indépendance, et se rangent alors derrière Yûsuf pour mener la guerre sainte (voir texte n° 30, p. 322).

Les circonstances ont ici joué en faveur du *jihad* : devant la menace d'Alphonse VI, les princes musulmans se rallient à Yûsuf et se joignent à lui au nom du *jihad*. Yûsuf remporte sur les armées chrétiennes la victoire décisive de Zallaqa (1086), regagne à l'islam la majeure partie des territoires reconquis par les chrétiens, mais en profite pour mettre fin aux États musulmans indépendants ; Abd'allah est déposé et finit ses jours en captivité.

La victoire de Yûsuf, en retour, inquiète Alphonse VI, et fait renaître la notion de guerre sainte du côté chrétien.

Le même phénomène peut être constaté à propos de l'Orient. Après la poussée musulmane consécutive à la victoire de Mantzikert, Alexis fait appel à l'Occident pour en obtenir une aide militaire. La première croisade en résulte, avec l'ampleur que l'on sait, due principalement à la diffusion et à la valeur que lui donne la papauté, récemment revigorée. Cette « croisade » est tenue d'abord par les États musulmans d'Orient pour un épiphénomène sans grande importance. Son succès, pourtant, réveille bientôt la notion de *jihad*, quelque peu en sommeil, comme en témoigne la composition, dès 1105, d'un traité damasquin (voir texte n° 31, p. 323).

Causes du succès populaire de la croisade

La prédication de la « croisade » rencontre, dès 1096, un très grand succès auprès des chrétiens d'Occident, particulièrement des laïcs. Pourquoi un tel succès ? Les raisons en sont multiples, tout comme les motivations des chevaliers qui participent à cette aventure.

Il y a bien entendu une part de motivations matérielles. On l'exagérait volontiers il y a une trentaine d'années, probablement sous l'influence du marxisme privilégiant les causes économiques des phénomènes. Elle est ici réelle, mais probablement minime : le voyage coûte cher, l'armement aussi, et beaucoup de familles de croisés doivent vendre ou hypothéquer leurs biens pour fournir les subsides nécessaires à un seul de leurs membres. Les risques de mourir en route sont considérables, et ceux qui survivent reviennent généralement chez eux bien plus pauvres qu'à leur départ, si ce n'est en reliques, chèrement acquises en Orient. Quelques-uns pourtant, très rares, y font fortune, en terres s'ils restent outre-mer, ou en butin (monnayé) s'ils reviennent chez eux. Pour illusoires ou utopiques qu'elles soient, ces espérances matérielles ne doivent pas être trop vite écartées des motivations, au moins secondaires, de certains croisés. Le succès actuel des jeux et des loteries démontre assez qu'il n'est pas nécessaire d'avoir logiquement beaucoup de chances de gagner pour espérer les faveurs de la fortune.

Pour le plus grand nombre, cependant, ce sont, de loin, les motivations religieuses qui sont déterminantes. Or, les espérances spirituelles, majeures, sont toutes réunies dans la croisade, qui cumule les avantages d'un pèlerinage et d'une guerre sainte : pardon des péchés confessés, équivalence de pénitence plénière, promesse de protection et de rémunérations divines, assimilation aux martyrs des guerriers mourant en chemin ou sous les coups des musulmans diabolisés et assimilés aux païens de l'Antiquité, etc. (voir textes n° 22, p. 305 *sq.*). En Orient, les croisés ne combattent plus seulement pour une église, pour un saint patron de monastère, pour le pape ou pour saint Pierre, mais pour le Christ lui-même, pour délivrer son héritage et son tombeau. Ils en attendent des bénédictions sur cette terre et des récompenses spirituelles dans le royaume de Dieu.

Certains d'entre eux (et pas seulement chez les adeptes d'Emich), sur la base d'interprétations contestables des prophéties, espèrent probablement que le Christ lui-même reviendra à Jérusalem pour mettre fin avec eux à la domination de l'Antichrist, dont ils croient la révélation imminente. Ils participeraient ainsi, derrière le Christ et avec lui, au dernier combat de l'histoire, trouvant ainsi aussitôt leur récompense dans le royaume instauré par Dieu, la Nouvelle Jérusalem.

Pour toutes ces raisons – dont il est difficile d'évaluer l'importance relative mais qui, ici, se combinent et s'ajoutent –, la croisade est perçue comme une guerre sainte de reconquête chrétienne, dans une conception globale qui, dans la mentalité commune de l'Occident de la fin du XIe siècle, a rapproché la guerre sainte chrétienne du *jihad* musulman. À cette date, en effet, au terme d'une évolution de plus de mille ans, la guerre sainte chrétienne, dont nous avons tenté ici de décrire la naissance et le développement, a rejoint et peut-être dépassé le *jihad*.

Pourtant, la croisade est plus qu'une guerre sainte. Elle est bien plus sacralisée et méritoire que toutes celles dont nous avons parlé jusqu'ici et qui l'ont préparée, en Espagne ou en Sicile. Il faut ici employer le superlatif : c'est, pour les chrétiens de ce temps, une guerre « saintissime », pour de nombreuses raisons qui tiennent au passé de Jérusalem et à la culture biblique qui imprègne la religion chrétienne. Jérusalem évoque non seulement le passé lointain de l'Ancien Testament, les précurseurs de la foi, les Prophètes et les Patriarches, Abraham, Isaac et Jacob, David et Salomon, mais aussi le Sauveur, Jésus lui-même, révélation incarnée, qui y a prêché, y est mort, y est ressuscité pour ouvrir à ses fidèles les portes du royaume des cieux, la « Nouvelle Jérusalem », précisément. Jérusalem, en effet, évoque aussi le futur, les temps de la Fin, qui s'achèveront lorsque le Christ, à Jérusalem encore, descendra des cieux pour y triompher de l'Antichrist et des siens, les infidèles au sens propre du terme. Ces éléments eschatologiques liés au combat final de l'histoire accroissent encore la dimension de guerre sainte de la croisade.

La croisade n'est donc pas une guerre sainte ordinaire. Elle est plus qu'un *jihad*, pour de multiples raisons. Elle apparaît aux yeux des chrétiens de ce temps comme une guerre de libération voulue et menée par Dieu, réunissant tous les caractères de sacralité qui ont permis, au sein du christianisme, cette révolution doctrinale conduisant la religion du Christ, religion d'amour et de non-violence, à valoriser l'action guerrière au point de faire de l'une d'elle au moins une action méritoire. Une action pieuse permettant d'expier des péchés qui, dans la conscience des hommes d'aujourd'hui, semblent autrement plus bénins que la mort d'un homme, fût-il un « infidèle ».

Conclusion

La comparaison du *jihad* à la guerre sainte chrétienne s'impose tout naturellement à l'esprit. Nous en avons souligné les nombreux points communs. Il convient aussi d'en analyser les différences.

Elles ne sont pas minces.

La première est d'ordre doctrinal. Les musulmans que l'on nomme aujourd'hui « modérés » cherchent à la réduire, voire à la supprimer, en affirmant que l'islam est une religion de paix, que *jihad* signifie « effort moral intérieur » et non pas « guerre sainte », et que celle-ci n'a pas de véritable fondement coranique. L'examen des textes révélés et de la conduite du Prophète rapportée par la tradition musulmane la plus authentique conduit pour le moins, on l'a vu, à accueillir cette thèse (aujourd'hui d'ailleurs peu suivie par les masses) avec beaucoup de réticence et de multiples réserves. L'attitude radicalement opposée des deux fondateurs de religion, Jésus et Mahomet, devant l'usage de la violence est à cet égard significative.

Il n'est donc guère possible d'éviter cette conclusion : la guerre sainte est admise, sinon préconisée, dès les premiers temps de l'islam, y compris par son fondateur. La notion de guerre sainte est en revanche inconcevable dans la doctrine primitive du christianisme. Le *jihad* peut, au moins dans une certaine mesure, se réclamer de Mahomet. La guerre sainte, elle, ne peut aucunement se réclamer de Jésus. C'est dire l'ampleur de la métamorphose qu'a subie sur ce point la doctrine chrétienne.

Il en résulte d'ailleurs une grande cohérence de l'islam sur ce plan. Certes, la doctrine du *jihad* évolue un peu au fil du temps ; elle tend parfois à se durcir ou au contraire à s'atténuer selon les circonstances historiques. Elle demeure toutefois très semblable à elle-même dans ses grandes lignes, et ne souffre d'aucune contradiction interne.

Il n'en va pas de même de la doctrine chrétienne, qui, rejetant d'abord radicalement l'usage de la violence, se heurte bientôt à une difficulté insurmontable dès lors que le christianisme devient religion d'État et que se mêlent, au sein de l'Empire romain devenu chrétien, spirituel et temporel, Église et pouvoir. Cette collusion du politique et du religieux, plus manifeste encore à l'époque dite « féodale », conduit l'Église à abandonner la position primitive de non-violence prônée par Jésus. Il en résulte une véritable série de mutations doctrinales qui, par touches successives, valorisent et sacralisent les combats guerriers menés dans l'intérêt des églises et principalement de la papauté. D'où ce paradoxe souvent relevé et dénoncé : la religion chrétienne, qui se veut religion de paix et d'amour, s'est révélée en réalité tout aussi violente et guerrière, voire davantage, que n'importe quelle autre religion.

Une remarque s'impose à ce propos. Dans toutes les civilisations monothéistes, la notion de guerre sainte n'est apparue que dans le cadre d'une théocratie ou prétendue telle. C'est le cas du peuple d'Israël, qui, dans la Bible, se donne pour le « peuple de Dieu » prenant possession par les armes de la « terre promise » à Abraham et à ses descendants pour y fonder un État proprement théocratique. Dans cette perspective, la guerre est censée être ordonnée directement par Dieu, ou par la bouche de ses prophètes, et ne peut être que sainte. Religion et politique sont ici étroitement fondues. C'est également le cas, à quelques nuances près, de la communauté musulmane des origines. Elle aussi se veut directement dirigée par Dieu, par l'intermédiaire du Prophète, qui reçoit d'Allah ses directives exprimées par la révélation coranique qui lui est communiquée. Là encore, la guerre menée par les croyants à l'incitation du Prophète guidé et inspiré par Dieu ne peut être que sainte. Et là encore, religion et politique sont intimement liées, on peut même dire fusionnées, puisque les croyants forment d'abord une communauté politico-religieuse dirigée par le Prophète, à la fois chef religieux, chef d'État et chef de guerre, dans une société strictement régie par les lois religieuses.

La situation est radicalement différente dans le christianisme primitif. Pourtant, toutes les conditions semblaient être plus encore réunies pour reproduire le même schéma, puisque Jésus est, pour les chrétiens, non seulement un prophète, ou le plus grand des prophètes, mais la Parole même de Dieu, le « Fils de Dieu », défini par la suite comme l'une des trois « personnes » de la divinité. Or, malgré cette très forte affirmation de la révélation divine directe en la personne de Jésus-Christ, le christianisme ne se présente nullement comme une théocratie, précisément parce que son fondateur rejette radicalement tout amalgame entre le religieux et le politique, entre le pouvoir et la foi. Jésus ne vient pas établir sur terre un royaume, un État théocratique. Ce refus, d'ailleurs, le condamne à être rejeté par la majeure partie de son peuple d'origine, qui attend précisément un prophète chef de guerre, un libérateur. Or, Jésus prêche un royaume de Dieu qui est d'une tout autre nature que les royaumes de ce monde. Ses fidèles ne sont pas des « citoyens d'un État théocratique » qui serait à établir ou à défendre par les armes, mais des citoyens du « royaume des cieux », un royaume que Dieu lui-même établira à la Fin des temps. Par là même, il condamne l'usage de la violence et exclut du même coup toute possibilité d'apparition du concept de guerre sainte dans la doctrine chrétienne originelle. Les martyrs chrétiens ne sont pas des guerriers, ce sont tous des pacifiques, des pacifistes, des non-violents, même lorsqu'ils s'opposent à un État païen et persécuteur.

Pourtant, on l'a vu, ce concept de guerre sainte fait lentement surface au fil d'une évolution sur laquelle ce livre a attiré l'attention. Il prend précisément de la consistance – et ce n'est certes pas un hasard – lorsque les aléas de l'histoire conduisent à nouveau à une imbrication, voire à une fusion du politique et du religieux. La guerre sainte, puis la croisade s'épanouissent pleinement lorsque la papauté atteint, en Occident, une structure monarchique et une autorité qui, avec Grégoire VII, tendent à rapprocher l'Église d'une théocratie. On retombe alors dans le schéma précédent, et la guerre sainte « chrétienne » trouve pour se développer un terreau presque aussi favorable que dans la théocratie d'Israël ou dans celle de l'*Umma* musulmane des origines. À cette différence toutefois qu'elle naît en contradiction avec ses propres principes, et avec plusieurs siècles de retard sur les deux premières.

D'autres différences entre *jihad* et guerre sainte proviennent de la nature et des objectifs de leur mise en pratique.

L'expansion musulmane a suivi les conquêtes de ses guerriers. Il s'agit d'une progressive dilatation destinée à conquérir pour l'islam des territoires. Le *jihad* des premiers siècles de l'ère musulmane est une guerre de conquête, pas une guerre missionnaire. Le principe coranique est généralement appliqué : « Pas de contrainte en matière de religion. La vérité se distingue assez de l'erreur » (Coran II, 257). Les habitants des régions conquises et soumises à la loi islamique sont donc autorisés à conserver leur foi, sous certaines conditions, s'il s'agit toutefois de religions monothéistes révélées (religions du Livre). Les païens, polythéistes, ne sont pas tolérés : ils doivent se convertir ou mourir. Les guerres dites « saintes » menées par les chrétiens contre les païens, contre les Saxons par exemple, ou les Wendes de la Baltique, rejoignent le *jihad* sur ce plan. À l'égard des autres « religions du Livre », le christianisme s'est inspiré des mêmes principes de « tolérance » relative, mais les a mis en pratique, il est vrai, avec moins de « générosité » ou d'humanité.

Seconde différence majeure : le *jihad* est, presque dès son origine, tourné vers la conquête de territoires. La guerre sainte, à son origine du moins, est au contraire une guerre de re-conquête, d'abord défensive, puis offensive. Ce sont d'ailleurs ces traits défensifs qui, on l'a vu, ont permis l'apparition des caractères sacralisants de ces opérations de protection conduisant à la notion de guerre sainte en Occident. C'est particulièrement le cas des guerres de défense de la papauté devant les raids musulmans, de celles de la *reconquista* espagnole ou de la croisade vers le Proche-Orient, territoires qui furent tout d'abord chrétiens et étaient encore habités par des populations chrétiennes nombreuses ou parfois même majoritaires.

Une troisième différence notable vient du rôle tenu par les lieux saints. Il peut paraître, à première vue, constituer un élément de similitude : le *jihad* est d'abord légitimé par la nécessité de défendre la toute jeune communauté menacée à Médine et de « reprendre » les lieux saints de La Mecque. Mais ces objectifs sont très vite atteints et le *jihad* ne cesse pas pour autant. Il s'amplifie au contraire, et soutient le mouvement de conquête qui, issu d'Arabie, s'étend vers l'Indus, le Bosphore, le Sahara, l'Atlantique, les Pyrénées et au-delà jusqu'à Poitiers. Le mouvement part des lieux saints, La Mecque et Médine. Or, ces lieux saints ne sont jamais menacés et leur défense ne joue aucun rôle, dans la définition du *jihad* comme dans sa mise en œuvre et dans sa pratique, avant la renaissance du *jihad* qui, au Proche-Orient, a suivi la première conquête de Jérusalem par les croisés en 1099. Jérusalem n'est d'ailleurs que le troisième lieu saint de l'islam, mais le premier lieu saint de la chrétienté, comme il l'est aussi pour le judaïsme.

La défense et la reconquête des lieux saints chrétiens jouent en revanche un rôle important dans la formation de l'idée de guerre sainte en Occident, comme on l'a vu tout au long de ce livre. Les trois lieux saints de la chrétienté, à savoir dans l'ordre Jérusalem, Rome et Saint-Jacques-de-Compostelle, étaient en effet conquis ou menacés par les guerriers de l'islam. Le rôle de Saint-Jacques-de-Compostelle est peut-être minime dans la sacralisation de la *reconquista* espagnole, comme on l'a récemment soutenu. Mais il n'en va pas de même de Rome, menacée par les raids musulmans dès le IXe siècle, et dont la défense, on l'a souligné, a donné lieu aux premières promesses de récompenses spirituelles faites aux guerriers qui combattraient et mourraient pour assurer sa liberté. C'est plus vrai encore de Jérusalem, premier (et de loin !) des lieux saints du christianisme, terre du Christ fondateur, lieu de son tombeau et de son « héritage ».

La sacralisation suréminente de la croisade découle de ce caractère unique de Jérusalem dans la mentalité religieuse des chrétiens du XIe siècle (voir textes nº 22, p. 305 *sq.*). Il en résulte que la première croisade atteint, pour les chrétiens de ce temps, le degré de sacralité qu'aurait eu pour les musulmans un *jihad* prêché pour délivrer non pas Jérusalem, troisième lieu saint de l'islam, mais bien pour chasser les infidèles de La Mecque, si ces « infidèles » s'en étaient emparés.

La croisade est ainsi l'aboutissement direct, logique mais déplorable, de la formation et de l'acceptation de l'idée de guerre sainte, le fruit vénéneux de la mutation idéologique qui, après un millénaire d'histoire et de conflits, a conduit l'Église chrétienne de la non-violence à la guerre sainte et à la croisade, rejoignant ainsi, par de très nombreux points, la doctrine du *jihad* qu'elle avait si longtemps reprochée à l'islam, et qui a, dans une certaine mesure, contribué à la former.

Nous n'avons pas fini, peut-être, de payer le prix d'un concept aussi pernicieux.

Documents

Recueil de textes concernant la guerre dans le christianisme et dans l'islam

1. L'Église primitive et le service militaire (en Orient)

Origène, au début du IIIe siècle, réfute les arguments du philosophe païen Celse qui reprochait aux chrétiens de nuire à l'Empire romain en refusant de servir comme soldats.

« Aussitôt après, Celse nous exhorte à "secourir l'empereur de toutes nos forces, collaborer à ses justes entreprises, combattre pour lui, servir avec ses soldats s'il l'exige, et avec ses stratèges". À qui il faut répondre : quand l'occasion s'en présente, nous apportons aux empereurs un secours divin, pour ainsi dire, en nous revêtant de "l'armure de Dieu". Nous le faisons pour obéir à la voix de l'Apôtre qui dit : "Je vous recommande donc avant tout de faire des demandes, des prières, des supplications, des actions de grâce pour tous les hommes, pour les rois et tous les dépositaires de l'autorité." Et plus on a de piété, plus on secourt efficacement ceux qui règnent, bien mieux que les soldats qui vont aux combats et tuent autant d'ennemis qu'ils peuvent.

Mais voici encore ce qu'on pourrait dire aux étrangers à la foi qui nous demandent de combattre en soldats pour le bien public et de tuer des hommes. Même ceux qui, d'après vous, sont prêtres de certaines statues et gardiens des temples de vos prétendus dieux ont soin de garder leur main droite sans souillure pour les sacrifices, afin d'offrir à ceux que vous dites dieux les sacrifices traditionnels avec des mains pures de sang et de meurtre. Et sans doute, en temps de guerre, vous n'enrôlez pas vos prêtres. Si donc cette conduite est raisonnable, combien plus celle des chrétiens ! Pendant que d'autres combattent en soldats, ils combattent comme prêtres et serviteurs de Dieu ; ils gardent pure leur main droite, mais luttent par des prières adressées à Dieu pour ceux qui se battent justement et pour celui qui règne justement, afin que tout ce qui est opposé et hostile à ceux qui agissent justement puisse être vaincu.

De plus, nous qui par nos prières vainquons tous les démons qui suscitent les guerres, font violer les serments et troublent la paix, nous apportons à l'empereur un plus grand secours que ceux que l'on voit combattre [...].

Plus que d'autres, nous combattons pour l'empereur. Nous ne servons pas avec ses soldats, même s'il l'exige, mais nous combattons pour lui en levant une armée spéciale, celle de la piété, par les supplications que nous adressons à la divinité. »

ORIGÈNE, *Contre Celse*, VIII, 73, éd. et trad. M. Borret, t. III, Paris, 1969, p. 345-349.

2. L'Église et le métier militaire, à Rome

Au début du IIIe siècle, Hippolyte de Rome met par écrit la réglementation de l'Église de Rome envers les métiers qui sont jugés incompatibles avec la foi chrétienne. Le métier de soldat, entre autres, est formellement interdit aux chrétiens.

« 16. Des métiers et professions

On s'informera des métiers et des occupations de ceux qui sont amenés pour être instruits [dans la foi chrétienne].

Celui qui tient une maison de prostitution ou qui entretient des prostituées devra cesser cette activité, sinon il sera renvoyé.

À celui qui est sculpteur ou peintre, il faut enseigner à ne pas confectionner d'idoles ; qu'ils cessent de le faire, ou bien ils seront renvoyés.

[...]

De même, le conducteur de char qui concourt dans l'arène,

ou celui qui combat dans les jeux cessera cette activité ou sera renvoyé. Celui qui est gladiateur, ou qui enseigne aux gladiateurs à combattre, ou le bestiaire qui combat les animaux dans l'arène, ou le fonctionnaire public chargé des jeux des gladiateurs cessera ou sera renvoyé. Celui qui est prêtre d'idole ou gardien d'idole cessera ou sera renvoyé.

Le soldat subalterne ne tuera aucun homme. Si on lui ordonne de le faire, il n'exécutera pas cet ordre, et il ne fera pas non plus de serment. S'il ne veut pas s'engager à cela, il sera renvoyé. Celui qui a le pouvoir du glaive ou le magistrat d'une cité portant la pourpre, cessera cette activité ou sera renvoyé. Ceux qui, catéchumènes ou fidèles, veulent se faire soldats seront renvoyés, parce qu'ils ont méprisé Dieu. »

HIPPOLYTE DE ROME, *La Tradition apostolique*, § 16, éd. B. Botte (2e éd. revue), Paris, 1984 (trad. de l'auteur).

3. Réactions de saint Jérôme à la prise de Rome par Alaric en 410

Saint Jérôme s'est retiré depuis plusieurs années à Bethléem lorsque lui parvient la nouvelle de la prise de Rome par les Barbares. Il en est stupéfait, et n'est pas loin d'y voir la fin de toute civilisation. Il attribue cette catastrophe aux péchés des chrétiens, que Dieu veut ainsi châtier, comme il a jadis châtié son peuple, Israël, par les Babyloniens et les Assyriens. Pour l'emporter contre ces ennemis barbares, il n'y a à ses yeux qu'un seul moyen : se repentir, s'éloigner du péché, supprimer la cause de ces malheurs. Jérôme puise dans l'Écriture de nombreux exemples à l'appui de sa thèse. C'est par la prière et la fidélité à Dieu que Rome pourra seule se relever et l'emporter sur ces cavaliers barbares. Jérôme identifie donc dans une certaine mesure l'Empire romain chrétien à l'Église, succédant à Israël comme Peuple de Dieu. Les exemples qu'il tire de la Bible soulignent que Dieu châtie son peuple lorsqu'il s'éloigne de lui, mais qu'il combat aussi pour lui s'il se montre fidèle. Le péril des barbares peut donc encore être écarté si les chrétiens reviennent à Dieu.

a. Dans sa préface au commentaire d'Ézéchiel

« [...] Tout à coup, on vint m'annoncer la mort de Pammachius et de Marcella, la prise de Rome, la mort d'un grand nombre de nos frères et de nos sœurs. J'en ai été si consterné, si frappé de stupeur, que jour et nuit, je ne pouvais penser à autre chose qu'au salut de tous ; je me croyais captif avec ces saints, et ne pouvais ouvrir les lèvres avant d'avoir plus de lumière sur ces événements, partagé que j'étais entre l'espérance et le désespoir, je pris malgré moi ma part des malheurs d'autrui. Mais maintenant, la glorieuse lumière du monde s'est éteinte, et Rome, tête de l'Empire romain, a été décapitée ! Avec cette seule ville, c'est pour ainsi dire l'univers tout entier qui a péri. Alors, je me suis tu, je me suis humilié, je ne pouvais plus prononcer un seul mot et ma douleur en est devenue plus vive ; mon cœur s'embrasait... »

JÉRÔME, *Préface au commentaire d'Ézéchiel*, éd. CCSL, n° 75, Turnhout, p. 3 (trad. de l'auteur).

b. Dans sa Lettre à Héliodore

« Nous sentons bien que nous avons depuis longtemps offensé Dieu, mais nous ne l'apaisons pas ! Les barbares sont forts à cause de nos péchés, et c'est par nos vices que l'armée romaine est vaincue. Et comme si ces désastres ne suffisaient pas, les guerres civiles tuent presque plus que le fer de l'ennemi. Pauvre peuple d'Israël, si on le compare à Nabuchodonosor, que l'Écriture appelle "serviteur de Dieu" ; misérables que nous sommes, nous aussi, qui avons déplu à Dieu au point qu'il exerce sur nous sa colère par le moyen de la fureur des Barbares ! Ézéchias fit pénitence, et en une seule nuit, par un seul ange, 185 000 Assyriens furent anéantis. Josaphat chantait les louanges du Seigneur, et le Seigneur remportait la victoire pour celui qui le louait ; Moïse combattit contre les Amalécites, non par le glaive, mais par la prière. Si nous voulons nous relever, prosternons-nous ! Quelle honte ! Quelle folie ! Quelle incrédulité ! Quoi donc ! Cette armée romaine victorieuse et qui a soumis tout l'univers, la voici aujourd'hui vaincue, effrayée, terrorisée au seul aspect de ceux qui ne savent pas marcher, de ceux qui, s'ils viennent à toucher le sol, se jugent déjà morts, et nous, nous ne comprenons pas ces paroles des prophètes : "Mille fuiront devant la menace d'un seul" (Isaïe 30, 17) ? Et nous ne supprimons pas la cause de la maladie, afin de mettre fin du même coup à la maladie elle-même. Aussitôt, alors, nous verrions leurs flèches céder devant nos javelots, leurs tiares devant nos casques, leurs rosses [*caballos*] devant nos chevaux [*equis*]. »

JÉRÔME, Lettre 60 à Héliodore, éd. J. Labourt, *Saint Jérôme, Lettres*, t. III, Paris, Belles Lettres, 1953, p. 107-108 (trad. de l'auteur).

c. Dans sa lettre à Pacatula

« Horreur ! Tout l'univers s'effondre, mais en nous les péchés ne meurent pas ! Cette Rome illustre, la capitale de l'Empire romain, est détruite par un seul incendie ; il y a des réfugiés partout, dans toutes les régions ; des églises consacrées ont été réduites en cendres et en poussière… Et que faisons-nous ? Nous nous adonnons à l'avarice ! Nous vivons comme si nous devions mourir demain, et nous bâtissons comme si nous devions vivre perpétuellement dans ce monde-ci. L'or brille sur nos murs, sur nos lambris, sur les chapiteaux de nos colonnes. Et pendant ce temps-là, nu et affamé, le Christ meurt devant nos portes en la personne du pauvre. Dans l'Écriture, nous lisons que le pontife Aaron se porta au-devant des flammes furieuses et, l'encensoir allumé, apaisa la colère de Dieu. En Grand Prêtre, il se tint entre les vivants et les morts, et le feu n'osa pas s'avancer au-delà de l'endroit où il se tenait […]. Croyez-vous qu'il y ait aujourd'hui sous le ciel quelqu'un qui puisse se dresser face à la colère de Dieu ? Qui puisse arrêter les flammes ? »

JÉRÔME, Lettre 128 à Pacatula, éd. J. Labourt, *Saint Jérôme, Lettres*, t. VII, Paris, Belles Lettres, 1961, p. 153 (trad. de l'auteur).

4. Le baptême de Clovis selon Grégoire de Tours

Grégoire raconte comment la reine Clotilde tentait en vain d'amener Clovis à abandonner les idoles et à adorer le vrai Dieu. Toutefois, lors d'une bataille contre les Alamans, l'armée de Clovis fut en grand péril. Alors le roi franc s'adressa à Jésus-Christ et lui promit de se faire baptiser s'il lui donnait la victoire, car ses dieux n'avaient en rien été efficaces pour le protéger.

« Il advint en effet que l'affrontement entre les deux armées se transforma en un affreux massacre : l'armée de Clovis était sur le point d'être exterminée. Voyant cela, Clovis leva les yeux vers le ciel. Le cœur plein de componction, et ému jusqu'aux larmes, il s'écria : "Ô Jésus-Christ, toi que Clotilde dit être le Fils du Dieu vivant, toi qui portes assistance à ceux qui sont dans le besoin et qui donnes la victoire à ceux qui placent en toi leur espérance, je sollicite humblement ta glorieuse assistance. Si tu m'accordes la victoire sur mes ennemis, si tu manifestes pour moi cette puissance miraculeuse qui, selon les dires du peuple qui se réclame de ton nom, provient de toi, alors je croirai en toi, et je me ferai baptiser en ton nom. En effet, j'ai invoqué mes dieux, mais j'ai constaté qu'ils ne me sont pas venus en aide. J'en déduis donc qu'ils ne disposent d'aucune puissance, puisqu'ils ne prêtent pas secours à ceux qui les servent. C'est donc toi, désormais, que j'invoque. C'est en toi que je veux croire, si je parviens à échapper à mes adversaires." Alors qu'il prononçait ces paroles, les Alamans tournèrent le dos et commencèrent à s'enfuir. »

La reine, alors, fait venir en cachette l'évêque saint Remi pour faire instruire et baptiser Clovis. Le roi émet une dernière objection : son peuple ne voudra pas délaisser ses dieux. Mais, miraculeusement, le peuple accepte. Clovis est baptisé (par immersion) avec de nombreux guerriers de son armée. Remi lui demande, non pas de « courber la tête », comme on le traduisait jadis, mais bien de déposer ses colliers (*colla*, ou *collaria*, colliers talismaniques portés par les prêtres et les rois germaniques).

« Il se rendit donc au milieu de ses gens. Avant même qu'il leur ait adressé la parole, la puissance de Dieu l'avait précédé et le peuple s'écria d'une seule voix : “Ô pieux roi, nous rejetons ces dieux mortels et nous sommes prêts à suivre le Dieu immortel que proclame Remi.” Ces faits sont alors rapportés au prélat. Rempli d'une grande joie, il fait préparer le baptistère [...]. Le roi demanda à être, le premier, baptisé par le pontife. Nouveau Constantin, il s'avance vers la piscine [du baptistère] pour ôter les traces de son ancienne lèpre, pour effacer dans ces eaux nouvelles les taches sordides qui le souillaient depuis longtemps. Lorsqu'il fut dans le baptistère, le saint de Dieu l'apostropha en ces termes choisis : “Dépose avec humilité tes colliers d'amulettes, ô Sicambre ! Adore ce que tu as brûlé, brûle ce que tu as adoré.” [...] Ainsi, ayant confessé le Dieu Tout-Puissant dans sa Trinité, le roi fut baptisé au nom du Père, et du Fils, et du Saint-Esprit ; il fut oint du saint chrême, par le signe de la croix. Plus de trois mille hommes de son armée furent aussi baptisés avec lui. »

GRÉGOIRE DE TOURS, *Historia*, II, 30-31, *Monumenta Germaniae Historica* (*MGH*), *Scriptores Rerum Merovingicarum*, I, p. 75-78 (trad. de l'auteur).

5. L'appel du pape à Charles Martel

Appel à l'aide du pape Grégoire III à Charles Martel pour la défense du Patrimoine de Saint-Pierre, menacé par les Lombards de Liutprand en 739. Le pape suggère que Dieu lui en sera reconnaissant et ne lui fermera pas les portes du royaume des cieux. Première esquisse d'une promesse de récompense spirituelle pour service militaire rendu.

« Le pape Grégoire, à son très excellent fils Charles, Maire du Palais,

Nous souffrons d'une profonde affliction, et les larmes ne font pas défaut à nos yeux, jour et nuit, lorsque nous contemplons chaque jour et partout l'Église de Dieu abandonnée par ses fils, en lesquels elle avait placé son espoir d'être par eux vengée. À cause de cela, nous vivons dans le deuil et les plaintes, lorsque nous voyons que le peu de choses qui était resté de l'année précédente, dans la campagne de Ravenne, pour le secours et la subsistance des pauvres du Christ aussi bien que pour l'entretien des luminaires, est aujourd'hui dévoré par le glaive et par le feu des rois lombards Liutprand et Hildebrand. Mais voilà qu'ils nous ont fait subir les mêmes maux dans les territoires de Rome : en envoyant contre nous de nombreuses armées, ils ont détruit toutes les métairies de saint-Pierre et se sont emparés du bétail qui y était.

Bien que nous ayons cherché notre refuge en toi, mon très excellent fils, il ne nous est parvenu de ta part aucune consolation. Au contraire, nous voyons bien – puisque tu autorises ces rois à échanger avec toi des messages – que leurs perfides et leurs fausses insinuations ont été mieux reçues chez toi que la vérité qui est nôtre. Et nous craignons que cela ne te soit imputé à péché, dans la mesure où maintenant, dans les lieux où résident ces rois, ils nous insultent et profèrent des paroles comme celles-ci : “Qu'il vienne donc, ce Charles, auprès duquel tu as cru trouver refuge ! Que les armées des Francs viennent à ton secours, si elles le peuvent, et qu'elles t'arrachent d'entre nos mains.” Ô, quelle douleur incurable nous ravage le cœur à cause de ces paroles, alors que les enfants si nombreux et si puissants de la sainte Église de Dieu ne font rien pour défendre leur mère spirituelle ni son peuple particulier ! Mon très cher fils, sache qu'il est puissant, ce prince des Apôtres, par le pouvoir qui lui a été conféré par Dieu, pour défendre sa propre maison et son peuple particulier, et tirer vengeance de ses ennemis. Mais il veut éprouver les cœurs de ses fils fidèles.

[...]

Nous exhortons ta bonté, très chrétien fils, devant Dieu et son terrible jugement. Nous t'exhortons à venir secourir l'Église de saint Pierre et son peuple particulier, pour Dieu et pour le salut de ton âme, et à repousser au plus vite ces rois loin de nous, et à les contraindre à regagner leurs territoires. Ne rejette pas mes prières, ne ferme pas tes oreilles à nos supplications : car ainsi, le Prince des Apôtres ne te fermera pas l'entrée du royaume des cieux. »

Lettre de Grégoire III à Charles Martel, in *MGH*, *Epistolae*, III, p. 476-477 (trad. de l'auteur).

6. La fausse donation de Constantin

Depuis les débuts de la critique textuelle, on sait que ce document est un faux fabriqué très probablement par la curie romaine dans la seconde moitié du VIIIe siècle. Il est destiné à affirmer la suprématie du pape sur l'Église universelle et à fournir les bases juridiques des revendications territoriales des papes sur l'Italie, ouvrant même des perspectives de revendications d'autorité temporelle des papes sur tout l'Occident.

« Il nous paraît utile, à nous, à tous nos satrapes, au sénat unanime, à l'aristocratie et à tout le peuple soumis au glorieux empire de Rome que, à l'instar du bienheureux Pierre qui a été établi sur la terre en tant que Vicaire du Fils de Dieu, les pontifes qui exercent ce principat à sa place obtiennent, concédée par nous et notre empire, une puissance souveraine supérieure à celle que possède ici-bas notre bienveillante sérénité impériale.

[...]

Nous décrétons donc que le pontife aura la primauté sur les quatre principaux sièges, ceux d'Alexandrie, d'Antioche, de Jérusalem et de Constantinople, comme sur toutes les autres Églises de Dieu dans l'univers entier.

[...]

En conséquence, pour que le prestige pontifical ne s'avilisse point, mais qu'il soit au contraire rendu plus éclatant encore en dignité que l'empire terrestre, et surpasse la gloire de celui-ci, nous accordons et abandonnons au bienheureux pontife Sylvestre, notre père, pape universel, non seulement notre palais du Latran, comme il a été dit plus haut, mais encore la ville de Rome, ainsi que toutes les provinces, localités et cités de l'Italie et des régions occidentales, [...] afin qu'elles lui soient remises pour être tenues par lui et ses successeurs en leur puissance et tutelle [...], cette constitution les remettant pour toujours et de droit à la sainte Église romaine. »

Constitutum Constantini, texte dans K. Zeumer, « Der älteste Text des *Constitutum Constantini* », in *Festgabe* für R. von Gneist, 1888, p. 47 *sq*. (trad. de l'auteur).

7. Mahomet et la doctrine du martyre des guerriers

La chronique de Tabari (838-923) contient la première biographie du prophète et rassemble de nombreux *hadith* concernant Mahomet, qui furent reconnus comme authentiques par la Tradition. On a relevé ici plusieurs traits montrant que les musulmans les plus pieux n'étaient en rien choqués par le comportement guerrier ou vindicatif du Prophète et faisaient remonter jusqu'à lui la doctrine du martyre des guerriers musulmans morts au combat contre leurs ennemis.

À propos de la bataille de Badr (ou Bedr)

« Le Prophète excitait toujours ses soldats. Un homme d'entre les Ançâr, nommé Omaïr, fils de Hammâm, tenait dans la main quelques dattes, qu'il mangeait sous les yeux du Prophète. Celui-ci, en exhortant les soldats, dit : "Il ne vous faut, pour obtenir le paradis, que trouver le martyre." Omaïr, entendant ces paroles, jeta ses dattes en disant : "S'il en est ainsi, j'ai assez d'une datte jusqu'à ce que j'entre dans le paradis." Il tira son sabre, se lança dans les rangs des ennemis, en frappa et en tua plusieurs, et fut tué lui-même. »

À propos du meurtre de Ka'ab, fils d'Aschraf

« Ce fut dans le même mois de rabî'a premier que le Prophète envoya quelqu'un pour tuer Ka'ab, fils d'Aschraf, dont il avait essuyé beaucoup d'injures [...]. Un jour qu'il se trouvait au milieu de ses compagnons, et que l'on parlait de Ka'ab, fils d'Aschraf, le Prophète se plaignit de lui et dit : "Qui donnera sa vie à Dieu, et tuera cet homme ?" L'un des Ançâr, nommé Mohammed, fils de Maslama, dit : "Moi, j'irai, et je le tuerai, ô apôtre de Dieu !" Le Prophète le remercia vivement. »

(Après l'avoir tué ainsi que sa femme, les envoyés reviennent trouver le Prophète.)

« Le jour commençait à poindre lorsqu'ils entrèrent dans la ville. Ils trouvèrent le Prophète occupé à prier, et lui rendirent compte de ce qu'ils venaient d'accomplir. Le Prophète fut très heureux, rendit grâce à Dieu et les remercia. »

À propos de la bataille d'O'hod

Après la victoire remportée par les musulmans à Badr (ou Bedr), ses adversaires, sous la conduite d'Abou Sofyân, sont sur le point de l'emporter à O'hod. La nouvelle court même que le Prophète a été tué. Abou Sofyân s'apprête à gravir une montagne dominant la position tenue par les musulmans pour parachever sa victoire. Mahomet tente de l'y précéder :

« Ensuite le Prophète dit à ses compagnons : "Venez, ils sont au-dessus de nous." Il voulut gravir la montagne, mais la pesanteur de ses deux fortes cuirasses l'empêchait de marcher. Il y avait là, sur la montagne, une pierre sur laquelle il désirait s'asseoir. Tal'ha, fils d'Abdallah, l'aida en posant les pieds du prophète sur sa nuque et en le soulevant ainsi jusqu'à la pierre où il s'assit. Le Prophète lui dit : "Tu viens de mériter le paradis." Abou-Sofyân, en le voyant, lui cria : "Journée pour journée !" c'est-à-dire : vous avez eu votre victoire à Bedr, et nous à O'hod. Le Prophète répliqua : "Ce n'est pas la même chose. Vos morts sont dans l'enfer, et les nôtres dans le paradis [...]." Dieu envoya du ciel des anges pour remplir de terreur les cœurs des infidèles. Sauf dans la journée de Bedr, les anges n'ont jamais combattu. »

TABARI, *Chronique*, trad. H. Zotenberg, *Mohammed, sceau des prophètes*, Paris, 1980, p. 156, 182, 203, 205.

8. Histoire et eschatologie vers 640

Un cas exemplaire de l'interprétation des faits historiques contemporains à la lumière des écrits prophétiques

Pour les juifs comme pour les chrétiens de ce temps, les prophéties (en particulier celles de Daniel) annoncent les événements historiques à venir et permettent de se situer dans le déroulement de l'histoire ordonnée et dirigée par Dieu. Vers 640, au tout début des conquêtes arabes, un écrit attribué à un certain Jacob, juif nouvellement converti, démontre à ses anciens coreligionnaires que Jésus, fils de Marie, était bien le Christ, le Messie annoncé par le prophète Daniel, manifesté une première fois au terme des 70 semaines prophétiques annoncées (490 ans après le décret de reconstruction du Temple). Mais le Christ-Messie doit revenir une seconde fois en gloire et majesté à la Fin des temps, pour le jugement. Ces temps sont proches, selon l'auteur, car la quatrième bête de la prophétie de Daniel représente l'Empire romain. Or, l'Empire romain est, dit-il, en ce moment même affaibli, et de lui sortiront bientôt dix royaumes (symbolisés par les 10 doigts de la statue et par les 10 cornes de la vision du prophète Daniel). Bientôt apparaîtra donc la petite corne, figure du pouvoir diabolique qui doit paraître à la Fin des temps et sera vaincu par le Christ revenu.
Les conquêtes arabes sont, à l'époque de rédaction de cet écrit, encore trop minimes pour trouver place dans ce panorama historico-prophétique et donner lieu à une interprétation apocalyptique. Pourtant, cet écrit souligne que les juifs ont d'abord été tentés de voir en Mahomet le prophète annonciateur du Messie qu'ils attendaient. Certains juifs se sont donc ralliés à lui. Mais, selon notre écrit, ce prétendu prophète ne peut être qu'un faux prophète, car « les prophètes ne viennent pas armés de pied en cap » ; il prêche de plus la violence et prétend détenir les clefs du paradis, ce qui lui semble une prétention inacceptable et contraire à la foi.
Son témoignage est d'un très grand intérêt car il illustre la manière dont les juifs et les chrétiens de l'époque tentaient d'interpréter les événements historiques de leur temps à la lumière des écrits prophétiques, dans une perspective eschatologique. Il montre aussi que, dès les premiers temps de son apparition, on reprochait à l'islam son attitude guerrière et les promesses de paradis prodiguées par Mahomet.

Concernant la première venue du Christ

« Daniel dit en effet : “Et tu sauras et tu comprendras, à partir du surgissement d'une parole pour se séparer et construire Jérusalem jusqu'au Christ chef, sept semaines et soixante-deux semaines”, c'est-à-dire quatre cent quatre-vingt-trois années, et le Christ est venu ainsi la quatre cent quatre-vingt-quatrième année depuis la fondation du Temple et de la cité. Car le Christ est apparu au début de la soixante-dixième semaine, et il nous a sauvés en anéantissant la tromperie du diable [...]. Car en vérité, l'Esprit Saint s'est détourné de nous les Juifs, car autrement nous ne serions pas foulés aux pieds par les nations depuis six cent quarante ans. » (I, 22, p. 100)

Concernant la seconde venue du Christ à la Fin des temps

« Après la mort de l'empereur Maurice [...] notre Protos à nous, les Juifs, expliqua : “Pourquoi les Juifs se réjouissent-ils de la mort de l'empereur Maurice et de l'avènement de Phocas dans le sang ? En vérité, nous allons assister à un amoindrissement de l'Empire romain. Or, si le quatrième royaume, la Rômania, est amoindri, déchiré et broyé comme l'a dit Daniel, en vérité il n'arrivera rien d'autre que les dix doigts, les dix cornes de la quatrième bête, et ensuite la petite corne qui détruit toute connaissance de Dieu, et aussitôt après la fin du monde et la résurrection des morts. Et si cela arrive, nous avons été dans l'erreur en ne recevant pas le Christ qui est venu ; car c'est avant que la quatrième bête ne soit broyée et déchirée et avant les dix cornes que vient l'Oint au nom du Seigneur, qui vient de la souche de Jessé, le seigneur Dieu [...].” » (III, 12, p. 170-172)

Imminence de l'arrivée du diable « Hermolaos » (Antichrist) lié à la fin de l'Empire romain, aux dix cornes et à la petite corne : déversement des nations

« […] Et nous voyons que la quatrième bête, la Rômania, est déchue et déchirée par les nations, et désormais il faut s'attendre aux dix cornes. » (V, 1, p. 182)

« […] Et Ioustos dit : "Messire Jacob, la Rômania étant lacérée et déchirée par les nations, transformée en dix toparchies, faut-il que le diable trompeur vienne ?"

Et Jacob dit : "Oui, en vérité, Hermolaos le trompeur doit venir après le démembrement de la Rômania, et malheur à celui qui le recevra […]. Hermolaos viendra dans le trouble et le désordre, parce qu'il est entièrement perdition. Et pourtant le perfide prend d'abord un air pacifique et modéré. Comme le dit Daniel : 'Et il abolira les saints du Très-haut, il poussera à changer les lois et les saisons, et on lui donnera jusqu'à des temps, un temps et un demi-temps.' " » (V, 1, p. 182)

« Jacob dit : "Vraiment, tu as dit vrai ; car la conscience de nos pères ne cessait de les torturer ; et nous, nous voyons les faits, les quatre royaumes qui sont passés et le temps des dix cornes qui est arrivé. Daniel dit en effet : 'Aux jours de ces rois', c'est-à-dire des dix cornes et de la petite corne, Dieu suscitera une royauté qui pour l'éternité ne sera pas détruite, et sa royauté ne sera pas abandonnée à un autre peuple, il limera et broiera toutes les royautés, et elle, elle durera pour les siècles ; de même que tu as vu qu'une pierre s'est détachée de la montagne et à broyé l'argile, le fer, le bronze, l'argent et l'or. Dieu a révélé ce qui doit se passer à la fin des temps." » (V, 7, p. 194)

« Ioustos répondit et dit : "Par l'Esprit Saint, c'est bien le sens de la prophétie." » (p. 194)

La suite de l'écrit démontre que le Christ va revenir, et montrera ses blessures à ceux qui l'ont cloué et percé d'une lance ; il faut donc que les Juifs se convertissent et croient en lui pour ne pas subir le feu éternel.

Puis le texte aborde le cas de Mahomet, le « faux prophète des Sarrasins », récemment apparu, qui a d'abord séduit les Juifs :

« Ioustos prend la parole et dit : Tu dis vrai, et ceci est le grand salut : croire dans le Christ. Car je vais te confesser toute la vérité, messire Jacob. Mon frère Abraamès m'a écrit [la version slave ajoute : « de Césarée »] qu'un faux prophète est apparu [la version slave ajoute : « parmi les Saracènes »]. "Lorsque le Candidat [la version slave donne son nom : Sergios] fut tué par les Saracènes [cet engagement eut lieu en 633, selon la *Chronographie* de Théophane], j'étais à Césarée – me dit Abraamès –, et j'allai en bateau à Sykamina ; on disait : Le Candidat a été tué ! Et nous, les Juifs, nous étions dans une grande joie. On disait que le prophète était apparu, venant avec les Saracènes, et qu'il proclamait l'arrivée du Christ-Oint qui allait venir. Et moi [Abraamès], étant arrivé à Sykamina, je m'arrêtai chez un ancien très versé dans l'Écriture, et je lui dis : 'Que me dis-tu [La version slave ajoute « seigneur et docteur »], du prophète qui est apparu avec les Saracènes ?' Et il me répond en gémissant profondément : 'C'est un faux prophète : les prophètes viennent-ils armés de pied en cap ? Vraiment, les événements de ces derniers temps sont des œuvres de désordre, et je crains que le premier Christ qui est venu, celui qu'adorent les Chrétiens, ne soit bien l'envoyé de Dieu, tandis que nous nous apprêtions à recevoir Hermolaos à la place. Isaïe disait en effet que les Juifs auraient un cœur perverti et endurci jusqu'à ce que toute la terre soit dévastée. Mais va, messire[1] Abraamès, et renseigne-toi sur ce prophète qui est apparu.' Et moi, Abraamès, ayant poussé l'enquête, j'appris de ceux qui l'avaient rencontré qu'on ne trouve rien d'authentique dans ce prétendu prophète : il n'est question que de massacres. Il dit aussi qu'il détient les clefs

1. Ces deux mots « va, messire » ont été malencontreusement omis dans la traduction citée, ce qui en obscurcit le sens. Je les restitue ici grâce à Marianne Tsioli, bibliothécaire à la BPU de Genève, que je tiens à remercier.

du paradis, ce qui est incroyable." Voilà ce que m'a écrit mon frère Abraamès d'Orient. » (V, 16, p. 208-210)

Doctrina Jacobi nuper baptizati, éd. et trad. V. Déroche, *Travaux et mémoires*, t. XI (Collège de France, Centre de recherche d'histoire et civilisation de Byzance), 1991, p. 70-218, *passim.*

9. Histoire et doctrine de Mahomet selon Théophane le Confesseur (vers 760-818)

La *Chronographie* (Chronique) de Théophane, rédigée entre 810 et 813, est considérée comme généralement sobre et fiable. Sa traduction latine faite par Anastase le Bibliothécaire, au milieu du IXe siècle, a permis la diffusion de ses informations en Occident. L'image qu'elle véhicule du prophète Mahomet et de sa doctrine résume assez bien l'opinion répandue dans les milieux chrétiens byzantins : Mahomet y est décrit comme un faux prophète épileptique et libidineux, et l'islam comme une religion qui s'est répandue par les femmes, puis par les armes, et qui enseigne que ceux qui meurent ou tuent au combat gagnent le paradis, un paradis très matériel riche de jouissances multiples.

« Année du Monde 6122 [année 622 de l'incarnation].

Cette année-là mourut Mouamed, le chef et le faux prophète des Sarrasins, après avoir nommé [pour lui succéder comme chef] son parent Aboubachar. À la même époque, sa réputation se répandit au loin et tout le monde fut effrayé [...]. Je crois nécessaire de relater ici quelles sont les origines de cet homme. Il descendait d'une tribu très répandue, celle d'Ismaël, fils d'Abraham [...]. Orphelin, Mouamed décida d'entrer au service d'une riche femme de sa parenté, nommée Chadiga, en tant qu'employé gagé chargé de faire du commerce avec des chameaux en Égypte et en Palestine. Peu à peu, il s'enhardit envers cette femme qui était veuve, et entra dans ses bonnes grâces ; il l'épousa et prit possession de ses chameaux et de sa fortune. *Au cours d'un voyage en Palestine, il entra en contact avec des Juifs et avec des Chrétiens : il glana auprès d'eux quelques bribes de l'Écri-*

ture, puis fut saisi du mal épileptique. Quand sa femme l'apprit, elle regretta vivement, elle qui était noble, de s'être unie à cet homme qui était non seulement pauvre, mais encore épileptique. Alors lui s'efforce de la calmer en lui disant : "Je reçois la vision d'un ange nommé Gabriel et, comme je ne puis soutenir sa vue, je suis pris de faiblesse et je tombe." Et comme il y avait près d'elle un certain moine qui avait été exilé pour hérésie et habitait là, elle lui rapporta tout cela et lui nomma l'ange. Et lui, voulant la convaincre, lui dit : "Il a dit la vérité ; en effet, c'est bien cet ange-là qui est envoyé auprès de tous les prophètes." Alors, elle qui avait entendu la première les paroles de ce faux abbé, elle le crut, et elle proclama auprès de toutes les femmes de sa tribu que cet homme était un prophète, de sorte que la nouvelle passa des femmes aux hommes, et en premier lieu à Aboubachar, qu'il laissa pour son successeur. Alors, son hérésie submergea la région d'Aithribos, en dernier recours par le moyen des armes. Il y présida d'abord en restant caché pendant dix ans, puis également pendant dix ans de guerre, enfin ouvertement pendant neuf ans. Il enseignait à ses gens que celui qui tue un ennemi, ou qui est tué par un ennemi, va au Paradis ; et il disait que ce Paradis matériel consistait à manger et à boire, et à avoir des relations sexuelles avec des femmes ; qu'il y avait là une rivière de vin, de lait et de miel, et que les femmes n'y étaient pas semblables à celles d'ici-bas ; elles étaient différentes, les relations sexuelles avec elles duraient très longtemps, et le plaisir qu'on en retirait était continuel. »

THÉOPHANE LE CONFESSEUR, *Chronographie*, *Patrologie grecque*, 108, col. 684-685. La partie en italique est reprise de la traduction de A. Ducellier, *Chrétiens d'Orient et Islam au Moyen Âge, VIIe-XVe siècle*, Paris, 1996, p. 146. Le reste du texte est traduit par l'auteur d'après C. Mango et R. Scott, *The Chronicle of Theophanes Confessor, Byzantine and Near Eastern History, AD 284-813*, Oxford, 1997, p. 464-465.

10. Critique de la doctrine du *jihad* par un écrit arabe chrétien (début du IXe siècle)

L'épître d'al-Kindi se veut une réfutation, rédigée peu avant 825, d'une lettre du musulman al-Hashimi, qui exposait les points principaux de la doctrine de l'islam et invitait son correspondant, al-Kindi, à s'y rallier. Selon Armand Abel, « L'Apologie d'al-Kindi et sa place dans la polémique islamo-chrétienne », *Atti del convegno internazionale sul tema : « L'oriente cristiano nella storia della civiltà »*, Rome, 1964, p. 501-523, l'écrit tout entier serait en réalité d'une seule main, l'exposé sommaire des thèses musulmanes n'étant qu'un prétexte commode à leur réfutation par al-Kindi. Nous ne relevons ici que quelques points de cette réfutation concernant la guerre sainte. Ils montrent combien cette doctrine était totalement étrangère à la mentalité des chrétiens de ce temps. L'auteur prend soin, même, de justifier la guerre menée par Moïse et par Josué par des signes divins irréfutables qui, dit-il, manquent à Mahomet. Il critique aussi sévèrement la doctrine du martyre, opposant les martyrs chrétiens pacifistes aux martyrs musulmans guerriers.

« Puis tu dis : "Je t'invite à t'engager dans la voie de Dieu, qui consiste à razzier les opposants et les infidèles, à combattre les polythéistes par l'épée, le pillage et la captivité, jusqu'à ce qu'ils se convertissent à la religion de Dieu et qu'ils confessent : 'Il n'y a de divinité que Dieu, et Muhammad est son serviteur et son apôtre', ou bien qu'ils s'acquittent de la capitation, volontairement, tout en étant soumis."

Veux-tu donc, ô homme sage et raisonnable, m'inviter à participer à l'œuvre de Satan l'impitoyable ? [...] Je te prie donc de m'expliquer en quoi consiste la voie de Satan ? N'est-ce pas tuer et répandre le sang ? Piller, voler et réduire les gens en captivité ? Quelqu'un peut-il prétendre que cela n'est pas ce que nous avons qualifié de "voie de Satan" ?

Si tu rétorques que Moïse, l'interlocuteur de Dieu – béni et exalté soit-il – combattit les infidèles et les idolâtres, nous te répondrons : Rappelle-toi ce que tu as lu dans la Torah, combien de prodiges furent accomplis par Moïse qui obligent à croire que la guerre et la lutte qu'il mena contre les idolâtres étaient sur l'ordre de Dieu – béni soit son nom. Il en fut de même de Josué, fils de Nûn, qui demanda que le soleil et la lune s'arrêtassent et qui s'arrêtèrent effectivement, accomplissant ainsi un signe prodigieux que nul autre ne peut accomplir, sauf s'il est du nombre des saints serviteurs de Dieu ; c'est pourquoi nous croyons que ce qu'il faisait était sur l'ordre de Dieu – sa puissance et sa majesté soient exaltées. Maintenant donc, quel est le signe que tu peux citer ? Le miracle que ton maître aurait accompli comme un prélude qui lui rend témoignage, qui nous oblige à reconnaître la vérité de ce qu'il disait et à croire que ce qu'il faisait était sur l'ordre de Dieu, spécialement tuer les gens, piller leurs biens, réduire leurs enfants en captivité et les voler ?

[…] Ce qui est encore plus curieux de ta part, c'est que tu qualifies de "martyrs" tes amis qui meurent en combattant. Il nous faut donc examiner les récits des "martyrs" de Notre Seigneur le Christ, ceux qui sont morts à l'époque des rois de Perse et d'autres rois, et nous demander s'ils ont mérité le titre de "martyrs", ou plutôt tes amis qui meurent pour la conquête du monde et qui combattent pour le pillage. Or, nous avons appris la constance de ces chrétiens-là, que les Romains rebelles avaient tués avant leur conversion au christianisme, leur empressement à sacrifier leur sang et leur vie et celle de leurs enfants, à quitter ce monde et ses délices, la sincérité de leur conviction dans leur religion. Nous savons qu'ils s'empressaient d'offrir leurs corps pour être égorgés, tués et subir toutes sortes de tortures, en sacrifice à Dieu

[…] Lequel mérite réellement le titre de "martyr" et dont on peut déclarer qu'il est mort dans la voie de Dieu ? Celui qui s'est offert en sacrifice pour sa religion, parce qu'on lui avait ordonné d'adorer la lune et le soleil ou les autres idoles d'or, d'argent ou de bois fabriquées par les hommes, de les prendre pour des divinités en dehors de Dieu […], ou bien celui qui est parti pour piller et voler, dépouiller les gens et prendre captifs les enfants, violer les femmes – ce qui est illicite –, opérer des incursions, qualifiant cela de “guerre sainte” dans la voie de Dieu et déclarant : “Celui qui tue ou qui est tué va au Paradis” ? »

Traduction dans G. Tartar, *Dialogue islamo-chrétien sous le calife Al-Ma'mûn (813-834) : les épîtres d'Al-Hashimî et d'Al-Kindî*, Paris, 1985, p. 219-232, *passim.*

11. *Reconquista* espagnole et prophéties

La *Chronique prophétique* voit dans l'occupation arabe de l'Espagne un châtiment de Dieu causé par les péchés des rois goths. Mais ce châtiment est provisoire ; il aura une fin, que la chronique estime très proche, dans moins de deux ans.

« Gog, en réalité, c'est le peuple des Goths [...]. “La terre de Gog” désigne en vérité l'Espagne sous la domination des Goths, qu'ont envahie les fils d'Ismaël à cause des fautes des peuples Goths ; ils les ont fait périr de leur glaive, les ont assujettis à tribut, comme on le voit manifestement à notre époque. Mais ce même prophète [Ézéchiel] dit à nouveau à Ismaël ces paroles : “Parce que tu as abandonné le Seigneur ton Dieu, moi aussi je t'abandonnerai et je te livrerai entre les mains de Gog, et tu t'écrouleras, toi et toutes tes armées, par son glaive. Après que tu les auras affligés pendant 170 ans, Gog te rendra la rétribution que tu lui auras donnée.”

Notre espérance à nous, c'est le Christ. C'est qu'après l'accomplissement prochain des 170 années, l'audace de nos ennemis soit réduite à néant et que la paix du Christ soit rendue à la sainte Église. D'ailleurs, les Sarrasins eux-mêmes, selon certains prodiges ou signes astraux, prédisent que leur anéantissement est proche et disent que le règne des Goths sera rétabli par notre prince.

[...]

Le total des années de règne des Arabes en Espagne est de 168 ans et 5 mois. Jusqu'au jour de la Saint-Martin, le

11 novembre, il reste 7 mois, et alors seront accomplis 169 ans. Alors s'ouvrira la 170e année. Lorsque les Sarrasins l'auront accomplie, selon le prophète Ézéchiel, ainsi qu'on l'a dit plus haut, on s'attend à ce que survienne le temps de la vengeance sur nos ennemis, et du salut des chrétiens. Que l'emporte le Dieu tout-puissant, afin que, comme il a daigné racheter le monde entier de la puissance du diable par le sang de son Fils, Notre Seigneur Jésus-Christ, de même, en un temps très proche, il ordonne que son Église soit soustraite au joug des Ismaélites, Lui qui vit et règne au siècle des siècles. Amen. »

Chronique prophétique, éd. Y. Bonnaz, *Chroniques asturiennes (fin IXe siècle)*, Paris, 1987, p. 2-9 (trad. de l'auteur).

12. L'Antichrist et la Fin des temps

Adson de Montier-en-Der, dans la seconde moitié du Xe siècle, reprend le texte du pseudo-Méthode mais précise à la reine Gerberge que le temps d'apparition de l'Antichrist n'est pas encore là : en effet, selon l'apôtre Paul, ce qui le retient (l'Empire romain) n'a pas encore disparu. Il voit en effet dans les royaumes barbares le prolongement de l'Empire romain. Mais il ajoute que certains érudits pensent qu'avant l'apparition de l'Antichrist un roi franc viendra à Jérusalem pour déposer sa couronne au mont des Oliviers. Cette prophétie a été plusieurs fois modifiée et a probablement inspiré certains croisés, en particulier Emich de Leiningen (ou de Flonheim), qui se prétendait lui-même « roi des Grecs et des Latins » et voulait baptiser de force les juifs pour accomplir les prophéties selon lesquelles les temps de la fin verraient la conversion finale des juifs au christianisme, ou au contraire leur ralliement à l'Antichrist.

« Mais ce temps n'est pas encore venu : en effet, bien que – nous le voyons bien – l'Empire romain soit en très grande partie détruit, cependant, tant que subsisteront les rois francs qui doivent tenir cet Empire romain, la dignité de ce royaume romain ne périra pas totalement, car elle subsistera en ces rois. Certains de nos docteurs, il est vrai, disent qu'au dernier jour paraîtra un roi des Francs qui tiendra l'Empire romain dans sa totalité. Ce sera un très grand roi, et le dernier de tous les rois. Et après avoir avec bonheur gouverné son royaume, il finira par venir à Jérusalem et là il déposera son sceptre et sa couronne au mont des Oliviers. Alors ce sera vraiment la fin et la consommation de l'Empire des Romains et des chrétiens. Et aussitôt, selon la phrase déjà mentionnée de l'Apôtre Paul, ils disent que l'Antichrist doit paraître. Alors sera révélé l'homme de péché, c'est-à-dire l'Antichrist. Bien qu'il soit un homme, il sera pourtant la source de tout péché et le fils de la perdition, c'est-à-dire le fils du diable, non pas par nature, mais par imitation, parce qu'il accomplira en toute chose la volonté du diable, que la plénitude du pouvoir diabolique et de l'esprit du mal habitera corporellement en lui, et qu'en lui seront cachés tous les trésors de la méchanceté et de l'iniquité

[...]

Ainsi, comme nous l'avons dit plus haut, né dans la cité de Babylone, et venant à Jérusalem, il [l'Antichrist] se fera circoncire et dira aux juifs : c'est moi qui suis le Christ qui vous a été promis ; je suis venu pour votre salut, afin de vous rassembler et de vous défendre, vous qui êtes dispersés. Alors tous les juifs viendront à lui ; croyant accueillir Dieu, ils accueilleront en réalité le diable. Et l'Antichrist ira même jusqu'à s'asseoir dans le temple de Dieu, c'est-à-dire dans l'église sainte ; il fera de tous les chrétiens des martyrs, il sera élevé et magnifié, car en lui habitera le diable, la tête de tous les maux, qui est roi sur tous les fils de l'orgueil. »

ADSON DE MONTIER-EN-DER, éd. D. Verhelst, *Adso Dervensis, De ortu et tempore Antichristi*, Turnhout, 1976, p. 26 (trad. de l'auteur).

13. Mahomet, l'Antichrist et la caricature de l'islam (à propos de la « statue de Mahomet »)

a. Selon Foucher de Chartres

Foucher de Chartres, chroniqueur de la première croisade, est un clerc qui a d'abord accompagné Étienne de Blois. Il passe ensuite au service de Baudouin de Boulogne, dont il devient le chapelain en octobre 1097. Demeuré en Terre sainte, il écrit vers 1105 et, malgré la connaissance au moins sommaire qu'il a pu avoir de l'islam en ces régions, il reproduit à propos de Mahomet et de son « idole » dans le temple les poncifs répandus en Occident avant même la première croisade. Soulignons qu'il n'a pas pris part à la prise de Jérusalem, en 1099 : il était resté à Édesse avec Baudouin, devenu prince du comté d'Édesse.

« Ce Temple du Seigneur, tous les Sarrasins l'avaient en grande vénération ; ils y faisaient plus volontiers qu'ailleurs, selon leur loi, leurs invocations à une idole fabriquée, du nom de Mahomet [...], et ils ne permettaient à aucun chrétien d'y entrer. »

FOUCHER DE CHARTRES, *Historia Hierosolymitana*, I, 26, *Recueil des historiens des croisades* (*RHC*), *Historiens occidentaux*, III, p. 355, et éd. H. Hagenmeyer, p. 290 (trad. de l'auteur).

b. Selon Raoul de Caen

Raoul de Caen, chroniqueur de la première croisade, n'a pas pris part à celle-ci. Il vient seulement en Orient vers 1107, et entre au service de Tancrède, neveu de Bohémond de Tarente, devenu prince d'Antioche, l'un des seigneurs les plus influents de la première croisade. Bien que n'étant pas témoin des faits rapportés dans sa chronique, Raoul de Caen fournit de très précieux détails qu'il a entendu raconter de la bouche même de Tancrède. Son récit, comme celui des autres chroniqueurs et plus encore que ceux-ci, est avant tout destiné à glorifier le prince qu'ils servent. Raoul de Caen écrit en quelque sorte un panégyrique de Tancrède. Celui-ci fut probablement le premier à pénétrer dans le « Temple de Salomon » (mosquée al-Aqsa), qu'il pilla en partie. Raoul de Caen raconte à sa manière (ou à celle de Tancrède ?) la scène, sous forme d'un poème qui reflète les mentalités des croisés. Faisant fi des réalités qu'il côtoie pourtant depuis plusieurs années (une mosquée à Jérusalem ne contient évidemment pas de statue de Mahomet), Raoul de Caen préfère à cette réalité l'image caricaturale d'un islam idolâtre, bien implantée dans les esprits occidentaux et qui est devenue un lieu commun, véhiculé par de nombreux textes orientaux et occidentaux et popularisé par les chansons de geste. La présence supposée de la statue de Mahomet dans cette mosquée, que l'auteur croyait édifiée sur les fondations du Temple de Salomon, lui permet de dénoncer « l'idolâtrie sarrasine » – mais c'est là, notons-le, une arme à double tranchant, car le récit de Raoul implique qu'il aurait admis la présence de la statue s'il s'était agi d'une image du Christ. Elle lui permet plus encore d'assimiler Mahomet à l'Antichrist en utilisant ses réminiscences bibliques et apocalyptiques. Les prophéties annoncent en effet que, dans les « derniers temps », l'Antichrist osera trôner dans le temple de Dieu, se faisant passer lui-même pour Dieu (II Thessaloniciens 2, 1-4).

« Sur un trône élevé était placée une statue en argent, si lourde que six bras vigoureux auraient à peine suffi à la soulever, dix bras à la transporter.

Dès que Tancrède l'aperçut, il s'écria :

"Ô honte ! Que signifie la présence en ce lieu de cette statue élevée ? Que fait ici cette idole ? Pourquoi ces pierreries, pourquoi cet or, pourquoi cette pourpre ? (car cette statue de Mahomet était toute chargée de pierreries et de pourpre, et toute resplendissante d'or). Serait-ce l'image de Mars, ou celle d'Apollon ? Serait-ce le Christ ? On ne retrouve pas ici les insignes du Christ : pas de croix, pas de couronne, pas de clous ni de flanc percé ! Ce n'est donc point le Christ ! c'est bien plutôt l'Antichrist précurseur, ce Mahomet dépravé, ce Mahomet pernicieux ! Ô, si son associé apparaissait maintenait, celui qui doit venir, mon pied détruirait alors à la fois les deux Antichrists ! Ô scandale ! Le convive de l'abîme, l'hôte de Pluton s'est rendu maître de la citadelle de Dieu ! Il est devenu le Dieu de l'œuvre de Salomon !"

RAOUL DE CAEN, *Gesta Tancredi*, chap. 129, *RHC*, *Historiens occidentaux*, III, p. 695 (trad. de l'auteur).

14. Appel de Léon IV aux guerriers francs en 847, assorti de promesses spirituelles

Ce texte est le premier dans lequel s'exprime clairement, dans l'Occident chrétien, la notion de récompenses spirituelles accordées à des guerriers qui viendraient à mourir au combat. Il n'est pas inutile de remarquer que cette promesse est faite par un pape à des guerriers francs appelés pour défendre contre des musulmans les territoires du patrimoine pontifical menacé. La valorisation du combat mené par ces guerriers chrétiens résulte de l'amalgame de trois facteurs, dont certains sont hérités de l'Antiquité romaine : la défense de la « Patrie », celle de la foi et celle des populations (version *a*). La version *b* va plus loin encore puisqu'elle fait de l'expédition guerrière une entreprise capable de procurer le salut de son âme au guerrier tué au cours de son accomplissement. Nous serions très près, alors, de l'idée d'une guerre apportant la rémission des péchés. C'est là en effet l'un des traits constitutifs de la guerre sainte et plus tard de la croisade. Cette version *b* affirme également l'existence d'une « Patrie des chrétiens » qui désignerait la chrétienté, concept qui, à cette date, pense-t-on généralement, n'est pas encore apparu clairement. Cette interprétation apparaît donc à la plupart des historiens comme un peu trop précoce. La conclusion n'est pas sûre, mais il vaut toutefois mieux, par prudence, tenir pour originelle la version *a*, d'ailleurs déjà très explicite. Elle affirme en effet que le royaume céleste sera acquis à ceux qui mourraient dans un combat mené pour la protection de la Rome papale menacée par les musulmans.

« À L'armée des Francs

Repoussant toute crainte et toute terreur, appliquez-vous à agir vaillamment contre les ennemis de la sainte foi et les adversaires de toute la contrée.

Jusqu'à présent, vos ancêtres ont assuré la défense publique ; ils ont toujours été victorieux, et aucun peuple, quelle qu'en soit la multitude, n'a pu les vaincre. Nous n'avons jamais entendu dire en effet qu'ils soient une seule fois revenus sans la gloire de la victoire.

Nous voulons reconnaître l'amour de vous tous, puisque, à ceux qui seront morts fidèlement dans l'une des batailles de cette guerre [...], les royaumes célestes ne seront nullement refusés. »

La phrase qui suit est connue sous deux formes. La première (version *a*) a été adoptée par l'éditeur de la *Patrologie latine* (J.-P. Migne), la seconde (version *b*) par celui des *Monumenta Germaniae Historica*.

a. « En effet, le Tout-Puissant sait que si l'un d'entre vous vient à mourir, il sera mort *pour la vérité de la foi, le salut de la Patrie et la défense des chrétiens*. C'est pourquoi il recevra en conséquence de lui la récompense susdite. »

b. « En effet, le Tout-Puissant sait que si l'un d'entre vous vient à mourir, il sera mort *pour la vérité de la foi, le salut de son âme et la défense de la patrie chrétienne*. C'est pourquoi il recevra en conséquence de lui la récompense susdite. »

Léon IV, Lettre I, « ad exercitum Francorum », *Epistolae et decreta*, *Patrologie latine* (*PL*), 115, col. 655-657, et *MGH*, Epistola 5, Karolini Aevi 3, Berlin, 1899, p. 601 (trad. de l'auteur).

15. Le serment des « miliciens de la paix de Bourges » (1038)

Pour lutter par les armes contre les « violateurs de la paix », c'est-à-dire essentiellement ceux qui portent atteinte aux propriétés et aux biens ecclésiastiques, l'Église ne se contente pas toujours des armes spirituelles de l'anathème, de l'excommunication ou de l'interdit. Elle a aussi recours aux armes matérielles : soit à celles que portent les protecteurs traditionnels des établissements ecclésiastiques (le roi, les avoués et défenseurs d'églises), soit à celles de troupes levées sur le territoire même, sorte de milices d'église à composante essentiellement populaires. Aimon de Bourges en fournit l'un des meilleurs (et rares) exemples, particulièrement intéressant parce qu'il souligne le rôle du serment exigé de tous les hommes en âge de porter les armes, ainsi que celui du clergé, porteur des bannières ecclésiastiques, celles des saints patrons : ces deux éléments sacralisent le combat mené pour la cause des églises.

« À la même époque, Aimon, archevêque de Bourges, voulut dans son diocèse établir la paix par un serment. Il convoqua les évêques de sa province et, après avoir pris conseil de ses suffragants, il astreignit tous ceux qui avaient 15 ans ou plus à se soumettre à l'engagement suivant : ils se dresseraient unanimement contre tous les violateurs du pacte prescrit et ne se soustrairaient aucunement à y prendre part même avec leurs biens. Au contraire, si c'était nécessaire, ils s'engageaient à les attaquer et à les affronter par les armes. Les ministres du culte eux-mêmes n'en seraient pas exemptés : après s'être munis des bannières déposées dans les sanctuaires du Seigneur, ils marcheraient avec la multitude du peuple contre les violateurs de la paix jurée.

[...]

Voici le serment que jurèrent l'archevêque et les autres évêques :

“Moi, Aimon, archevêque de Bourges par la grâce de Dieu, de tout cœur et à voix claire, je promets à Dieu et à ses saints d'observer ce qui suit de toute mon âme, sans ambages et sans réticences.

Je combattrai résolument tous les envahisseurs de biens ecclésiastiques, les instigateurs de pillages, les oppresseurs des moines, des moniales et des clercs, et tous ceux qui s'attaquent à notre sainte mère l'Église, jusqu'à ce qu'ils viennent à résipiscence. Je ne m'en laisserai pas détourner par l'attrait des cadeaux ni par l'influence de gens qui me sont liés par le sang, pour ne pas m'éloigner du droit chemin. Je promets de marcher de toutes mes forces contre ceux qui auront osé transgresser ces décrets et de ne leur céder en aucune manière, jusqu'à ce que les tentatives des prévaricateurs soient anéanties.”

Ayant fait cette déclaration solennelle sur les reliques d'Étienne, protomartyr du Christ, il exhorte ensuite les autres évêques à faire de même, ce qu'ils font tous, unanimement. Chacun d'eux, dans son diocèse, réunit tous les hommes de quinze ans et plus, et leur fait prononcer le même engagement. »

ANDRÉ DE FLEURY, *Miracula sancti Benedicti*, livre V, 1-5, éd. E. de Certain, Paris, 1858 (trad. de l'auteur).

16. Comment un prieur de l'abbaye de Conques conçoit la guerre sainte

Bernard d'Angers rapporte, vers 1030, comment un ancien chevalier devenu moine puis prieur de l'abbaye conservait à son chevet son équipement chevaleresque et en usait contre les « spoliateurs » de l'abbaye. Il jugeait ce combat plus juste, plus saint et plus méritoire que la guerre contre les infidèles et l'estimait parfaitement digne de procurer les palmes du martyre.

« Ce moine, au monastère, ne pouvait refréner la fougue guerrière qui l'animait lorsqu'il était dans le monde : il la tourna plutôt contre les malfaiteurs. Au dortoir, à côté de ses vêtements monastiques, il suspendait au chevet de son lit sa cotte de mailles, son casque, sa lance, son épée et tout son équipement prêt à l'emploi. Il avait aussi dans l'écurie un cheval de combat tout équipé. Lorsque survenait une attaque de spoliateurs et de pillards, il assumait aussitôt la fonction de défenseur et conduisait lui-même l'expédition de la troupe en armes. Il ranimait les courages défaillants, promettait hardiment le triomphe de la victoire ou la gloire du martyre, affirmant même qu'il valait bien mieux combattre ces faux chrétiens qui attaquaient la loi chrétienne que les païens eux-mêmes qui n'avaient jamais connu Dieu. »

Le commentaire du moine Bernard d'Angers, qui rapporte ces faits, ne manque pas d'intérêt :

« [...] Il est vrai que Gimon [ce moine prieur] portait les armes au cours de ces expéditions guerrières. Mais si l'on examine la chose correctement, on comprendra qu'en agissant ainsi il contribuait bien plus à accroître la gloire de la règle monastique qu'à l'amoindrir. On ne doit pas porter un jugement sur lui, mais sur l'intention qui le conduisait à agir ainsi. »

BERNARD D'ANGERS, *Liber miraculorum sancte fidis*, I, 26, éd. A. Bouillet, Paris, 1897, p. 66-67 (trad. de l'auteur).

17. Les « martyrs » de Civitate (1053)

Les guerriers morts pour le pape dans la bataille de Civitate (1053) sont considérés par ses partisans comme ayant obtenu la couronne du martyre. Plusieurs auteurs, au XIe siècle, en font le récit. Le pape Léon IX lui-même l'affirme.

« J'ai été fort réjoui par nos frères qui ont été tués en combattant pour Dieu en Pouille. Je les ai vus en effet au nombre des martyrs, et leurs vêtements avaient la splendeur de l'or. Ils tenaient tous à la main des palmes aux fleurs impérissables, et ils me disaient : "Viens, demeure avec nous, car par toi nous possédons maintenant cette gloire." Et j'entendis répondre une autre voix qui disait : "Dans trois jours il sera parmi nous, car ce lieu lui est destiné, et son siège est déjà préparé pour lui au milieu de nous." »

S. LEO PAPA, *PL*, 143, col. 527 (trad. de l'auteur).

18. Les « martyrs » de la Réforme grégorienne

Les guerriers de la cause pontificale sont tenus pour « saints martyrs »

Vers 1080, Berthold de Reichenau fait l'éloge des principaux personnages qui ont pris parti pour la papauté dans sa lutte contre les « hérétiques » et les « simoniaques », termes qui désignent tout à la fois le clergé concubinaire et ceux qui le soutiennent, les adversaires de la réforme dite « grégorienne », mais aussi les partisans de l'empereur et tous les réfractaires à l'autorité pontificale. Ces nombreux traits montrent le degré de sacralité atteint à cette date par les guerriers combattant pour l'Église. Le fait que ces personnages aient tous voulu se faire moines et en aient été dissuadés par le pape traduit la valorisation de l'état laïque et des guerriers lorsqu'ils se mettent au service de l'Église romaine.

À propos de Censius

Berthold indique que Censius est mort en 1077 : il souligne qu'il a été tué par traîtrise (*per insidias*) ; il avait, longtemps auparavant, confessé ses péchés au pape et avait décidé de « se convertir », de quitter le monde, pour tendre à la vie parfaite, c'est-à-dire de se faire moine. Le pape le lui avait formellement interdit (« *ab apostolico per oboedientiam omnino prohibitus est* »), lui ordonnant de demeurer dans sa fonction de préfet de Rome afin que, « armé du zèle de Dieu », il se montre un serviteur de la justice, militant ainsi pour le Christ. Il fait ensuite du personnage un éloge dithyrambique : il était un adversaire résolu des méchants, condamnait les rapines, punissait les sacrilèges et les ennemis de Dieu, s'attirant ainsi la haine des ennemis de la foi.

« Il mena une vie sainte, marcha tous les jours de sa vie terrestre comme un vaillant soldat de la milice chrétienne, sans toutefois militer selon la chair, mais pour la justice et pour la foi ; il acheva sa vie par un triomphant martyre. »

En effet, poursuit Berthold, de nombreux miracles ont lieu sur sa tombe, manifestant ainsi la sainteté de sa vie et de son combat. On venait sur sa tombe de très loin, ce qui rendait manifeste aux yeux de tous combien il était grand auprès de Dieu. Ses miracles ont été reconnus au synode de mars 1078 à Rome.

À propos d'Erlembaud

Le même Berthold fait aussi l'éloge du guerrier (*miles*) Erlembaud, tué par les ennemis de la réforme grégorienne à Milan, « mort pour la justice trois années auparavant ».

« Lui aussi était un orateur fameux, un très habile athlète de Dieu [*athleta Dei*, expression jusqu'ici réservée aux moines et aux clercs, qui sera aussi employée un peu plus tard pour désigner les chefs croisés comme Bohémond] sous l'habit du siècle, restaurateur de la discipline et de l'observance canoniques ; il s'opposa avec tant de zèle pour Dieu aux nicolaïtes et aux simoniaques que dans tout l'évêché de Milan, il ne resta bientôt plus aucun d'entre eux qui n'ait été corrigé ou converti.

Mais des Milanais [soutenus par l'évêque "hérétique" de Milan] tuèrent honteusement en le transperçant de cinq coups de lance ce fameux soldat de Dieu [*Dei tyronem egregium*] combattant pour la justice, la foi et l'obéissance à ce même seigneur pape Alexandre. Après sa mort, son cadavre demeura là pendant trois jours, sur la place de la cité : ces spadassins interdirent de manière inhumaine qu'on lui accorde une sépulture. Mais la troisième nuit, il émanait de son corps une lumière céleste si intense que ceux qui se trouvaient à plus de dix milles de la ville ne doutèrent pas qu'il s'agissait d'un incendie de la ville. Cette lumière resplendit sur son corps pendant trois heures.

[...] Parmi les nombreuses personnes qui accouraient pour voir ce prodige, des frères, qui avaient été préalablement avertis pendant leur sommeil par des visions à ce sujet, s'approchèrent avec audace, prirent son corps et, après avoir accompli les prières et l'office requis, ils revinrent au monastère du martyr saint Celse en rendant grâce à Dieu, et l'y ensevelirent. Depuis lors, il a été indubitablement démontré, par le témoignage de nombreux prodiges et miracles divins, que cet homme de Dieu, combattant zélé de la déviation hérétique, était vraiment l'ami de Dieu. »

BERTHOLD DE REICHENAU, *Chronicon*, éd. G. H. Pertz, *MGH*, *Scriptores*, 5, p. 304-305 (trad. de l'auteur).

19. Raoul Glaber et les moines martyrs morts au combat

Comment des moines tués les armes à la main en combattant les musulmans obtiennent la couronne des martyrs

Les clercs, et moins encore les moines, ne doivent pas porter l'épée ni verser le sang. Pourtant, Raoul Glaber, un moine clunisien, témoigne qu'à son époque, vers 1030, des moines peuvent prendre les armes contre les Sarrasins pour défendre leur pays et les chrétiens qui y vivent, et même obtenir le paradis en mourant ainsi les armes à la main, contrairement aux règles de leur ordre.

« Peu après, les Sarrasins, dirigés par leur roi nommé al-Mansour, surgirent de l'Afrique et occupèrent presque toute l'Espagne jusqu'à sa partie nord, aux confins de la Gaule, et massacrèrent de nombreux chrétiens. Guillaume, duc de Navarre, appelé Sanche, n'hésita pas à lui livrer plusieurs fois bataille, malgré une armée inférieure. Cette armée était même si faible que les moines de la région furent poussés à prendre les armes. Après de lourdes pertes de part et d'autre, la victoire revint aux chrétiens tandis que les Sarrasins, après avoir subi ces dommages, se replièrent en Afrique. Pendant cette longue guerre, de nombreux religieux chrétiens trouvèrent la mort dans les combats. S'ils s'étaient résolus à combattre, c'est bien plutôt pour l'amour de leurs frères que pour quelque recherche de vaine renommée ou de gloriole. »

Plus tard, ces moines apparaissent à un évêque alors qu'il célébrait la messe sur l'autel du martyr saint Maurice (un des saints militaires). Il leur demande qui ils sont, et ils expliquent alors quel a été leur sort :

« Nous sommes tous des religieux chrétiens ayant fait profession [monastique]. Mais alors que nous combattions dans une guerre contre les Sarrasins pour défendre notre patrie et le peuple catholique, le glaive nous a séparés du corps humain que nous habitions. C'est pourquoi la divine Providence nous a fait tous maintenant partager le sort des bienheureux. Il nous faut aujourd'hui passer par cet endroit, car beaucoup de gens de cette région vont très bientôt être aussi des nôtres. »

RAOUL GLABER, *Historiarum libri quinque*, éd. J. France, Oxford, 1989 (trad. de l'auteur).

20. Urbain II, la *reconquista* et la croisade

Le pape estime que la *reconquista* en Espagne a même valeur méritoire, pour les Espagnols, que la croisade en Orient. Les Espagnols sont même invités par le pape à combattre plutôt contre les Sarrasins en Espagne.

« De même que les *milites* d'autres terres ont unanimement résolu de partir à l'aide de l'Église d'Asie et de libérer leurs frères de la tyrannie des Sarrasins, ainsi vous aussi, conformément à nos exhortations, efforcez-vous d'aller secourir l'Église qui est proche de vous contre les assauts des Sarrasins. Dans cette expédition, si quelqu'un vient à tomber pour l'amour de Dieu et de ses frères, qu'il ne doute pas s'acquérir ainsi le pardon de ses péchés et la vie éternelle par la grâce miséricordieuse de Dieu. Si l'un d'entre vous a résolu d'aller en Asie, qu'il s'applique plutôt à accomplir son pieux dessein ici. Car ce n'est pas faire merveille que de libérer les chrétiens des Sarrasins en un endroit, et de les livrer ailleurs à la tyrannie et à l'oppression sarrasine. »

URBAIN II, Lettre 20, *Epistolae et privilegia*, *PL*, 151, col. 302-303 (trad. de l'auteur).

21. Caractère de guerre sainte de la conquête de la Sicile par les Normands, selon Geoffroy Malaterra

Le moine normand Geoffroy Malaterra raconte, à la fin du XIe siècle, la conquête de la Sicile par les chevaliers normands de Roger, frère de Robert Guiscard. Il donne à cette conquête des couleurs de guerre sainte. Ainsi, avant la bataille de Cerami (1063), les guerriers normands se confessent, reçoivent la pénitence et le pardon de leurs péchés, puis se recommandent à Dieu avant de se préparer au combat. Devant le nombre des ennemis sarrasins, les Normands se troublent : Roger leur tient alors un véritable discours de guerre sainte inspiré de l'Ancien Testament, dans lequel il les nomme « très vaillantes recrues de la milice chrétienne » (*fortissimi christianae militiae tirones*) : puisque nous sommes marqués de la croix, et que ce peuple adverse est l'ennemi de Dieu, nous sommes sûrs de son aide. Et s'il est avec nous, qui sera contre nous ? Malaterra raconte ensuite le déroulement du combat et l'intervention céleste :

« Il avait à peine achevé ce discours pour se lancer au combat lorsque voici qu'apparut un chevalier en armes, splendide, chevauchant un destrier blanc ; il portait une lance ornée à son sommet d'une bannière blanche et portant une croix resplendissante. Il s'avança à la tête de notre armée, incitant les nôtres à engager le combat. Lui-même se lança contre nos ennemis en une charge impétueuse, à l'endroit même où ils étaient les plus nombreux. Voyant cela, les nôtres, touchés par une telle vision, joyeux et émus jusqu'aux larmes, se précipitèrent aussitôt à sa suite, en criant “Dieu” et “Saint Georges”. Nombreux furent aussi ceux qui virent pendre au sommet de la lance du comte un étendard marqué d'une croix, qui n'avait pu être placé là par personne, sinon par Dieu. »

GEOFFROY MALATERRA, *De rebus gestis Rogerii Calabriae et Siciliae comitis et Roberti Guiscardi ducis fratris eius*, II, 33, éd. E. Pontieri, Bologne, *Rerum italicarum scriptores*, V, 1, 1924, p. 44 (trad. de l'auteur).

22. Les projets de « croisade » de Grégoire VII en 1074

Urbain II n'est pas le premier à avoir envisagé une reconquête des territoires jadis chrétiens jusqu'en Palestine. Cette tâche incombait d'abord à l'empereur, et en particulier au basileus grec de Constantinople. Mais après la défaite des armées byzantines à Mantzikert (1071), une grande partie de la Syrie et de l'Asie Mineure tombe aux mains des Turcs seljuqides, nouvellement convertis à l'islam sunnite. Le pape Grégoire VII envisage alors d'organiser une expédition militaire pour venir en aide aux Byzantins et secourir les populations chrétiennes d'Orient, que de nombreux messagers venant de ces régions lui disent en grand danger, massacrées par les Turcs. Constatant une certaine inertie des princes d'Occident, le pape écrit à plusieurs princes de lui envoyer des soldats qu'il conduira lui-même dans cette expédition de reconquête des territoires, jusqu'à Jérusalem, jusqu'au sépulcre du Christ. Certaines de ces lettres mettent aussi en avant des promesses spirituelles à ceux qui, combattant ainsi pour Dieu, mettent leur vie terrestre en péril mais recevront en retour des récompenses éternelles.
Sur tous ces points, Grégoire VII annonce Urbain II.

a. Lettre du 1er mars 1074

« À tous ceux qui veulent défendre la foi chrétienne.

[...] Il ne suffit pas, par la sollicitude que nous leur devons, de s'affliger de ces faits ; la charité fraternelle et l'exemple de notre Rédempteur nous imposent de mettre nos vies en péril pour délivrer nos frères. Car de même qu'Il a donné sa vie pour nous, nous devons aussi donner notre vie pour nos frères. Sachez donc que, pour notre part, confiant dans la miséricorde et la toute puissance de Dieu, nous nous disposons et nous préparons par tous les moyens [*modis omnibus*] à porter secours le plus tôt possible à l'empire chrétien, avec l'aide de Dieu. »

GRÉGOIRE VII, *Registrum*, 1, 49, *MGH*, *Epistolae selectae*, éd. E. Caspar, t. I, p. 75 (trad. de l'auteur).

b. Lettre du 7 décembre 1074, à l'empereur Henri IV

« [...] Je fais en outre savoir à votre Grandeur que les chrétiens des contrées d'outre-mer – dont la plupart ont été ravagées de manière inouïe par les païens et dont les populations chrétiennes sont tuées chaque jour comme du bétail et exterminées – m'ont envoyé une députation humble et suppliante me demandant de faire tout mon possible afin de secourir nos frères, pour que la religion chrétienne ne disparaisse pas totalement en notre temps (ce qu'à Dieu ne plaise !).

Quant à moi, en proie à la plus grande douleur, au point de désirer la mort – car personnellement je préférerais donner ma vie pour eux plutôt que de commander, selon la chair, à tout le genre humain au prix de leur abandon –, j'ai fait appel aux chrétiens, je les ai exhortés, je les ai harcelés, les pressant de mettre leur vie en péril pour leurs frères en défendant la loi du Christ, et de manifester ainsi au grand jour la noblesse des fils de Dieu.

Je crois, et même j'affirme que, par l'inspiration de Dieu, les Italiens et ceux qui habitent au-delà des Alpes ont accueilli favorablement cet appel et que déjà plus de cinquante mille hommes se préparent ; ils veulent – s'il leur est permis de m'avoir pour chef et pontife dans cette expédition guerrière – marcher en armes contre les ennemis de Dieu et, sous Sa conduite, parvenir jusqu'au sépulcre du Seigneur. »

Le pape confirme plus loin son intention d'aller en personne en Orient pour prendre la défense des chrétiens, et demande à Henri IV son avis et son concours, lui confiant pendant son absence la protection de l'Église romaine :

« Mais comme un grand dessein exige un grand conseil et l'aide des puissants, je vous demande votre avis et votre aide, s'il vous plaît de me les donner. Car si Dieu me permet d'entreprendre cette expédition, c'est à vous (après Dieu) que je confierai l'Église romaine lorsque j'irai là-bas avec le soutien de Dieu, afin que vous la gardiez comme une sainte mère et que vous protégiez son honneur. »

GRÉGOIRE VII, *ibid.*, II, 31, p. 165 (trad. de l'auteur).

c. Lettre du 16 décembre 1074

« À tous les fidèles de saint Pierre, particulièrement au-delà des Alpes.

Nous pensons que vous avez eu connaissance de notre volonté déjà exprimée, de la part de saint Pierre, concernant le secours qu'il faut porter à nos frères d'outre-mer qui habitent l'empire de Constantinople, que le diable en personne s'efforce de détourner de la foi catholique alors qu'il ne cesse, par les mains de ceux qui obéissent à ses lois, de les mettre presque chaque jour à mort cruellement comme du bétail. Mais comme il voit d'un mauvais œil nos bonnes dispositions, il tente, s'il le peut, de s'y opposer afin qu'eux [les chrétiens d'Orient] ne soient pas libérés à la faveur de la grâce divine, et que nous [les chrétiens d'Occident qui prendront part à cette expédition] ne soyons pas couronnés pour avoir donné nos vies pour nos frères. En conséquence, nous prions, nous conseillons, nous invitons, de la part de saint Pierre, ceux d'entre vous qui veulent défendre la foi chrétienne et servir par les armes le roi céleste, de venir à nous selon les instructions du porteur de cette lettre, afin qu'avec eux, et avec l'aide de Dieu, nous préparions le voyage de tous ceux qui veulent traverser la mer par notre entremise pour y défendre l'honneur céleste, et qui n'ont pas peur de montrer qu'ils sont les enfants de Dieu. C'est pourquoi, mes très chers frères, vous qui jusqu'ici avez été pleins de vaillance en combattant pour des biens matériels que l'on ne peut ni conserver ni posséder sans peines, soyez plus vaillants encore pour combattre pour cette louange et pour cette gloire qui surpassent tout ce que l'on peut désirer. Car par le moyen d'un labeur momentané, vous pourrez acquérir une récompense éternelle. »

GRÉGOIRE VII, *ibid.*, II, 37, p. 172-173 (trad. de l'auteur).

23. Urbain II et la « croisade »

Urbain II, en 1095, reprend à peu près le même programme que Grégoire VII en 1074-1075, mais insiste sur le but à atteindre : la délivrance du Saint-Sépulcre de Jérusalem. Cependant ce thème très mobilisateur assimile l'expédition militaire à un pèlerinage, ce qui risque d'inciter au voyage de nombreux *inermes*, personnages sans armes, inaptes au combat. Dans une lettre du 7 octobre 1096 aux moines de Vallombreuse, Urbain II précise son intention : bien que prescrite en rémission des péchés, l'expédition n'est pas un pèlerinage ordinaire, par définition ouvert à tous : il l'a prêchée aux seuls guerriers, et en écarte les religieux, qui doivent servir le Christ d'une tout autre manière.

« Nous avons appris que quelques-uns d'entre vous veulent se joindre aux guerriers [*milites*] qui vont à Jérusalem pour libérer la chrétienté. L'offrande est juste, mais pas sa mise en œuvre ! En effet, pour ce qui nous concerne, ce sont les guerriers [*milites*] dont nous avons mobilisé la pensée vers cette expédition militaire, afin que par leurs armes ils puissent réprimer la férocité des Sarrasins et restaurer l'ancienne liberté des chrétiens. Nous ne voulons pas que ceux qui ont quitté le siècle et se sont voués à la milice spirituelle prennent les armes, ni même qu'ils entreprennent ce voyage. Bien plus : nous leur interdisons de le faire. »

URBAIN II, *Lettre aux moines de Vallombreuse*, éd. W. Wiederhold, *Papsturkunden in Florenz, Nachrichten von der Gesellschaft der Wissenschaften zu Göttingen* (Phil.-Hist. Klasse), Göttingen, 1901, p. 313 *sq.* (trad. de l'auteur).

24. La croisade, à la fois guerre sainte et pèlerinage

La croisade est prêchée par le pape Urbain II comme une expédition militaire destinée à libérer les Lieux saints (en particulier le Saint-Sépulcre, premier des lieux saints du christianisme) et les

Églises d'Orient de l'occupation musulmane qui, aussi tolérante soit-elle, s'est imposée par voie de conquête 450 ans auparavant. C'est une guerre sainte, mais aussi un pèlerinage par sa destination même. Réunissant les deux aspects, elle en récupère aussi les privilèges et avantages respectifs. Le pape a très probablement fait allusion, au moins de manière voilée ou implicite, à ces deux aspects dans son discours de Clermont. Celui-ci nous est connu par plusieurs relations, ce qui introduit bien évidemment des divergences. Foucher de Chartres, par exemple, souligne l'utilité et la valeur morale de ces guerres, mais insiste aussi sur le pardon des péchés et les récompenses éternelles promises à ceux qui mourraient au cours de l'expédition. Les croisés, dans leurs chartes de départ (rédigées, soulignons-le, par des moines habitués à relater des départs en pèlerinage), mettent plutôt l'accent sur cet aspect de pèlerinage avec sa fonction pénitentielle, mais certains font aussi nettement allusion au caractère très guerrier de leur expédition. Il ne faut donc pas privilégier un aspect au détriment de l'autre. La croisade est une guerre sainte ayant pour objectif la délivrance des Lieux saints du christianisme, comparable, pour le monde chrétien de l'époque, à ce que serait pour les musulmans une sorte de *jihad* qui serait entrepris pour reprendre aux infidèles les lieux saints de La Mecque.

a. Éléments du discours d'Urbain II selon Foucher de Chartres

Après avoir relaté l'avance des Turcs maintenant parvenus jusqu'aux rives du Bosphore, prenant possession des terres des chrétiens et menaçant d'aller plus loin encore, détruisant les églises, saccageant le « royaume de Dieu » et réduisant les chrétiens en esclavage, le pape appelle les évêques à persuader par leurs prédications les chevaliers et les piétons d'aller enfin secourir les chrétiens. Il énonce quelques arguments incitatifs :

« C'est pourquoi je vous exhorte et vous supplie – non pas moi, mais bien le Christ ! –, en tant que hérauts du Christ, à inciter fortement, par une prédication renouvelée, les piétons comme les chevaliers, les pauvres comme les riches, quel que soit leur rang, à se hâter d'aller secourir les adorateurs du Christ en chassant cette vile engeance des régions habitées par nos frères. Je le dis à ceux qui sont ici présents ; je le fais dire à ceux qui n'y sont pas. Mais c'est le Christ qui l'ordonne.

Tous ceux qui iront là-bas et qui viendraient à perdre la vie, que ce soit au cours de leur voyage par voie de terre ou de mer, ou bien en combattant les païens, obtiendront à cette heure la rémission de leurs péchés.

[...]

Qu'ils aillent donc au combat contre les infidèles – un combat qui mérite d'être livré et qui est appelé à s'achever en triomphe – ceux qui, jusqu'ici, se livraient abusivement à des guerres privées contre des fidèles ! Que maintenant ils se fassent chevaliers du Christ, ceux qui jusqu'alors se comportaient en brigands ! Qu'ils combattent maintenant à bon droit contre les Barbares, ceux qui, auparavant, combattaient leurs frères et leurs parents ! Ils vont maintenant gagner des récompenses éternelles, ceux qui, jusqu'alors, se faisaient mercenaires pour gagner quelques sous. Ils travailleront pour un double honneur, ceux qui se sont jusqu'ici épuisés doublement, au détriment de leur corps et aussi de leur âme. Ici, ils étaient tristes et pauvres : là-bas, ils seront riches et réjouis. Ici, ils étaient les ennemis de Dieu ; là-bas, ils deviendront ses amis. »

FOUCHER DE CHARTRES, *Historia Hierosolymitana*, I, 3, *RHC*, *Historiens occidentaux*, III, p. 324 (trad. de l'auteur).

b. Éléments du discours d'Urbain II selon Baudri de Bourgueil

Baudri de Bourgueil, plus tard évêque de Dol, était présent à Clermont lors du discours du pape. Poète raffiné et précieux, il le recompose à sa manière, dans un style orné, pédant, souvent pompeux et parfois obscur. Dans ce passage, Urbain II s'adresse directement aux chevaliers et oppose leur « malice » à la milice du Christ, une opposition déjà présente chez Anselme et que Bernard de Clairvaux reprendra à son compte.

« Que dirons-nous donc, frères ? Écoutez, et comprenez : vous autres, qui êtes ceints du ceinturon de la chevalerie [*militia*], vous vous glorifiez avec une grande arrogance ; vous taillez en pièces vos frères, vous vous entre-déchirez ! Ce n'est certes pas la chevalerie du Christ [*militia Christi*], celle qui extermine le troupeau du Rédempteur ! La sainte

Église a mis à part, pour la protection des siens, une chevalerie [*militia*], mais vous, vous l'avez fâcheusement transformée en méchanceté [*malitia*]. Pour dire la vérité (une vérité dont nous devons être les hérauts), vous ne suivez pas du tout la voie qui conduit au salut et à la vie, vous qui êtes oppresseurs des orphelins, détrousseurs des veuves, meurtriers, sacrilèges, pillards des biens d'autrui ! Vous touchez une solde de brigands pour avoir répandu le sang chrétien ! [...] Si vous voulez prendre soin de vos âmes, déposez donc dès que possible le ceinturon d'une telle chevalerie [*militia*], ou bien avancez-vous avec courage pour vous élancer au plus vite au secours de l'Église orientale, en tant que chevaliers du Christ [*milites Christi*]. C'est en effet comme cela que surviendront pour vous les joies d'un salut complet [...].

Voilà pourquoi nous vous avons dit ces choses, frères : afin que vous détourniez vos mains homicides du meurtre de vos frères ; afin que, pour la protection de la Patrie, vous formiez une armée chrétienne, une armée invincible, et que vous alliez livrer pour Jérusalem un combat décisif sous la conduite de notre chef Jésus-Christ [...]. Afin que vous alliez attaquer et vaincre les Turcs qui s'y trouvent, plus impies que les Jébusiens [les habitants de Jérusalem avant sa conquête par les Juifs, selon la Bible]. Qu'il vous soit glorieux de mourir pour le Christ dans cette cité où le Christ est mort pour vous. D'ailleurs, s'il vous arrivait de mourir avant, sachez que ce serait la même chose que de mourir "en chemin" [*in via* : comme lors d'un pèlerinage], si toutefois le Christ vous trouve au sein de son armée [*militia*]. »

BAUDRI DE BOURGUEIL, *Historia Hierosolymitana*, I, 4, *RHC*, *Historiens occidentaux*, IV, p. 14 (trad. de l'auteur).

c. L'expédition de Jérusalem vue par le moine chroniqueur Guibert de Nogent

L'expédition est une guerre sainte méritoire récemment instituée par Dieu pour permettre aux guerriers de gagner dans une certaine mesure leur salut dans le siècle, sous l'habit militaire, sans avoir besoin de se faire moine ou religieux.

« Que dirai-je de ceux qui sont partis sans seigneur, sans prince, sous la seule impulsion de Dieu, non seulement de leur province natale, mais de leur royaume d'origine ? [...] Je parle ici de la victoire récente et incomparable de l'expédition de Jérusalem [...].

Si ces hommes avaient pris fait et cause pour protéger la liberté, ou pour défendre l'État [*pro republica re defendenda*], ils pourraient, certes, trouver à leur action une justification honorable ; en effet, lorsque l'on redoute les incursions des nations barbares ou des païens, nul guerrier [*miles*] ne peut à bon droit se dispenser de prendre les armes. Hormis ces circonstances, on s'accorde à admettre qu'il y a guerre légitime seulement lorsqu'il s'agit de la protection de la sainte Église. Mais comme cette pieuse intention a aujourd'hui déserté tous les esprits et que le désir effréné de posséder a envahi tous les cœurs, Dieu a, de nos jours, institué des guerres saintes [*prelia sancta*] afin que l'ordre des chevaliers [*ordo equestris*] et la masse errante du peuple qui, suivant l'exemple des anciens païens, s'appliquaient à s'entre-tuer, trouvent là un moyen d'un nouveau genre pour mériter leur salut, de telle sorte qu'ils ne soient plus obligés, comme c'était jusqu'alors la coutume, de renoncer totalement au siècle pour se convertir à la vie monastique ou à quelque autre profession religieuse, mais qu'ils puissent obtenir, jusqu'à un certain point, la grâce de Dieu, tout en conservant leur statut et les habitudes relatives à leur fonction. »

GUIBERT DE NOGENT, *Dei gesta per Francos*, éd. R. B. C. Huygens, CCCM, 127 A, Turnhout, 1996, p. 87 (trad. de l'auteur).

d. Le comte d'Anjou Foulque le Réchin résume en ces termes le discours de croisade du pape à Angers

« À l'approche du carême le pape romain Urbain vint à Angers et encouragea notre peuple à aller à Jérusalem pour chasser les païens qui avaient occupé la cité et tout le territoire chrétien jusqu'à Constantinople. »

Foulque le Réchin, *Fragmentum historiae Andegavensis*, éd. L. Halphen et R. Poupardin, *Chronique des comtes d'Anjou…*, Paris, 1913, p. 138 (trad. de l'auteur).

e. Charte de départ d'un croisé (La Réole)

Le préambule d'une charte d'Amanieus de Loubens, partant pour la première croisade, évoque sa manière de concevoir l'expédition. Bien que le texte soit probablement rédigé par un moine, il n'en exprime pas moins une conception très guerrière de cette entreprise de libération du Saint-Sépulcre.

« Un vaillant chevalier, nommé Amanieus de Loubens, a été inspiré par l'amour du Saint-Esprit à quitter son héritage et à se faire “Jérusalémite”, afin d'aller attaquer et tuer les adversaires de la religion chrétienne, et surtout d'aller purifier le lieu où le Seigneur Jésus-Christ a daigné souffrir la mort pour la rédemption du genre humain. »

Cartulaire du prieuré de Saint-Pierre de La Réole, éd. C. Grellet-Balguerie, *Archives historiques de la Gironde*, 5, 1863, nº 100, § 93-96, p. 140 (trad. de l'auteur).

25. Le charisme des prédicateurs populaires. L'exemple de Pierre l'Ermite

La croisade n'a pas été seulement prêchée par Urbain II à Clermont, puis par ce même pape dans une vaste tournée de propagande en France méridionale et centrale, puis en Italie. Elle l'a été aussi par les évêques dans leurs diocèses respectifs (reprenant probablement les thèmes majeurs esquissés par le pape, mais avec une certaine latitude dans l'expression), et par des prédicateurs populaires plus ou moins « inspirés », dont le message a pu s'éloigner de manière assez considérable des thèmes suggérés par le pape. La prédication de ces « inspirés » est très mal connue. On en aperçoit seulement les effets (les massacres des juifs en Rhénanie par exemple), et l'atmosphère de merveilleux qui les entourait : signes célestes, miracles, prodiges, lettres tombées du ciel, croix marquées dans les chairs, songes, visions, etc. Cette atmosphère de merveilleux se retrouve tout au long de la première croisade. Le moine clunisien Guibert de Nogent, dont les écrits montrent qu'il n'est pas dénué de sens critique, nous fournit l'un des très rares témoignages concernant Pierre l'Ermite. Il l'a rencontré probablement quelques années avant la croisade et brosse du personnage un portrait peu flatteur, visiblement teinté d'une certaine irritation jalouse devant son succès populaire. Il n'en souligne pas moins le charisme exceptionnel de Pierre l'Ermite, charisme qui explique sa faveur auprès des foules, le nombre des « croisés » qui l'ont suivi et le rôle important qu'il continue à jouer jusqu'à Jérusalem, malgré le massacre de ses troupes par les Turcs à Civitôt, avant même l'arrivée des barons à Constantinople.

« Ainsi donc, tandis que les princes, ayant besoin de grandes ressources et des services d'une suite nombreuse, s'efforçaient d'y parvenir avec application et lenteur, le menu peuple, dont les ressources étaient minces mais le nombre très élevé, s'attacha à un certain Pierre l'Ermite, et lui obéit comme à son maître, du moins tant que les choses se déroulèrent dans notre pays. Ce Pierre était, si je ne me trompe, né dans la cité d'Amiens et avait mené jusqu'ici une vie de solitaire sous l'habit monastique, dans je ne sais quelle région de Gaule septentrionale. Il l'avait quittée, je ne sais dans quelle intention. Nous l'avons vu alors parcourir villes et villages pour y prêcher. Il était entouré d'une si grande multitude de gens, comblé de tant de dons, honoré d'une telle réputation de sainteté que, si je m'en tiens à ma mémoire, jamais personne ne fut tenu en tel honneur. Il se montrait fort généreux envers les pauvres grâce aux aumônes qui lui étaient données. Il ramenait à l'honnêteté par le mariage les femmes prostituées, non sans leur donner lui-même une dot ; et partout où régnait la discorde, il rétablissait avec une autorité admirable la paix et la concorde. Tout ce qu'il faisait, tout ce qu'il disait semblait quelque chose de quasi divin, au point même que l'on arrachait à son mulet des poils en guise de reliques. Nous rapportons cela, non pas que ce soit conforme à la vérité, mais comme reflétant l'opinion du vulgaire, qui aime la nouveauté.

Il portait sur la peau une tunique de laine avec un capuchon à sa partie supérieure [*cucullus* : coule ; Anne Commène le nomme « Pierre à la coule »] ; par-dessus encore, une cape de bure, mais presque jamais de braies, et il marchait pieds nus. Il mangeait peu de pain, voire pas du tout, mais se nourrissait de vin et de poisson. »

GUIBERT DE NOGENT, *Dei gesta per Francos*, II, 8, éd. R. B. C. Huygens, CCCM, 127 A, Turnhout, 1996, p. 121 (trad. de l'auteur).

26. La destruction du Saint-Sépulcre par al-Hakim, vue de l'Occident

Adémar de Chabannes, peu avant 1030, raconte à sa manière la destruction du Saint-Sépulcre par al-Hakim. Il la date de 1010 (il faut la dater plutôt de septembre 1009) et y voit la conséquence d'un complot ourdi en commun par les juifs et les Sarrasins qui « dénoncent » au sultan fatimide une imminente intervention armée des Francs contre lui. Raoul Glaber raconte à peu près la même histoire. Ces deux textes n'en témoignent pas moins d'une réelle émotion en Occident et surtout d'un lien, sinon dans la réalité, du moins dans les esprits, entre le Sépulcre et une expédition armée. Même s'ils font de la destruction du Sépulcre la conséquence de l'expédition supposée, et non sa cause, l'idée même d'une telle expédition à ce propos n'en est pas moins évoquée. En cela, ce texte préfigure, sinon la croisade, du moins l'état d'esprit qui l'a précédée, lui aussi imprégné d'un certain anti-judaïsme.

« Cette même année le sépulcre du Seigneur, à Jérusalem, fut détruit par les juifs et les Sarrasins, le 3 des calendes d'octobre, l'an 1010 de son incarnation. En effet les juifs d'Occident et les Sarrasins d'Espagne envoyèrent en Orient des lettres accusant les chrétiens et annonçant que les Francs rassemblaient des armées pour marcher contre les Sarrasins d'Orient. Alors, le Nabuchodonosor de Babylone, qu'ils appellent *Admiratus*, poussé à la colère par les conseils des païens, fit peser sur les chrétiens une grande persécution : il proclama une loi selon laquelle tous les chrétiens vivant sous son autorité qui ne se feraient pas musulmans [litt : Sarrasins] seraient privés de leurs biens ou mis à mort. Il en résulta qu'une foule innombrable de chrétiens se convertit à la loi sarrasine ; mais nul ne fut digne de mourir pour le Christ, si ce n'est le patriarche de Jérusalem, qui trouva la mort dans des supplices de toutes sortes, et deux adolescents, des frères, qui furent décapités en Égypte et qui brillèrent par de nombreux miracles. L'église Saint-Georges, que jusqu'alors aucun Sarrasin n'avait pu profaner, fut détruite à ce moment-là, ainsi que de nombreux autres sanctuaires. Et, en raison de nos péchés, la basilique du Sépulcre du Seigneur fut rasée jusqu'au sol. »

ADÉMAR DE CHABANNES, *Chronicon*, III, 47, éd. P. Bourgain, R. Landes et G. Pon, CCCM, 129, Turnhout, 1999 (trad. de l'auteur).

27. Encyclique dite de Sergius IV (1011)

Cette encyclique a été rejetée comme apocryphe par les érudits de la fin du XIXe siècle (Von Pflugk-Harttung, Riant, etc.) et admise comme telle depuis lors par la plupart des historiens jusqu'à une date récente, confortés en cela par les travaux de A. Gieysztor, « The encyclical of Sergius IV », *Medievalia et Humanistica*, V, 1948, p. 3-23 ; VI, 1950, p. 3-34, selon lesquels ce texte aurait été composé à Moissac par les milieux de la curie romaine d'Urbain II, lors de la tournée de propagande du pape pour la croisade, en 1096. Plus récemment (1991), la thèse de l'authenticité foncière de ce document a été soutenue avec de très bons arguments par H. M. Schaller, dans l'article dont nous extrayons ce texte. Dans ce cas, ce document, s'il est authentique, exprime très tôt après la destruction du sépulcre une idéologie de guerre sainte qui annonce le plan de croisade de Grégoire VII en 1074 et celui d'Urbain II, à la fois par son objectif (le sépulcre du Seigneur), les promesses spirituelles qui sont faites aux combattants, et la notion de « vengeance » de Dieu, rapprochée d'une tradition relative à Titus et Vespasien, tradition bien connue déjà à cette époque et qui est rappelée par Odilon de Cluny peu de temps après. Notons au

passage la très intéressante mention de la prophétie selon laquelle le Saint-Sépulcre doit demeurer éternellement glorieux. Tout abaissement (et à plus forte raison la destruction) du Sépulcre apparaît donc comme une « anomalie », une « erreur », contraire à la volonté de Dieu, une entorse au déroulement prévu de l'histoire, et par là même une faute qui mérite d'être rectifiée et punie.
Si au contraire le document est apocryphe et résulte d'une initiative de la curie à la veille de la croisade, il n'en souligne pas moins la portée et l'efficacité de ces mêmes thèmes. Il montre en outre que le souvenir de la destruction du Saint-Sépulcre était jugé, près d'un siècle plus tard, éminemment mobilisateur par ceux qui utilisaient ce thème pour pousser les guerriers à partir pour Jérusalem. Soulignons également le lien logique établi par le document entre le Sépulcre, lieu de pèlerinage apportant le salut, et l'entreprise guerrière destinée à le restaurer, et par là même à rétablir cette voie de salut jugée indispensable dans la mentalité religieuse du temps.

« 2. Jusqu'à ces derniers temps, de nombreux frères, guidés par l'amour du Christ, ont cherché à atteindre le lieu même qu'il a foulé de ses pieds, et à vénérer le mont du Calvaire, où il nous a sauvés par ce qu'il a souffert, et aussi le mont des Oliviers ; ils sont plus particulièrement encore remplis d'une profonde dévotion pour le Sépulcre où reposa son corps, et ils ont quitté leur patrie, se faisant étrangers pour aller à Jérusalem, s'exposant ainsi aux fatigues, aux afflictions, à de nombreuses veilles, à la faim, à la soif, au froid et à la nudité, comme Paul le fut jadis. Ils n'ont pas cessé de suivre les traces de Jésus-Christ, abandonnant leurs possessions temporelles, pour prendre leur croix, afin de se faire ses disciples et de prendre la route en suivant le Christ, en portant sa croix, comme il le leur a été prescrit. Le Christ nous a confié son tombeau pour que des pénitents y obtiennent le royaume céleste.

3. Nous portons à la connaissance de tous les chrétiens cette nouvelle, parvenue à notre siège apostolique, en provenance des régions orientales : le saint Sépulcre de notre rédempteur, Notre Seigneur Jésus-Christ, a été détruit de fond en comble par les mains impies des païens ! À cause de cette destruction, l'Église universelle, toute la ville de Rome, a été troublée et plongée dans une grande conster-

nation. Cette consternation se répand dans la terre entière, dont le peuple se lamente et gémit. Pour ma part, j'éloignerai le sommeil de mes paupières, et je mettrai mon cœur à la peine, parce que je n'ai jamais lu, ni dans les écrits des prophètes, ni dans ceux du psalmiste, ni dans ceux d'aucun docteur, que le Sépulcre du Rédempteur soit destiné à la destruction. Au contraire, il doit subsister jusqu'à la fin [des temps], selon ce que révèle le prophète en ces termes : "Et son sépulcre sera glorieux pour l'éternité."

4. Que l'on sache donc l'intention chrétienne qui est mienne : j'ai formé ce projet, moi, s'il plaît au Seigneur, de m'embarquer en personne pour quitter nos rivages maritimes en compagnie de tous les Romains, Italiens, Toscans ou autres chrétiens de quelque région que ce soit qui voudront partir avec nous, pour nous porter ensemble contre le peuple des Agaréniens, avec l'aide du Seigneur, dans l'intention de les tuer tous. Je veux restaurer dans son intégrité le saint Sépulcre du Rédempteur.

5. Mes fils, que la crainte de la mer ne vous effraie pas, que la fureur du combat ne vous terrorise pas, car la promesse divine est là : celui qui, pour le Christ, aura perdu sa vie terrestre trouvera une autre vie qui n'aura jamais de fin. Cette guerre n'est pas menée pour un misérable royaume, mais pour une seigneurie éternelle. C'est à nous de prendre l'initiative, mais la vengeance appartient au Seigneur. Nous sommes appelés à traverser seulement ce siècle où nous vivons. Combattons donc contre les ennemis de Dieu, afin de mériter de nous réjouir avec lui dans le ciel.

[...]

Venez, mes fils, défendre Dieu, et gagnez ainsi le royaume éternel. J'espère, je crois, je tiens même pour certain que, par la puissance agissante de notre Seigneur Jésus-Christ, la victoire sera nôtre, comme il en advint aux jours de Titus et de Vespasien, qui vengèrent la mort du Fils de Dieu, et ne reçurent pas alors le baptême, mais qui, après leur victoire, parvinrent au titre d'empereur des Romains et obtinrent le pardon [*indulgentiam*] de leurs péchés. Et nous, si nous faisons de même, nous obtiendrons sans aucun doute la vie éternelle. »

SERGIUS IV, Encyclique de « croisade », éd. H. M. Schaller, « Zur Kreuzzugsenzyklika Sergius IV », *Papsttum, Kirche und Recht im Mittelalter*, Tübingen, 1991, p. 150-153 (trad. de l'auteur).

28. Lettre de Gerbert d'Aurillac (984) : Jérusalem appelle au secours

Cette lettre a été jadis attribuée, à tort, au pape Sergius IV tant elle se rapproche des thèmes de l'encyclique précédente attribuée, à tort ou à raison, à ce pape, en réaction à la destruction du Saint-Sépulcre par le calife al-Hakim, en 1009. Son plus récent éditeur, P. Riché, la juge parfaitement authentique et la date de 984. Elle aurait été demandée par Garin de Cuxa, qui fit un pèlerinage en Terre sainte en 985. En tout état de cause, la lettre ne peut être rattachée à la destruction de l'an 1009. Rien, en effet, ne nous autorise à identifier le « désastre » mentionné par Gerbert à la destruction du Saint-Sépulcre. Il est question, en revanche, d'un certain abandon des Lieux saints, voire de leur délabrement, dont on a par ailleurs quelques témoignages. Cette lettre n'en est pas moins d'un très grand intérêt pour l'histoire de la formation de l'idée de croisade. On y rencontre en effet de nombreux thèmes qui seront repris dans l'encyclique de Sergius IV reproduite ci-dessus (en particulier la commune référence au tombeau du Christ qui, selon la prophétie, doit demeurer éternellement glorieux) et par le pape Urbain II dans ses discours comme dans ses lettres. Outre l'accent mis sur la révérence et l'assistance qui est due par toute l'Église à l'église mère, celle de Jérusalem, et sur la promesse de rémission des péchés à ceux qui agiront pour soutenir les Lieux saints, la lettre de Gerbert a déjà une réelle « tonalité de croisade », tant dans son vocabulaire (l'appel aux *milites Christi*) que dans son appel à une action de secours d'ordre militaire ou, à défaut (car une telle action évoquée ne semble pas réellement envisageable à l'auteur), à une assistance d'ordre psychologique et financier. Soulignons au passage les trois formes d'actions envisagées, qui s'expriment ici par les trois termes désignant le devoir d'assistance vassalique : *servitium* (service militaire, *ost*), *consilium* (conseil, assistance juridique, judiciaire et de solidarité) et *auxilium* (assistance financière).

« Au nom de Jérusalem dévastée, à l'Église universelle

L'église qui est à Jérusalem, à l'Église universelle qui commande aux sceptres des royaumes.

Comme tu es en bonne santé, ô épouse immaculée de Dieu – dont je confesse être l'un des membres –, j'ai le très grand espoir de relever grâce à toi ma tête déjà presque écrasée. Pourquoi ne compterais-je pas sur toi, qui es maîtresse de tout ? Si tu me reconnais pour tienne, qui donc, parmi les tiens pourra estimer ne pas être concerné par l'infamant désastre qui m'a été infligé, au point de s'en détourner comme d'une chose sans importance ? Même si je suis aujourd'hui abattue, l'univers ne m'en tient pas moins pour la meilleure partie de lui-même. Car c'est chez moi que les prophètes ont rendu leurs oracles et que les patriarches se sont manifestés ; c'est de chez moi que sont partis les Apôtres, ces lumières éclatantes du monde ; c'est ici que le monde a découvert la foi dans le Christ, chez moi qu'il a trouvé son Rédempteur. En effet, même s'il est présent partout par sa divinité, c'est pourtant ici que, dans son humanité, il est né, a souffert et a été enseveli, c'est d'ici qu'il a été élevé jusque dans les cieux. Et cependant, alors que le prophète a dit : “son sépulcre sera glorieux”, le Diable tente de le priver de cette gloire par le moyen des païens qui dévastent les lieux saints [*paganis sancta loca subvertentibus*]. Lève-toi donc, soldat du Christ [*enitere ergo, miles Christi*]. Dresse tes étendards et combats avec moi ; et puisque tu ne peux pas venir me secourir par les armes, fais-le par tes conseils et l'aide de tes richesses [*esto signifer et compugnator, et quod armis nequis, consilio et opum auxilio subveni*]. D'ailleurs, qu'est-ce donc que tu donnes, et à qui le donnes-tu ? Une bien petite part, n'est-ce pas, de ton grand avoir ; et tu la donnes à celui qui t'a donné gratuitement tout ce que tu possèdes, et qui d'ailleurs ne la reçoit pas en ingrat. En effet, il [la] multiplie ici-bas, et il [te] récompense dans le monde à venir ; par mon intermédiaire, il te bénit afin que tu croisses en largesse, et il te remet tes péchés pour que tu vives et règnes avec lui. »

GERBERT D'AURILLAC, *Correspondance*, Lettre n° 28, éd. P. Riché et J.-P. Callu, Paris, 1993, p. 59-61 (trad. de l'auteur).

29. La codification du *jihad* au milieu du xe siècle

Ibn Ali Zayd al-Qayrawani rédige à Kairouan, au milieu du xe siècle, sa *Risala* (Épître), traité relatif au *jihad*, dont il établit les règles en s'inspirant de l'école malékite fondée par Malik ibn Anas. Il fixe les conditions qui imposent le *jihad*, les précautions préalables et les méthodes qui doivent être employées ou qui sont licites dans son accomplissement.

« Le *jihâd* est une obligation d'institution divine. Son accomplissement par certains en dispense les autres. Pour nous, Malékites, il est préférable de ne pas commencer les hostilités avec l'ennemi avant de l'avoir appelé à embrasser la religion d'Allah, à moins que l'ennemi ne prenne d'abord l'offensive. De deux choses l'une : ou bien ils se convertiront à l'islamisme, ou bien ils paieront la capitation [*jizya*], sinon, on leur fera la guerre. La *jizya* n'est acceptée d'eux que s'ils se trouvent sur un territoire où nos lois puissent s'appliquer. S'ils sont hors de notre atteinte, on n'acceptera d'eux la *jizya* que s'ils se rendent sur notre territoire. Sinon, on leur fera la guerre.

Fuir devant l'ennemi est un péché mortel, si ses effectifs sont du double du nombre des combattants musulmans. Mais si l'ennemi a des forces supérieures au double des nôtres, il n'y a pas d'inconvénient à prendre la fuite.

On doit combattre l'ennemi sans chercher à savoir si l'on combattra sous les ordres d'un chef pieux ou dépravé.

Il n'y a pas d'inconvénient à tuer les prisonniers de race blanche non arabe qu'on aura faits. Mais nul ne devra être tué après avoir eu l'*amân* [sauvegarde]. On ne devra pas violer les engagements pris à leur égard. On ne tuera pas les femmes, ni les impubères. On évitera de tuer les moines et les rabbins, à moins qu'ils n'aient été combattants. La femme, elle aussi, sera mise à mort si elle a participé au combat. »

IBN ALI ZAYD AL-QAYRAWANI, *La Risala*, chap. 30, éd. L. Bercher, Alger, 1952, p. 163 ; texte traduit dans P. Riché et G. Tate, *Textes et documents d'histoire du Moyen Âge (V^e-Xe siècle)*, t. II, Paris, 1974, p. 549.

30. Renaissance du *jihad* en Espagne vers 1085

Incapables de lutter efficacement contre les rois chrétiens du Nord (en particulier Alphonse de León-Castille), qui amplifient la *reconquista*, les « rois » musulmans du sud d'al-Andalus se résignent à faire appel à Yûsuf, souverain almoravide du Maghreb, pour mener la guerre sainte.

« L'émir des musulmans nous accorda un traité, aux termes duquel nous joindrions nos efforts pour combattre les Chrétiens avec son concours, et lui-même s'engageait à ne point s'immiscer dans les affaires de nos principautés respectives et à ne point écouter les suggestions des fauteurs de désordres [...]. Quant à moi, je me hâtai d'aller le rejoindre, satisfait de la marche des événements, et affectant à la guerre sainte tout ce qu'il me fut possible de réunir comme argent et comme troupes [...]. Par ailleurs, la nouvelle s'était répandue dans le pays que les Almoravides étaient des gens vertueux, qu'ils venaient afin de s'assurer le Paradis dans leur vie future et qu'ils pratiquaient la justice. Nous nous proposions de contribuer chaque année, de nos personnes et de nos biens, à la guerre sainte avec l'émir. Ceux d'entre nous qui survivraient se couvriraient de gloire, à l'ombre de sa protection ; ceux qui succomberaient tomberaient en martyrs pour la foi. »

ABD'ALLAH, *Mémoires d'Abd'allah, dernier roi ziride de Grenade*, éd. et trad. E. Lévi-Provençal, *Al-Andalus*, IV, 1936-1939, p. 74-75.

31. Traité damasquin sur le *jihad* (1105)

La prise de Jérusalem par les croisés (1099) a été facilitée par les rivalités entre princes musulmans de Syrie d'une part, les musulmans sunnites (Turcs en particulier) et chiites d'autre part. La conquête chrétienne réveille pour un temps (au moins dans certains milieux) la notion de *jihad*, mise en sommeil. L'auteur de ce traité, as-Sulamî, a lu publiquement son œuvre, un appel à la guerre sainte, dans plusieurs mosquées de Damas, en 1105. Il mourut l'année suivante. Son appel ne semble pas avoir rencontré un très grand succès. Il présente pourtant un grand intérêt à cause des justifications qu'il donne du *jihad*, de l'importance qu'il accorde à Jérusalem et aux prophéties qui s'y rapportent, et aussi des précisions qu'il apporte sur la perception de la croisade par les musulmans : pour as-Sulamî, la croisade n'est rien autre qu'un « *jihad* chrétien », voué à l'échec à cause des paroles du Prophète qui annoncent la victoire finale et définitive des musulmans avant la Fin des temps. Les musulmans sont donc assurés de la victoire, et il leur faut s'engager dans ce combat pour obtenir les récompenses promises à ceux qui mènent le *jihad* et éviter l'enfer menaçant ceux qui se dérobent aux ordres de Dieu.

« Au nom d'Allâh, Clément et Miséricordieux.

L'apôtre d'Allâh dit : “Le califat revient aux Koraïchites, l'autorité aux Ansâr, l'appel [à l'islam] aux Abyssins ; quant à l'émigration et à la guerre sainte, elles appartiennent dorénavant aux Musulmans.” Ces propos, “la guerre sainte appartient désormais aux Musulmans”, sont une preuve évidente que le *jihad* incombe à tous les musulmans, et s'il incombe à tous, il dure jusqu'au Jour de la Résurrection.

[...] Quant au « *consensus omnium* » [*igmâ*], les quatre [premiers] califes, aussi bien que tous les compagnons [de Mahomet], se sont mis d'accord, après la mort du Prophète, que le *jihad* est le devoir de tous. En effet, aucun des quatre ne le négligea au cours de son règne, cet exemple étant suivi par les califes postérieurs à leur tour. Tous les ans le souverain menait personnellement des incursions [contre le territoire infidèle] ou bien il chargeait quelqu'un de les mener à sa place. Les choses furent ainsi jusqu'à ce qu'un certain calife négligeât ce devoir à cause de sa faiblesse. »

L'auteur explique ensuite les conséquences funestes de cette interruption du *jihad* : les musulmans se dressèrent les uns contre les autres, et les infidèles (les chrétiens) envisagèrent alors de conquérir leurs territoires, en Sicile (la conquête de la Sicile par les Normands se situe entre 1062 et 1091), puis en Espagne (la *reconquista* chrétienne s'empare de Tolède en 1085, de Valence en 1094, mais doit un moment refluer devant les troupes almoravides, dont l'auteur ne parle pas), et enfin en Syrie (après le succès de la première croisade et la prise de Jérusalem en 1099). Il assimile pleinement la reconquête chrétienne en Occident et en Orient au *jihad* musulman, incite les musulmans de la région à s'engager dans la guerre sainte, leur rappelle qu'elle est une obligation pour tous et souligne ses buts et les promesses de récompenses qui y sont attachées.

« Une partie [des infidèles] assaillit à l'improviste l'île de la Sicile, mettant à profit les différends et les conflits [qui y régnaient] ; de cette manière [les infidèles] s'emparèrent aussi d'une ville après l'autre en Espagne. Lorsque des informations se confirmant l'une l'autre leur parvinrent sur la situation perturbée de ce pays [la Syrie] dont les souverains se détestaient et se combattaient, ils résolurent de l'envahir. Et Jérusalem était le comble de leurs vœux.

Examinant le pays d'as-Sâm [la Syrie], ils constataient que les États y étaient aux prises l'un avec l'autre, leurs vues divergeaient, leurs rapports reposaient sur des désirs latents de vengeance. Leur avidité s'en trouvait renforcée, les encourageant à s'appliquer [à l'attaque]. En fait, ils mènent encore avec zèle le *jihad* contre les Musulmans ; ceux-ci en revanche font preuve de manque d'énergie et d'esprit d'union dans les guerres, chacun essayant de laisser cette tâche aux autres. Ainsi [les Francs] parvinrent-ils à conquérir des territoires beaucoup plus grands qu'ils n'en avaient eu l'intention, exterminant et avilissant leurs habitants. Jusqu'à ce moment, ils poursuivent afin d'agrandir leur emprise ; leur avidité s'accroît sans cesse dans la mesure où ils constatent la lâcheté de leurs ennemis qui se contentent de vivre à l'abri du danger. Aussi espèrent-ils maintenant avec certitude se rendre maîtres de tout le pays et en faire prisonniers les habitants. Plût à Dieu que, dans sa bonté, il les frustre dans leurs espérances en rétablissant l'unité de la Communauté. Il est proche et exauce les vœux. »

L'auteur cite ensuite les principaux théoriciens du *jihad* pour justifier l'obligation du *jihad*, parmi lesquels Abû Hâmid al-Ghazzâli (1058-1111), théologien et juriste qui enseigna à Bagdad et séjourna à Damas après 1094, où notre auteur a d'ailleurs pu le rencontrer.

« As Safi'i dit : "L'obligation minimum du chef de la Communauté est d'effectuer une incursion par an chez l'Infidèle, soit par lui-même soit par ses troupes, selon l'intérêt de l'Islam, de façon que le *jihad* ne soit pas abandonné pendant toute une année, sauf raison impérieuse." Et il ajoute : "Si les troupes mobilisées ne peuvent en assurer l'exécution d'une façon satisfaisante, le devoir [de combattre l'Infidèle] s'impose, d'après l'injonction d'Allâh Très-Haut, à tous ceux qui sont restés en arrière."

Il s'avère donc qu'en cas de nécessité la guerre sainte devient un devoir d'obligation personnelle, comme à l'heure actuelle où ces troupes-ci fondent à l'improviste sur le territoire musulman.

Abû Hâmid Mûhammad b. Mûhammad al-Ghazzâli dit : "Chaque fois qu'aucune razzia n'a été effectuée, tous les Musulmans, libres, responsables de leurs actes et capables de porter les armes, sont tenus de se diriger [contre l'ennemi] jusqu'à ce que se dresse une force suffisante pour leur faire la guerre ; cette guerre ayant pour but d'exalter la Parole d'Allâh, de faire triompher sa religion sur ses ennemis, les polythéistes, de gagner la récompense céleste qu'Allâh et son Apôtre promirent à ceux qui combattraient pour la cause de Dieu, et de s'emparer des biens [des infidèles] de leurs femmes et de leurs demeures." La raison en est que le *jihâd* constitue un devoir d'obligation collective, tant que la communauté [musulmane] limitrophe de l'ennemi peut se contenter de ses propres forces pour combattre [les infidèles] et écarter le danger. Mais si cette communauté est trop faible pour tenir l'ennemi en échec, le devoir se trouve étendu à la contrée [musulmane] la plus proche, as-Sâm [la Syrie] par exemple [...]. Ne sont soustraits à cette obligation que ceux qui ont des motifs légaux d'exemption, à savoir, ceux qui en sont gravement empêchés. Nous allons préciser ces motifs plus loin.

[...]

Le Coran, la Tradition et l'unanimité des docteurs de la Loi, tous sont d'accord, avons-nous prouvé, que la guerre sainte est un devoir collectif lorsqu'elle est agressive, et qu'elle devient un devoir personnel dans les cas spécifiés ci-dessus. Ainsi est-il établi que la lutte contre ces troupes revient obligatoirement à tous les Musulmans qui en sont capables, à savoir ceux qui ne sont atteints ni de maladie grave ou chronique, ni de cécité ou de faiblesse résultant de la vieillesse. Tout musulman n'ayant pas ces excuses, qu'il soit riche ou pauvre et [même] fils de parents [vivants] ou débiteur, doit s'engager contre eux et se précipiter pour empêcher les conséquences dangereuses de la mollesse et de la lenteur, qui sont à craindre. D'autant plus que l'ennemi est peu nombreux et que ses renforts arrivent de grande distance, tandis que les souverains des pays [musulmans] environnants [peuvent] s'entraider et faire front commun contre lui.

Appliquez-vous à remplir le précepte de la guerre sainte ! Prêtez-vous assistance les uns aux autres afin de protéger votre religion et vos frères ! Saisissez cette occasion d'effectuer chez l'Infidèle cette incursion qui n'exige pas un effort trop grand et qu'Allâh vous a préparée ! C'est un paradis que Dieu fait approcher très près de vous, un bien de ce monde à posséder vite, une gloire qui durera pour de longues années. Gardez-vous de ne pas manquer cette occasion, de peur qu'Allâh dans la vie future ne vous condamne au pire, aux flammes de l'Enfer. »

L'auteur insiste ensuite sur l'importance de Jérusalem, récemment prise par les chrétiens, et cite des paroles prophétiques relatives au *jihad* des musulmans de la région, qui doit triompher à Jérusalem jusqu'à la Fin des temps et mener les musulmans jusqu'à Constantinople. La conquête des chrétiens est donc provisoire. Elle a d'ailleurs été annoncée par les écrits prophétiques musulmans, ajoute-t-il. Cette affirmation rejoint des traditions dont font aussi état les chroniqueurs chrétiens de la croisade, tant occidentaux que syriens ou arméniens. Mais l'islam triomphera des infidèles : les musulmans doivent donc s'engager dès maintenant dans le *jihad*, afin de participer à cette victoire finale qui leur vaudra de grandes récompenses. On notera les nombreux traits de ressemblance sur ce point, en particulier dans la perspective eschatologique du combat pour Jérusalem, entre ces traditions musulmanes et les traditions chrétiennes que nous avons rapportées dans les pages qui précèdent.

« L'Apôtre de Dieu dit : "Une partie de ma Communauté ne cessera jamais de combattre et de vaincre pour la cause de la vraie religion jusqu'à la Fin des jours ; aucune défection ne pourra leur être nuisible."

D'après une tradition, qu'il me semble avoir en ma possession avec sa chaîne de garants, ces troupes sont des Syriens. Selon une autre tradition, il s'agit des habitants de Jérusalem et de ses contrées.

Voilà la preuve qu'elle [Jérusalem] va revenir aux mains de l'Islam, et qu'une communauté [de croyants] dont tels seront les attributs doit s'y installer jusqu'à la Fin des Jours. Cette tradition est authentique.

Nous avons entendu un *hadith* reposant sur un *isnâd* et disant que les Byzantins [*ar-Rûm*] vont s'emparer de Jérusalem pour une période déterminée et que les Musulmans se rassembleront contre eux, les chasseront de cette ville et les tueront pour la plupart. Puis ils vont poursuivre les survivants en déroute jusqu'à Constantinople. Ce *hadith* est sûr. S'il en est ainsi, il s'ensuit évidemment que cette communauté guerroyant et triomphant pour la Foi est celle-là même qui, grâce à l'assistance céleste, doit chasser [les infidèles] de Jérusalem et du reste du territoire [musulman], celle-là même qui s'emparera aussi de Constantinople. Évertuez-vous donc dans cette guerre sainte : il se peut que vous soyez ceux qui sont destinés à obtenir le mérite de cette conquête immense, ceux qui furent choisis pour ce noble lieu ».

AS-SULAMÎ, *Incitation à la guerre sainte...*, éd. et trad. E. Sivan, « La genèse de la contre-croisade : un traité damasquin du début du XIIe siècle », *Journal asiatique*, 1966, p. 214-220, *passim.*

Chronologie

Vers 33	Mort de Jésus à Jérusalem
70	Prise de Jérusalem par Titus. Destruction du Temple
133	Expulsion des Juifs de Judée
176-180	Persécution des chrétiens sous Marc Aurèle
249-251	Persécution des chrétiens sous Dèce
303-311	Persécution sous Dioclétien et ses successeurs. Nombreux martyrs
312	Bataille du pont Milvius. « Conversion » de Constantin
313	« Édit de Milan » autorisant le christianisme
314	Concile d'Arles excommuniant ceux qui refusent les armes
325	Concile de Nicée : définition du credo, confession de foi
392	Théodose interdit le paganisme
410	Sac de Rome par Alaric
413-426	Saint Augustin rédige *La Cité de Dieu*
476	Fin de l'Empire romain en Occident
481-751	Dynastie mérovingienne en Gaule
507	Clovis bat les Wisigoths à Vouillé
612	Premières révélations à Muhammad (Mahomet)
614	Révolte des chrétiens contre Juifs et Perses à Jérusalem
622	L'hégire, exil à Médine, an I du calendrier musulman
624	Bataille de Badr : première grande victoire de Mahomet
628	Victoire d'Héraclius sur les Perses de Chosroês
630	Retour des chrétiens et de la Vraie Croix à Jérusalem

630	Prise de La Mecque par Mahomet
632	Mort du Prophète Muhammad (Mahomet) à Médine
638	Prise de Jérusalem par les musulmans
640	Conquête de l'Égypte par les musulmans
657	Bataille de Siffin : premiers schismes au sein de l'*Umma*
661-750	Dynastie omeyyade (capitale Damas)
680	Bataille de Kerbela. Défaite des chiites, mort d'Hussein
698	Prise de Kairouan par les musulmans
711	Les troupes arabo-berbères envahissent l'Espagne
718	Les musulmans sont repoussés devant Constantinople
720	Résistance des chrétiens dans les Asturies
721	Eudes d'Aquitaine bat les musulmans devant Toulouse
732	Charles Martel bat les Arabes à Poitiers (Moussais)
739	Grégoire III appelle Charles Martel contre les Lombards
750-1258	Dynastie abbasside (capitale Bagdad)
751-887	Dynastie carolingienne en Occident
751	Coup d'État de Pépin le Bref cautionné par le pape
754	Entrevue de Ponthion entre Pépin et Étienne II
754-756	Campagnes de Pépin contre les Lombards Formation du « patrimoine de saint Pierre »
756-1031	Dynastie omeyyade d'Espagne (capitale Cordoue)
778	Campagne de Charlemagne en Espagne : Roncevaux
785	Premiers « capitulaires » saxons : le baptême ou la mort
800	Couronnement impérial de Charlemagne à Rome
801	Les chrétiens reprennent Barcelone
841	Les Normands incendient Rouen
845	Les Normands incendient Paris
846	Sac de Rome par les musulmans.
847	Appel de Léon IV. Premières récompenses spirituelles aux guerriers chrétiens
850	Conquête de la Corse par les musulmans

850-858	Affaire des « martyrs de Cordoue »
869	Mort d'al-Bukhâri, rédacteur d'une vie de Mahomet
879	Appel de Jean VIII aux Francs. Promesses spirituelles
885	Siège de Paris par les Normands (Abbon de Fleury)
911	Un duché (la Normandie) est concédé aux Normands
910-1171	Dynastie fatimide chiite au Maghreb, puis en Égypte
955	Otton Ier bat les Hongrois au Lechfeld
962	Otton Ier est couronné empereur
972	Les musulmans quittent La Garde-Freinet en Provence (les Maures)
975	Synode de Laprades : premier « concile de paix » (?)
989	Concile de Charroux pour la « paix de Dieu »
983	Guillaume le Libérateur chasse les Maures de Provence
990	Concile du Puy pour la « paix de Dieu »
997	Al-Mansour incendie Saint-Jacques-de-Compostelle
1000	Étienne, premier roi chrétien de Hongrie
1009	Destruction de l'église du Saint-Sépulcre par al-Hakim
1025	Boleslas, premier roi chrétien de Pologne
1027	Concile d'Elne (paix et trêve de Dieu)
1031	Concile de Limoges (paix de Dieu)
1031	Fin de l'unité omeyyade en Espagne : les *taifas*
1030	Mort du roi Olaf de Norvège. Miracles sur sa tombe
1038	Serment de « paix » des miliciens de Bourges
1053	Bataille de Civitate. Le pape voit ses morts en « martyrs »
1056	Rupture entre les Églises de Rome et de Constantinople
1059	Robert Guiscard devient vassal du pape
1063	Bataille de Cerami. Reconquête chrétienne de la Sicile

1064-1065	Prise, puis perte de Barbastro par les chrétiens
1066	Le duc normand Guillaume conquiert l'Angleterre
1070	Les Turcs prennent Jérusalem aux Fatimides
1071	Bataille de Mantzikert : les Turcs battent les Byzantins
1074-1075	Projets de Grégoire VII pour libérer Jérusalem
1075	Mort d'Erlembaud, promu martyr et « *miles Christi* »
1085	Prise de Tolède par les chrétiens
1086	Bataille de Zallaqa : les musulmans battent les chrétiens et reprennent l'Espagne
1087	Expédition chrétienne à Mahdia (Tunisie)
1089	Lettres d'Urbain II sur la reconquête de Tarragone
1095	Prédication de la croisade (Urbain II et Pierre l'Ermite)
1096	Massacre des juifs du Rhin par les croisés d'Emich
1098	Bataille d'Antioche : victoire des chrétiens sur Karbuqa
1099	Prise de Jérusalem par les croisés

Bibliographie

ANAWATI, G., *Islam e Cristianismo : l'incontro tra due culture nell'Occidente medievale*, Milan, 1994.

BARKAÏ, R., *Chrétiens, musulmans et juifs dans l'Espagne médiévale : de la convergence à l'expulsion*, Paris, 1994.

BARTHÉLEMY, D., *L'An mil et la paix de Dieu ; la France chrétienne et féodale, 980-1060*, Paris, 1999.

BLACHÈRE, R., *Le Problème de Mahomet*, Paris, 1953.

BLUMENKRANZ, B., *Juifs et chrétiens dans le monde occidental, 430-1096*, Paris, 1960.

BROWN, P., *Le Culte des saints. Son essor et sa fonction dans la chrétienté latine*, trad. fr. par A. Rousselle, Paris, 1984.

BURTON, J., *The Sources of Islamic Law : Islamic Theories of Abrogation*, Édimbourg, 1990.

CAROZZI, C., et CAROZZI-TAVIANI, H., *La Fin des temps*, Paris, 1982.

CHARNAY, J.-P., *L'Islam et la guerre, de la guerre juste à la révolution sainte*, Paris, 1986.

COHEN, M., *Under Crescent and Cross*, Princeton, 1994.

DANIEL, N., *The Arabs and Medieval Europe*, Londres, 1979.

DANIEL, N., *Islam and the West. The Making of an Image*, Édimbourg, 1980 (4e éd.).

DANIEL, N., *Heroes and Saracens, an Interpretation of the Chansons de Geste*, Édimbourg, 1984.

DANIEL, N., *Islam et Occident*, Paris, 1993.

DELARUELLE, E., *L'Idée de croisade au Moyen Âge*, Turin, 1980.

DERMENGHEM, E., *Mahomet et la tradition islamique*, Paris, 1955.

DUCELLIER, A., *Le Miroir de l'islam. Musulmans et chrétiens d'Orient au Moyen Âge (VIIe-XIe siècle)*, Paris, 1971.

DUCELLIER, A., *Chrétiens d'Orient et Islam au Moyen Âge, VIIe-XVe siècle*, Paris, 1996.

EDDÉ, A.-M., MICHEAU, F., et PICARD, Ch., *Communautés chrétiennes en pays d'islam, du début du VIIe siècle au milieu du XIe siècle*, Paris, 1997.

Erdmann, C., *The Origin of the Idea of Crusade*, Oxford, 1977 (trad. anglaise de *Die Entstehung des Kreuzzugsgedankens*, Stuttgart, 1935 et 1955).

Firestone, R., *Jihâd. The Origin of Holy War in Islam*, Oxford, 1999.

Flori, J., *L'Idéologie du glaive. Préhistoire de la chevalerie*, Genève, 1983.

Flori, J., *La Première Croisade. L'Occident chrétien contre l'islam (aux origines des idéologies occidentales)*, Bruxelles, 2001 (3e éd.).

Flori, J., *Pierre l'Ermite et la première croisade*, Paris, 1999.

Flori, J., *La Guerre sainte. La formation de l'idée de croisade dans l'Occident chrétien*, Paris, 2001.

Frasetto, M., et Blanks, D. R. (dir.), *Western Attitudes towards Islam*, New York, 1999.

Gervers, M., et Bikhazi, R. (dir.), *Conversion and Continuity : Indigenous Christian Communities in Islamic Lands, 8th to 18th Centurie*, Toronto, 1990.

Guichard, P., et Sénac, Ph., *Les Relations des pays d'Islam avec le monde latin, milieu xe-milieu xiiie*, Paris, 2000.

Hamidullah, M., *Le Prophète de l'Islam*, Paris, 1959.

Head, T., et Landes, R. (dir.), *The Peace of God. Social Violence and Religious Response in France around the Year 1000*, Ithaca-Londres, 1992.

Hillenbrand, C., *The Crusades. Islamic Perspectives*, Édimbourg, 1999.

Kedar, B. Z., *Crusade and Mission, European Approaches toward the Muslims*, Princeton, 1984.

Kelsay, J., *Islam and War. A Study in Comparative Ethics*, Westminster, 1993.

Khadduri, M., *War and Peace in the Law of Islam*, Baltimore, 1955.

Khoury, A.-Th., *Toleranz im Islam*, Munich, 1980.

Lagardère, V., *Le Vendredi de Zallâqa (23 oct. 1086)*, Paris, 1989.

Laliena Corbera, C., et Sénac, Ph., *Musulmans et chrétiens dans le haut Moyen Âge : aux origines de la Reconquête aragonaise*, Paris, 1991.

Lecker, M., *Muslims, Jews and Pagans. Studies on Early Islamic Medina*, Leyde, 1995.

Lewis, B., *The Arabs in History*, Londres, 1950.

Lewis, B., *Juifs en terre d'islam*, trad. par J. Carnaud, Paris, 1986.

Lomax, D. W., *The Reconquest of Spain*, Londres, 1978.

Majumdar, S., *Jihad : the Islamic Doctrine of Permanent War*, New Delhi, 1994.

MALIK, S. K., *The Quranic Concept of War*, Lahore, 1979.
MANTRAN, R., *L'Expansion musulmane*, Paris, 1979 (2e éd.).
MILLET-GÉRARD, D., *Chrétiens mozarabes et culture islamique dans l'Espagne des VIIIe-IXe siècles*, Paris, 1984.
MORABIA, A., *Le Gihad dans l'islam médiéval*, Paris, 1993.
MURPHY, P. (dir.), *The Holy War*, Colombus, 1976.
MUSSET, L., *Les Invasions. Le second assaut contre l'Europe chrétienne (VIIe-XIe siècle)*, Paris, 1965.
NOTH, A., *Heiliger Krieg und heiliger Kampf in Islam und Christentum*, Bonn, 1966.
PARTNER, P., *God of Battles. Holy Wars of Christianity and Islam*, Londres, 1997.
PETERS, R., *Jihad in Classical and Modern Islam*, Princeton, 1996.
RODINSON, M., *Mahomet*, Paris, 1961.
ROTTER, E., *Abendland und Sarazenen : das oksidentale Araberbild und seine Entstehung im Frühmittelalter*, Berlin-New York, 1986.
ROUSSET, P., *Les Origines et les caractères de la première croisade*, Neuchâtel, 1945.
RUSSEL, F. H., *The Just War in the Middle Ages*, Cambridge, 1975.
SÉNAC, Ph., *L'Image de l'autre*, Paris, 1983.
SÉNAC, Ph., *Provence et piraterie sarrasine*, Paris, 1982.
SÉNAC, Ph., *Le Monde musulman des origines au XIe siècle*, Paris, 1999.
SIGAL, P.-A., *L'Homme et le miracle dans la France médiévale (XIe-XIIe siècles)*, Paris, 1985.
SIVAN, E., *L'Islam et la croisade : idéologie et propagande dans les réactions musulmanes aux croisades*, Paris, 1968.
TOLAN, J. V. (dir.), *Medieval Christian Perceptions of Islam : a Book of Essays*, New York-Londres, 1996.
TOLAN, J. V., et JOSSERAND, Ph., *Les Relations entre le monde arabo-musulman et le monde latin (milieu du Xe-milieu du XIIe siècle)*, Paris, 2000.
VIAUD, P. (dir.), *Les Religions et la guerre*, Paris, 1991.
WATT, W. M., *Mahomet à La Mecque*, Paris, 1958.
WATT, W. M., *Mahomet à Médine*, Paris, 1978.
WATT, W. M., *Mahomet*, Paris, 1980.
WATT, W. M., *Muslim-Christian Encounters : Perception and Misperceptions*, Londres, 1991.

Table

DEUXIÈME PARTIE

GUERRE ET ISLAM
DE MAHOMET À LA CROISADE
(VIIe-XIe SIÈCLE)

TROISIÈME PARTIE

VALORISATION IDÉOLOGIQUE DE LA GUERRE DANS LA SOCIÉTÉ FÉODALE (VIIIe-XIe SIÈCLE)

QUATRIÈME PARTIE

DE LA GUERRE SAINTE À LA CROISADE
(XIe SIÈCLE)

RECUEIL DE TEXTES CONCERNANT LA GUERRE DANS LE CHRISTIANISME ET DANS L'ISLAM

RÉALISATION : PAO ÉDITIONS DU SEUIL
IMPRESSION : NORMANDIE-ROTO IMPRESSION S.A.S. À LONRAI
DÉPÔT LÉGAL : JUIN 2002. N° 51632 (02-0765)

Collection Points

SÉRIE HISTOIRE

DERNIERS TITRES PARUS

H118. La France de l'expansion (1958-1974)
2. L'apogée Pompidou (1969-1974)
par Serge Berstein et Jean-Pierre Rioux
H119. Crises et Alternances (1974-1995)
par Jean-Jacques Becker
avec la collaboration de Pascal Ory
H120. La France du XXe siècle (Documents d'histoire)
présentés par Olivier Wieviorka et Christophe Prochasson
H121. Les Paysans dans la société française
par Annie Moulin
H122. Portrait historique de Christophe Colomb
par Marianne Mahn-Lot
H123. Vie et Mort de l'ordre du Temple, *par Alain Demurger*
H124. La Guerre d'Espagne, *par Guy Hermet*
H125. Histoire de France, *sous la direction de Jean Carpentier et François Lebrun*
H126. Empire colonial et Capitalisme français
par Jacques Marseille
H127. Genèse culturelle de l'Europe (Ve-VIIIe siècle)
par Michel Banniard
H128. Les Années trente, *par la revue « L'Histoire »*
H129. Mythes et Mythologies politiques, *par Raoul Girardet*
H130. La France de l'an Mil, *collectif*
H131. Nationalisme, Antisémitisme et Fascisme en France
par Michel Winock
H132. De Gaulle 1. Le rebelle (1890-1944)
par Jean Lacouture
H133. De Gaulle 2. Le politique (1944-1959)
par Jean Lacouture
H134. De Gaulle 3. Le souverain (1959-1970)
par Jean Lacouture
H135. Le Syndrome de Vichy, *par Henry Rousso*
H136. Chronique des années soixante, *par Michel Winock*
H137. La Société anglaise, *par François Bédarida*
H138. L'Abîme 1939-1944. La politique étrangère de la France
par Jean-Baptiste Duroselle
H139. La Culture des apparences, *par Daniel Roche*
H140. Amour et Sexualité en Occident
par la revue « L'Histoire »
H141. Le Corps féminin, *par Philippe Perrot*

H142. Les Galériens, *par André Zysberg*
H143. Histoire de l'antisémitisme 1. L'âge de la foi
par Léon Poliakov
H144. Histoire de l'antisémitisme 2. L'âge de la science
par Léon Poliakov
H145. L'Épuration française (1944-1949)
par Peter Novick
H146. L'Amérique latine au XXe siècle (1889-1929)
par Leslie Manigat
H147. Les Fascismes, *par Pierre Milza*
H148. Histoire sociale de la France au XIXe siècle
par Christophe Charle
H149. L'Allemagne de Hitler, *par la revue « L'Histoire »*
H150. Les Révolutions d'Amérique latine
par Pierre Vayssière
H151. Le Capitalisme « sauvage » aux États-Unis (1860-1900)
par Marianne Debouzy
H152. Concordances des temps
par Jean-Noël Jeanneney
H153. Diplomatie et Outil militaire
par Jean Doise et Maurice Vaïsse
H154. Histoire des démocraties populaires
1. L'ère de Staline, *par François Fejtö*
H155. Histoire des démocraties populaires
2. Après Staline, *par François Fejtö*
H156. La Vie fragile, *par Arlette Farge*
H157. Histoire de l'Europe, *sous la direction de Jean Carpentier et François Lebrun*
H158. L'État SS, *par Eugen Kogon*
H159. L'Aventure de l'Encyclopédie, *par Robert Darnton*
H160. Histoire générale du XXe siècle
4. Crises et mutations de 1973 à nos jours
par Bernard Droz et Anthony Rowley
H161. Le Creuset français, *par Gérard Noiriel*
H162. Le Socialisme en France et en Europe, XIXe-XXe siècle
par Michel Winock
H163. 14-18 : Mourir pour la patrie, *par la revue « L'Histoire »*
H164. La Guerre de Cent Ans vue par ceux qui l'ont vécue
par Michel Mollat du Jourdin
H165. L'École, l'Église et la République, *par Mona Ozouf*
H166. Histoire de la France rurale
1. La formation des campagnes françaises
(des origines à 1340)
sous la direction de Georges Duby et Armand Wallon
H167. Histoire de la France rurale
2. L'âge classique des paysans (de 1340 à 1789)
sous la direction de Georges Duby et Armand Wallon

H168. Histoire de la France rurale
3. Apogée et crise de la civilisation paysanne (de 1789 à 1914)
sous la direction de Georges Duby et Armand Wallon
H169. Histoire de la France rurale
4. La fin de la France paysanne (depuis 1914)
sous la direction de Georges Duby et Armand Wallon
H170. Initiation à l'Orient ancien, *par la revue « L'Histoire »*
H171. La Vie élégante, *par Anne Martin-Fugier*
H172. L'État en France de 1789 à nos jours
par Pierre Rosanvallon
H173. Requiem pour un empire défunt, *par François Fejtö*
H174. Les animaux ont une histoire, *par Robert Delort*
H175. Histoire des peuples arabes, *par Albert Hourani*
H176. Paris, histoire d'une ville, *par Bernard Marchand*
H177. Le Japon au XXe siècle, *par Jacques Gravereau*
H178. L'Algérie des Français, *par la revue « L'Histoire »*
H179. L'URSS de la Révolution à la mort de Staline, 1917-1953
par Hélène Carrère d'Encausse
H180. Histoire médiévale de la Péninsule ibérique
par Adeline Rucquoi
H181. Les Fous de la République, *par Pierre Birnbaum*
H182. Introduction à la préhistoire, *par Gabriel Camps*
H183. L'Homme médiéval
collectif sous la direction de Jacques Le Goff
H184. La Spiritualité du Moyen Age occidental (VIIIe-XIIIe siècle)
par André Vauchez
H185. Moines et Religieux au Moyen Age
par la revue « L'Histoire »
H186. Histoire de l'extrême droite en France, *ouvrage collectif*
H187. Le Temps de la guerre froide, *par la revue « L'Histoire »*
H188. La Chine, tome 1 (1949-1971)
par Jean-Luc Domenach et Philippe Richer
H189. La Chine, tome 2 (1971-1994)
par Jean-Luc Domenach et Philippe Richer
H190. Hitler et les Juifs, *par Philippe Burrin*
H192. La Mésopotamie, *par Georges Roux*
H193. Se soigner autrefois, *par François Lebrun*
H194. Familles, *par Jean-Louis Flandrin*
H195. Éducation et Culture dans l'Occident barbare (VIe-VIIIe siècle)
par Pierre Riché
H196. Le Pain et le Cirque, *par Paul Veyne*
H197. La Droite depuis 1789, *par la revue « L'Histoire »*
H198. Histoire des nations et du nationalisme en Europe
par Guy Hermet
H199. Pour une histoire politique, *collectif*
sous la direction de René Rémond

H200. « Esprit ». Des intellectuels dans la cité (1930-1950) *par Michel Winock*
H201. Les Origines franques (V^{e}-IXe siècle), *par Stéphane Lebecq*
H202. L'Héritage des Charles (de la mort de Charlemagne aux environs de l'an mil), *par Laurent Theis*
H203. L'Ordre seigneurial (XIe-XIIe siècle) *par Dominique Barthélemy*
H204. Temps d'équilibres, Temps de ruptures *par Monique Bourin-Derruau*
H205. Temps de crises, Temps d'espoirs, *par Alain Demurger*
H206. La France et l'Occident médiéval de Charlemagne à Charles VIII *par Robert Delort* (à paraître)
H207. Royauté, Renaissance et Réforme (1483-1559) *par Janine Garrisson*
H208. Guerre civile et Compromis (1559-1598) *par Janine Garrisson*
H209. La Naissance dramatique de l'absolutisme (1598-1661) *par Yves-Marie Bercé*
H210. La Puissance et la Guerre (1661-1715) *par François Lebrun*
H211. L'État et les Lumières (1715-1783) *par André Zysberg* (à paraître)
H212. La Grèce préclassique, *par Jean-Claude Poursat*
H213. La Grèce au Ve siècle, *par Edmond Lévy*
H214. Le IVe Siècle grec, *par Pierre Carlier*
H215. Le Monde hellénistique (323-188), *par Pierre Cabanes*
H216. Les Grecs (188-31), *par Claude Vial*
H218. La République romaine, *par Jean-Michel David*
H219. Le Haut-Empire romain en Occident d'Auguste aux Sévères, *par Patrick Le Roux*
H220. Le Haut-Empire romain. Les provinces de Méditerranée orientale, d'Auguste aux Sévères, *par Maurice Sartre*
H221. L'Empire romain en mutation, des Sévères à Constantin (192-337), *par Jean-Michel Carrié et Aline Rousselle*
H225. Douze Leçons sur l'histoire, *par Antoine Prost*
H226. Comment on écrit l'histoire, *par Paul Veyne*
H227. Les Crises du catholicisme en France, *par René Rémond*
H228. Les Arméniens, *par Yves Ternon*
H229. Histoire des colonisations, *par Marc Ferro*
H230. Les Catholiques français sous l'Occupation *par Jacques Duquesne*
H231. L'Égypte ancienne, *présentation par Pierre Grandet*
H232. Histoire des Juifs de France, *par Esther Benbassa*
H233. Le Goût de l'archive, *par Arlette Farge*
H234. Économie et Société en Grèce ancienne, *par Moses I. Finley*

H235. La France de la monarchie absolue 1610-1675
par la revue « L'Histoire »
H236. Ravensbrück, *par Germaine Tillion*
H237. La Fin des démocraties populaires, *par François Fejtö et Ewa Kulesza-Mietkowski*
H238. Les Juifs pendant l'Occupation, *par André Kaspi*
H239. La France à l'heure allemande (1940-1944)
par Philippe Burrin
H240. La Société industrielle en France (1814-1914)
par Jean-Pierre Daviet
H241. La France industrielle, *par la revue « L'Histoire »*
H242. Éducation, Société et Politiques. Une histoire de l'enseignement en France de 1945 à nos jours
par Antoine Prost
H243. Art et Société au Moyen Age, *par Georges Duby*
H244. L'Expédition d'Égypte 1798-1801
par Henry Laurens
H245. L'Affaire Dreyfus, *collectif Histoire*
H246. La Société allemande sous le IIIe Reich
par Pierre Ayçoberry
H247. La Ville en France au Moyen Age
par André Chédeville, Jacques Le Goff et Jacques Rossiaud
H248. Histoire de l'industrie en France du XVIe siècle à nos jours, *par Denis Woronoff*
H249. La Ville des temps modernes
sous la direction d'Emmanuel Le Roy Ladurie
H250. Contre-Révolution, Révolution et Nation
par Jean-Clément Martin
H251. Israël. De Moïse aux accords d'Oslo
par la revue « L'Histoire »
H252. Une histoire des médias des origines à nos jours
par Jean-Noël Jeanneney
H253. Les Prêtres de l'ancienne Égypte, *par Serge Sauneron*
H254. Histoire de l'Allemagne, des origines à nos jours
par Joseph Rovan
H255. La Ville de l'âge industriel
sous la direction de Maurice Agulhon
H256. La France politique, XIXe-XXe siècle
par Michel Winock
H257. La Tragédie soviétique, *par Martin Malia*
H258. Histoire des pratiques de santé
par Georges Vigarello
H259. Les Historiens et le Temps, *par Jean Leduc*
H260. Histoire de la vie privée
1. De l'Empire romain à l'an mil
par Philippe Ariès et Georges Duby

H261. Histoire de la vie privée
2. De l'Europe féodale à la Renaissance
par Philippe Ariès et Georges Duby

H262. Histoire de la vie privée
3. De la Renaissance aux Lumières
par Philippe Ariès et Georges Duby

H263. Histoire de la vie privée
4. De la Révolution à la Grande Guerre
par Philippe Ariès et Georges Duby

H264. Histoire de la vie privée
5. De la Première Guerre mondiale à nos jours
par Philippe Ariès et Georges Duby

H265. Problèmes de la guerre en Grèce ancienne
sous la direction de Jean-Pierre Vernant

H266. Un siècle d'école républicaine
par Jean-Michel Gaillard

H267. L'Homme grec
collectif sous la direction de Jean-Pierre Vernant

H268. Les Origines culturelles de la Révolution française
par Roger Chartier

H269. Les Palestiniens, *par Xavier Baron*

H270. Histoire du viol, *par Georges Vigarello*

H272. Histoire de la France
L'Espace français, *sous la direction de André Burguière et Jacques Revel*

H273. Histoire de la France
Héritages, *sous la direction de André Burguière et Jacques Revel*

H274. Histoire de la France
Choix culturels et Mémoire, *sous la direction de André Burguière et Jacques Revel*

H275. Histoire de la France
La Longue Durée de l'État, *sous la direction de André Burguière et Jacques Revel*

H276. Histoire de la France
Les Conflits, *sous la direction de André Burguière et Jacques Revel*

H277. Le Roman du quotidien, *par Anne-Marie Thiesse*

H278. La France du XIXe siècle, *par Francis Démier*

H279. Le Pays cathare, *sous la direction de Jacques Berlioz*

H280. Fascisme, Nazisme, Autoritarisme, *par Philippe Burrin*

H281. La France des années noires, tome 1
sous la direction de Jean-Pierre Azéma et François Bédarida

H282. La France des années noires, tome 2
sous la direction de Jean-Pierre Azéma et François Bédarida

H283. Croyances et Cultures dans la France d'Ancien Régime
par François Lebrun

H284. La République des instituteurs
par Jacques Ozouf et Mona Ozouf

H285. Banque et Affaires dans le monde romain
par Jean Andreau

H286. L'Opinion française sous Vichy, *par Pierre Laborie*

H287. La Vie de saint Augustin, *par Peter Brown*

H288. Le XIXe siècle et l'Histoire, *par François Hartog*

H289. Religion et Société en Europe, *par René Rémond*

H290. Christianisme et Société en France au XIXe siècle
par Gérard Cholvy

H291. Les Intellectuels en Europe au XIXe, *par Christophe Charle*

H292. Naissance et Affirmation d'une culture nationale
par Françoise Mélonio

H293. Histoire de la France religieuse
collectif sous la direction de Philippe Joutard

H294. La Ville aujourd'hui
sous la direction de Marcel Roncayolo

H295. Les Non-conformistes des années trente
par Jean-Louis Loubet del Bayle

H296. La Création des identités nationales
par Anne-Marie Thiesse

H297. Histoire de la lecture dans le monde occidental
Collectif sous la direction de Guglielmo Cavallo et Roger Chartier

H298. La Société romaine, *Paul Veyne*

H299. Histoire du continent européen
par Jean-Michel Gaillard, Anthony Rowley

H300. Histoire de la Méditerranée
par Jean Carpentier (dir.), François Lebrun

H301. Religion, Modernité et Culture
au Royaume-Uni et en France
par Jean Baubérot, Séverine Mathieu

H302. Europe et Islam, *par Franco Cardini*

H303. Histoire du suffrage universel en France.
Le Vote et la Vertu. 1848-2000, *par Alain Garrigou*

H304. Histoire juive de la révolution à l'État d'Israël
Faits et documents, *par Renée Neher-Bernheim*

H305. L'Homme romain
collectif sous la direction d'Andrea Giardina

H306. Une histoire du Diable, *par Robert Muchembled*

H307. Histoire des agricultures du monde
par Marcel Mazoyer et Laurence Roudart

H308. Le Nettoyage ethnique.
Documents historiques sur une idéologie serbe
par Mirko D. Grmek, Marc Gjidara et Neven Simac